中国经济体制改革研究会基金资助项目

中国省级经济调控发展研究

杨庆育　余　猛　著

重庆大学出版社

图书在版编目(CIP)数据

中国省级经济调控发展研究 / 杨庆育, 余猛著 . --
重庆 : 重庆大学出版社, 2023.6
ISBN 978-7-5689-4037-5

Ⅰ. ①中… Ⅱ. ①杨… ②余… Ⅲ. ①区域经济—经
济调控—研究—中国 Ⅳ. ①F127

中国国家版本馆 CIP 数据核字(2023)第 133067 号

中国省级经济调控发展研究

杨庆育 余 猛 著

策划编辑:许 璐

责任编辑:杨 扬 版式设计:许 璐
责任校对:关德强 责任印制:张 策

*

重庆大学出版社出版发行
出版人:饶帮华
社址:重庆市沙坪坝区大学城西路 21 号
邮编:401331
电话:(023)88617190 88617185(中小学)
传真:(023)88617186 88617166
网址:http://www.cqup.com.cn
邮箱:fxk@ cqup.com.cn(营销中心)
全国新华书店经销
重庆升光电力印务有限公司印刷

开本:720mm×1020mm 1/16 印张:16.25 字数:236 千
2023 年 6 月第 1 版 2023 年 6 月第 1 次印刷
印数:1—1 500
ISBN 978-7-5689-4037-5 定价:78.00 元

作者简介

杨庆育,高级经济师,博士,目前系清华大学中国发展规划研究院高级研究员,中国经济体制改革研究会高级资深专家。2006年以来,其先后在西南政法大学、重庆工商大学、重庆大学、西南财经大学、南京航空航天大学和清华大学担任硕士生导师,博士生导师,兼职教授和研究员。其曾长期在重庆市发展改革委、重庆市人大常委会等部门任职;主要研究区域经济、发展规划、经济体制改革、宏观调控等;独著、合著《生态经济与生态产品》《中国省级五年规划发展研究》等14部专著。

余猛,正高级工程师,注册咨询工程师,现任重庆图强工程技术咨询有限公司副总经理,长期从事区域经济、战略规划、政策咨询、项目策划等相关研究工作,主持编制了《重庆市推进农业农村现代化"十四五"规划(2021—2025年)》《重庆两江新区国民经济和社会发展第十四个五年规划和二〇三五年远景目标纲要》等重大规划,并主持了"重庆都市圈发展研究"等课题,获得全国优秀工程咨询成果奖3项。

前　言

当《中国省级经济调控发展研究》放在我面前的时候，我不禁想起了作者近两年出版的《中国省级五年规划发展研究》(中国计划出版社2019年1月版)和《中国省级产业政策发展研究》(中国计划出版社2020年12月版)。规划发展、产业政策和经济调控都是我国省级政府重要的工作职能，作者在多年工作实践的基础上，潜心研究，结合实际和相关理论完成了这部丛书，衷心推荐大家一读。

如果说，前两本书更多的是从省级政府工作职能角度进行的探索研究，那么，研究市场经济条件下的经济调控则更多的是带有经济体制改革的色彩。我国最早的经济体制改革，本质上就是对不适应生产力发展的政策制度进行的改革，从而释放了潜在的生产力，而对政策制度的改革过程同时创新着经济活动的调控方式。所以，改革使我国经济从计划经济走向有计划的商品经济，再发展到社会主义市场经济。市场也由从属于政府转为对资源配置起基础性作用，最终发挥决定性作用。这一切是我们党和政府从中国的实际情况出发，通过改革开放实现对中国经济的引领和宏观调控。

我国关于市场经济条件下经济调控的著述不多，而本书从多个角度将中央和省级政府调控进行了比较，这是很有意义的。进入21世纪

20年代,国内外的形势日渐复杂多变,百年变局与世纪相互交织,各种不确定性大大增加。针对这种局面,我国中央政府的调控力度不断加大。作者在书中并没有回避这个问题,而是对社会主义市场经济条件下,中央政府和省级政府两级调控的特点和认知以及逻辑性做了比较分析。值得一提的是,作者结合新形势,从全面深化改革的角度,研究了省级经济调控在新发展格局下的新任务。

面对新形势,研究新问题。今天的省级经济调控,在中央"顶层设计"的背景下,其内容更加丰富,作用更为明显。尤其在面对突发事件的时候,如何充分发挥中央政府和省级政府的积极性,是个不能回避的重要问题。在中美贸易摩擦等影响下,作者提出了中央政府主导下的省级政府调控问题。我认为,这是基于新形势下的实际情况所进行的实证性研究,与传统理论中片面强调政府作用有本质的区别。

我国省级经济调控一直是一个非常重要的层级,所以在新形势下要赋予其新内容。作者从经济现代化和高质量发展的高度,提出了省级经济调控的体系结构与制度创新;鉴于我国的省(区、市)情差异较大,其又研究了调控方式的差异,并从全面深化改革的角度,提出了调控体系与调控目标的实现路径。

由于长期在重庆从事发展改革和综合咨询服务工作,作者在分类研究中,选取了自己最为熟悉并且直接参与工作的川渝地区和成渝地区双城经济圈作为研究的对象,这更加强了本书的实证价值。

我国研究省域经济的专著不多,由于作者有着丰富的实践经验加上潜心的研究,这本书从某种意义上填补了我国区域经济研究中的一个空白。当然,由于我国省域经济发展差异较大,企图把不同区域、不同省(区、市)情的各省(区、市)经济都置于研究之列是不可能的。所以,有关课题需要作者继续深入总结研究和思考。

我要特别说明的是,作为作者之一的杨庆育同志在发展改革战线工作了30多年,长期担任重庆市发展和改革委员会的主要领导,这部丛书的谋划凝聚了他在实践中的体会与心得,他还长期担任我们研究会的高级资深专家,看到这样的成果我也深感欣慰。

是为序。

国家发展和改革委员会原副主任
中国经济体制改革研究会会长

2022年5月30日

目　录

第一章　经济调控及其调控的逻辑

第三章 省级政府经济调控的体系及其目标追求

第四章 省级专项经济调控分类研究

后　记

主要参考文献

第一章　经济调控及其调控的逻辑

　　历史发展总是曲折向前的,但它必须遵循历史发展规律。经济发展同样如此,从近代史看,无论国家或地区,在这两个问题上,都有着极其尖锐的对立和斗争。经济调控就是在经济出现问题的情况下,政府对宏观经济总量进行调节和控制的行为。本章从研究市场经济的特点出发,剖析其在历史上的功绩和缺陷,对我国的国家政府和省级政府进行经济调控的特点、规律和逻辑进行探索,努力争取通过全面深化改革寻求省级经济调控的新内容、新路径。

第一节　市场经济运行是完美的吗?
——基本特点和缺陷

一、市场经济

(一)认识市场经济

　　这是我国已经讨论了40多年的话题,尽管如此,仍然存在着分歧。市场经济的发展会随着历史的进程呈现新特征。市场经济的运行机制,通过市场进行交易来实现,这种组织活动方式充分体现了市场对资源的配置功能。市场经济的行为主体是具有相对独立特征的经济人(包括自然人和法人),经济活动的全过程由经济人的独立决策完成。市场经济进行资源配置,交易双方是主体,以价格机制为准则,在相关法律的约束下得以自由进行。市场经济在一定条件下,其制度设计是保障人的自由和权利,从而充分调动市场主体的主观能动性,让生产力得以解放。在理论上,政府和市场经济的关系,不完全是排斥的,如同亚当·斯密所认为的,高效的市场也是能够自我调节的,政府不应该以行政权力来影响市场的运行;他认为,政府主要应该实现其三大职能,即保护国家安全、保护社会和公民安全、建设和维护公共设施和公共事业,他并不认为政府应该履行经济调节的职能。

(二)关于市场体制

以市场为中心的制度安排,无论任何经济行为都面向市场,通过市场来实现目标,市场成为社会经济运行的中心。价值规律在市场体制下起着巨大的作用,供求、价格和竞争是核心三要素。与供给相对应的是需求,两者对市场体制而言是最基本的要素;价格是市场体制的核心要素,价值是市场体制的实现形式;竞争是市场体制发挥作用的重要条件。这三要素相互联系、依存和作用,又为实现市场经济合理配置社会资源,调节资源实现在部门间的合理流动和分配。

市场体制的决策分配或决策结构是分散的,生产者和消费者自己决定生产和消费,并由自己承担决策后果,政府在经济决策中不起任何决定作用。但是,生产者和消费者的决策,不是随心所欲的,受到若干软硬约束,如效用最大化或利润最大化,可用于投资的资金数量的制约,以及相当多的信息支撑才能保证决策的合理性。所以,市场体制本身具有分散结构的特点。

(三)完美市场存在的基本条件

自由竞争的市场经济要自发地完成社会资源的优化配置,其建立在个人理性和行为的基础上,夹杂着与自然原则的和谐关系,也有功利主义的价值判断。关于这些基本条件有不少经济学家进行了研究,其中,新古典经济学派建立的一般均衡分析模型被称为经典标准模型。其基本假设有:单个企业的生产是可分可加的,生产的边际收益递减,生产的规模收益不变。单个消费者的消费偏好具有传递性、相关性和连续性。没有一种消费组合可以让消费者完全满足。

(四)市场如何解决三大经济问题

当所有的商品进入市场,市场将会同时运作,并通过实现价格和产量的一般均衡,即同时解决生产什么、如何生产和为谁生产三个问题。生产什么商品取决于消费者购买偏好,同时,企业还会受利润最大化愿望的驱使,如果利润低,企业就会离开这个行业,转而生产需求量大的商品。如何生产取决于生产者的竞争,如以价格竞争来取得最大利润,企业会采用效率高的技术来降低成本。无论是渐进式的技术革新,还是新技术产生巨大的变革,企业都会以获取最大利润为基本目标来进行选择。为谁生产则取决于要素市场的供给与需求,生产要素市场决定了工资、地租、利息和利润的水平。一个人可以从不同的渠道获得工资、利息和租金等。所以,收入在消费者中的分配主要取决于他们所拥有要素的数量和价格。

二、现实与理论的冲撞

(一)从亚当·斯密到约翰·梅纳德·凯恩斯

亚当·斯密可能是最早认识到市场经济在组织供需双方时所存在的能量。斯密认为,每个人都想以自己的资本产出最大的价值,此时,他们并没有考虑增进公共福利,只要自己的私利。但他们的行为受到一只"看不见的手"的引导,去实现另外的目标,也就是说在追逐个人利益的同时,其也在增进社会的利益,这说明了公众利益和私人利益之间的一致性,即在一个良好运转的市场机制中,追求私人利益可以增进公共福利。斯密坚定地认为,在所有可以采取的方式中,这是最好的,他武断地指责政府对市场竞争的任何干预都是有害的。

在经历了近两个世纪的实践后,人们终于认识到该理论在现实中的局限性,实际的市场经济存在着许多诸如垄断、分配不均、外部性问题、公共产品供给不足和信息不对称等"市场不灵"的现象,它们直接导致市场不可能总会形成完全市场化条件下的效率。1933年西方爆发了空前的经济危机,曾一度被认为万能的市场也束手无策,"完美市场"从而终结。在约翰·梅纳德·凯恩斯的《就业、利息和货币通论》(1936)中，其对经济萧条成因进行全新的阐释，其中一个重要的结论就是发挥政府的作用。凯恩斯经济理论纲要主要包括六点：一是决定国民收入的主要是消费、投资。二是消费倾向与收入主导了消费。三是消费倾向相对而言是稳定的。四是投资与资本边际效率是正相关的，而与利率则成反向关系。五是货币数量和流动偏好直接决定着利率。六是资本边际效率的决定因素有两个，一个为预期收益，另一个为重置成本或者是资本资产的供给价格。

按凯恩斯的理论基础，西方国家出现经济萧条的最根本原因是，总需求不足导致的就业不充分，这是边际消费倾向小于1和资本边际效率长期递减综合而致。如何解决这一难题，纯粹依靠市场已不可能，此时就需要政府发挥宏观调控职能，通过实施财政政策和货币政策，以减税增加需求，以提高货币供给量降低利率，从而刺激投资，带动收入增加。凯恩斯对市场不灵的最严厉指责是，市场根本不考虑收入分配的后果，这在政治道义上是无法接受的。基于这些分析，政府必须出面干预，弥补"看不见的手"的不足。

(二)战时共产主义政策到新经济政策

1918年苏维埃政权刚刚诞生就面临严重的国内外危机。国内的地主和资产阶级组织叛军叛乱。14个资本主义国家也开始武装干涉苏维埃政权，苏俄3/4的国土被占领，其重要的产粮区、工业原料产地被切断，国内陷入严重的经济危机和政权危机。为了保证战争需要，苏维埃政府提出了"一切为了前线，一切为了胜利"的原则，推出了一系列适应战争需要的军事共产主义性质措施，称为"战时共产主义"政策，主要有：全部工业实行国有化，剥夺剥夺者；对余粮进行收集，不准粮食私下交易；在商业上同样国有化，对私人贸易进行限制；推行平均共产主义分配制度等①。

战时共产主义政策是在特殊历史条件下的产物，它的最大优势就是能为短期取得战争胜利、巩固苏维埃政权提供物质条件。但这种政

---

① 中共中央宣传部理论局.世界社会主义五百年：党员干部读本[M].北京：学习出版社，2014：81.

策明显具有临时性和过渡性,如果在非战争条件下仍然实行这样的政策,就会违反经济社会发展规律,与当时的生产力水平不相吻合,必然挫伤人民的生产积极性,甚至引发社会的不满情绪。从1920年下半年开始,苏俄发生了多起农民暴乱、水兵叛乱等。这使列宁和布尔什维克党对战时共产主义政策进行了深刻反思。列宁深入基层调查,阅读群众来信,接待来访群众,面对大众的疾苦和诉求,列宁坦诚"现实生活说明我们错了"。"我们在经济进攻中向纯社会主义形式和纯社会主义分配直接过渡,是我们力所不及的"。为了改变这种严峻的形势,布尔什维克党决定实行新经济政策。

新经济政策用粮食税制取代余粮收集制,允许私人自由贸易,恢复商品货币关系,允许私人小工业企业发展,采取租让制、租赁制、合作制、代购代销制等国家资本主义形式;改革工业管理体制,以盈利能力作为评价企业的重要依据,对职工实行物质奖励,多劳多得,改变平均主义的分配方式。新经济政策很快在实践中取得了明显成效,在实施后的第二年,苏俄工农业产值大幅度增长。

(三)我国从计划经济向市场经济的转变

我国从新民主主义向社会主义转变完成后,也面临如何在一个经济文化相对落后的国家建设社会主义的问题。由于苏联是社会主义国家,在实践中积累了经验,我国的建设学习苏联符合逻辑,也是党和国家领导人的共识。早在1950年初毛泽东就说:"苏联经济文化及其他各项重要的建设经验,将成为新中国建设的榜样。"[1]刘少奇也提出:"要认真学习苏联的先进经验。"[2]毛泽东后来说过,在新中国没有经验的情况下,学习苏联是符合逻辑的,"这在当时是完全必要的"[3]。到了1956年,苏联共产党第二十次代表大会全盘否定斯大林,

①中共中央文献研究室.建国以来毛泽东文稿:第一册[M].北京:中央文献出版社,1987:266.

②中共中央文献研究室,中央档案馆.建国以来刘少奇文稿:第五册[M].北京:中央文献出版社,2008:48.

③中共中央文献研究室.毛泽东文集:第八卷[M].北京:人民出版社,1999:305.

苏联模式的弊端和缺陷开始暴露,如国民经济比例长期严重失调,盲目追求"以重为重",使重工业过快增长,轻工业和农业逐渐成为"短板",管理体制高度集中等。这些都使得苏联的经济难以健康地发展。

在苏联的经验教训上,如何结合中国实际,走符合自身特色的社会主义道路,我们开启了艰辛的探索。从新中国成立到"文化大革命",我们尽管经历了曲折和严重挫折,但仍然取得了较大成就。我们通过建立工业体系,直至整个国民经济体系,特别是用不到世界9%的耕地,初步满足了占世界1/4人口的基本生活需求。我们在建筑、交通、教育、医疗、科技发展等方面都取得了一些重大成果。

"文化大革命"结束后,中国又面临重大的历史抉择。1978年12月,党的十一届三中全会确定的指导方针,要求进一步解放思想,以实事求是的精神,团结一致向前看。此后的短短4年,中国社会发生了巨大变化,这更促使我们党进一步思考:改革开放和现代化事业怎样不断推进?怎样坚持和发展社会主义? 1982年9月,在党的十二大上,邓小平提出,"把马克思主义的普遍真理同我国的具体实际结合起来,走自己的道路,建设有中国特色的社会主义,这就是我们总结长期历史经验得出的基本结论"①。随即,党的十二届三中全会通过了《关于经济体制改革的决定》,明确了社会主义经济是有计划的商品经济,但是其是建立在公有制基础上的,在世界上首次打破计划经济与商品经济的对立关系。

随着改革的不断深化,到20世纪80年代末,我国积累的深层次矛盾也集中凸显,加上价格改革过急,通货膨胀加重,经济秩序比较混乱,社会稳定受到影响。1992年春,邓小平视察南方时发表重要谈话,精辟地分析了国际国内形势,强调始终坚持党的十一届三中全会以来的路线、方针、政策,毫不动摇地坚持"一个中心,两个基本点"的基本路线,精辟论述了社会主义与市场经济的关系,指出计划经济不等于社会主义,资本主义也有计划;市场经济不等于资本主义,社会主义也有市场。计划和市场都是经济手段②。

---

①邓小平.邓小平文选:第三卷[M].北京:人民出版社,1993:3.

②中共中央宣传部理论局.世界社会主义五百年:党员干部读本[M].北京:学习出版社,2014:179.

1992年,我们迎来了新一轮思想解放和改革开放的高潮,我国现代化建设进入一个新的历史阶段。1992年6月,江泽民同志提出要明确把社会主义市场经济体制作为我们要建立的社会主义新经济体制。党的十四大明确提出:中国经济体制改革的目标是建立社会主义市场经济体制。党的十四届三中全会做出了建立社会主义市场经济体制的总体规划和全面部署。在社会主义条件下发展市场经济,由计划经济体制向社会主义市场经济体制的转变,实现了改革开放后历史性的突破,打开了我国经济、政治和文化发展的崭新局面。党的十八大以来,中国特色社会主义进入新时代,以习近平同志为主要代表的新时代中国共产党人,坚持把马克思主义基本原理同中国具体实际相结合,十九届六中全会再次明确必须坚持和完善社会主义基本经济制度,使市场在资源配置中起决定性作用,更好地发挥政府作用。

(四)冲突的根源是市场经济的缺陷

1.含义及原因

市场失灵是市场经济体制下普遍存在的问题,完全市场体制是基于假设条件之上的,而现实中根本就没法形成这些条件,所以市场失灵就成为必然。市场失灵有狭义和广义之分,狭义的市场失灵主要指那些表现在外部的负效应效果,如市场配置资源不足、效率低下等;市场失灵也有广义内容,譬如垄断经营、贫富差距、公共资源分配不均衡等。

2."失灵"的基本表现

在市场总供给不稳定的情况下,"失灵"表现为宏观失灵,发生超额供需总量失衡。供给超额时,会出现生产过剩、经济衰退和大量失业;需求超额时,会出现国民收入超分配,诱发过度需求,引起严重的通货膨胀;如果二者交替或并存,高失业率与高通货膨胀率共存,失业就成为社会发展过程中的常态,由此产生社会不稳定性因素。在市场经济条件下,决策主体的经济行为是单一的,决策权很分散,决策者作为某个局部的决策,总会关注眼前利益和局部自身利益,加上信息数据的不完整性,做出理性决策的可能性就很小,于是就会使经济波动、物价上涨、经济增长停滞、国际收支失衡。这就是政府进行干预的基本前提。

市场经济会出现数据信息失灵。信息失灵的本质就是各个市场主体掌握的数据量不一样，会出现不同程度的"数据不完全"或"数据不均等"。从实际情况看，这种现象是始终存在的，其会破坏市场机制的正常作用，由于市场规模不断扩大，数据信息会加剧分散，处理数据的成本也会升高，而私人市场的数据信息有限，由此会影响到市场机制的运转效率，这也是政府进行干预的基本前提之一。

市场经济会出现公共失灵。诸如国防、市政基础设施建设、生态环境、公共教育、社会养老等公共产品，它们不可能在私人商品的市场里自发生产，其主要表现为非竞争性和非排他性，是可以免费使用的。而医疗、邮政、高速公路等，可以在市场上由私人提供，由于这些领域的物品具有排他性，因此可以为个人享用，但前提是需要付费。然而这些准公共物品因为其特性，又不能完全按照市场原则被交易，而完全按自由选择原则被交易，就可能出现部分人受到收入水平的制约而难以消费的情况，这里的公共含义就不存在了。所以，公共物品和准公共物品，在市场自由选择原则下是行不通的，因为这样既不可能实现社会资源最优配置，也破坏了公共物品的基本特点。因此，要为社会提供必需的公共产品也需要政府的干预。

垄断性失灵就是少数几家甚至一家供应商，通过操控物价来牟取暴利，由此破坏市场经济的均衡作用。市场经济本身有个特点，市场需要竞争，市场机制才能有效地发挥作用。但是，在规模经济敏感的行业，效益与生产经营规模成正比。在资本趋利的诱惑下，这些行业极易积聚，最后走向垄断，反过来抑制竞争。一旦垄断，凭借垄断的资源和优势，其操作者就可以操纵价格、产量等朝着符合且有利于自身利益的方向行进，从而偏离资源优化配置的原则，严重影响市场机制自发调节经济的作用。政府必须对这种行为进行干预。

市场经济会出现外部失灵。外部失灵指不通过价格机制的作用，生产经营者对他人的环境和利益造成影响,产生额外成本,也可能产生收益,在此过程中生产经营者并未进行赔偿。比如,江河上游的企业不顾江河污染的生产或养殖,导致中下游增加对污水治理的成本,上游企业对江水的污染给中下游企业带来增加治理污水的成本时,上游企业的生产成本不变,但由此产生的环境污染治理成本却由中下游企业承担。站在区域发展的角度来看,这部分增加的成本,则是整个流域经济成本的组成部分,即流域经济成本是上游的生产经营成本和其行为强加给中下游的成本。

在有益效应得不到鼓励的情况下,资源同样不能实现最优配置,这是外部失灵的另一种表现。如一项新发明、新技术在推动社会生产力时,很多人都会受益;一般而言,发明者的各项成本远低于其带来的社会收益,而发明者获得的报酬和社会收益往往具有巨大反差。显然,这样的分配并不利于对有益性外部效应的鼓励。所以,无论是正反两方面的外部效应,市场配置都无效。如果要鼓励有益性外部效应,政府干预就显得必要。

市场经济会出现分配失灵。在对外部失灵的分析中,我们已经发现了这个问题。那么在整个分配领域,单纯依靠市场机制的自发作用并不能完全实现公正的收入分配。垄断让价格和价值背道而驰,极少部分人获得巨额不合理收入;由于市场机制的高度自由性,生产要素的供求会越来越不平衡,更不能保证公共物品或产品的公正性;在市场追逐经济效益和利润时,众多利益主体都去追求各自利益最大化,其结果会使收入差距不断扩大。这也需要政府进行干预。

(五)市场经济缺陷外的几大优点

完全竞争条件下的市场经济有其积极意义。尽管完全竞争市场有其特定条件,而且这些条件在现实经济生活中几乎不可能存在,那么为什么还要建立和研究完全竞争市场呢?这是因为,就完全竞争市场而言,市场机制对资源的配置,为其他市场行为和效率的分析、评估和监测提供参照,从这些假设中,我们还可以得到认识市场的一些有价值的理论。这就是研究完全竞争市场的积极意义。

现实市场经济不能满足完全竞争条件,但是,仍然具有对资源进行有效分配的部分功能。在完全竞争条件下,商品的价格以及相关生产要素基本是确定的,为了创造更大的利润,厂商会对生产要素的投入进行各种调整。厂商追求最大利润时,总是希望以最小的投入获取最大的产出,这正是最优生产要素组合后所追求的目标。所以,完全竞争市场在努力实现长期均衡状态时,就会产生高效率地配置资源的结果。所谓"看不见的手"的原理正是用这样的途径来努力获取最大价值的。

在一般情况下,其可以保持市场均衡。完全竞争市场要保持长期均衡,生产成本必须降到最低水平,同时就构成了最低长期平均成本,此时市场长期的均衡价格也降到最低水平。如果要使市场长期均衡,就必须同时满足一个基本平衡条件,市场上消费者总需求量等于市场上厂商总供给量,其供需结构也是基本平衡的,这样市场不存在供不应求现象,也不存在供过于求现象。更有价值的是,这个过程让所有的厂商以最低成本提供商品,并获得最大利润;也让所有的消费者以最低的价格购买商品,供求双方获取最大效用。

第二节　克服市场经济缺陷
——调控干预回归正常

一、政府的经济职能及边界

(一)政府的经济职能

1.关于政府的经济职能

政府的经济职能指政府从社会经济宏观角度,履行对域内经济进行全局性规划、协调、服务、监督的职责和功能。这一功能是为了达到一定目的,采取一系列干预社会经济活动的方法、方式、手段。[1]政府履行职能的管理主体是中央政府及省级政府和省级以下的政府;管理经济对象是各级政府管辖权范围的全局性管理;管理目的不仅有政权利益,同时要兼顾公共服务,以期用科学高效的管理实现更大的经济效益,在管理手段、方式方法上均具有很强的综合性;管理的改革方向是由一元化的管理向多元化的治理转变,建设职责明确、依法行政的政府治理体系。

2.政府职能的内容

按照中央的要求,新发展格局下宏观经济的治理,是宏观战略导向下财政和货币政策的共同发力、各种政策紧密配合的宏观经济治理体系。重视预期管理,搞好跨周期政策设计,提高逆周期调节能力,提升大数据等现代技术手段辅助治理能力。相应的省级政府主要是结合中央目标要求,紧密结合本省实际提升治理能力。省级政府的宏观经济治理水平应该体现为贯彻中央要求与本省(区、市)实际情况高度契合;促使本省(区、市)当前经济健康发展的同时不给未来发展留下后患;保障资源充分利用的同时提升环境水平;自身在发展时,周边省(区、市)也能协同发展。表1-1至表1-3分别从激发市场主体、建设市场体系和职能转变方面比较了中央政府和省级政府的职能共性和个性。

表1-1　中央政府与省级政府在激发市场主体方面的表现比较

内容	中央政府	省级政府
激发市场主体	中央政府需要激发各类市场主体活力;坚持"两个毫不动摇";做强做优做大国有资本和国有企业,深化国有企业混合所有制改革,健全管资本为主的国有资产监管体制;不断优化营商环境,破除壁垒,公平对待民营企业和企业家,保护其产权,保障其权益	省级政府在这个方面与中央政府的行为是完全一致的,但不同的是,省级政府对地方国有企业和民营企业提出的政策应十分具体,从某种意义上讲,中央政府做强做优做大国有企业的任务更加繁重,而省级政府在完善促进中小微企业和个体工商户发展的法律环境和政策体系等工作上更应该下大功夫

[1]乔林碧,王耀才.政府经济学[M].北京:中国国际广播出版社,2002:214.

表1-2 中央政府与省级政府在建设市场体系方面的表现比较

内容	中央政府	省级政府
建设市场体系	中央政府需要在全国建设高标准市场体系;健全市场体系基础制度,形成高效规范、公平竞争的国内统一市场;建立统一的市场准入负面清单制度;加强反垄断和反不正当竞争等市场综合监管能力	省级政府要按照中央的统一标准,建设省域的高标准市场体系,以保证全国市场的一体化发展。但是,具有不同经济发展特点的省份,在建设市场体系过程中会有一定区别,比如资源极为丰富的省份,就应该在资源市场上确保资源利用和采掘的科学性;而具有发达的加工类制造业但没有相关资源的省份,就应该针对资源交换和资源利用建立市场秩序

表1-3 中央政府与省级政府在转变职能方面的表现比较

内容	中央政府	省级政府
职能转变	加快转变政府职能。政府治理体系要做到职责明确、依法行政;按照市场化、法治化、国际化的要求优化营商环境;注重并不断完善重大政策事前事后评估、评价制度;推行权责清单制度。提高决策科学化、民主化、法治化水平,深化政务公开	在职能转变上,应该着重提高服务和治理职能水平;在服务上,要建立权责清单制度,尤其是责任的担当,要明确本届政府在责任上必须继续履行上届政府的承诺,保持责任担当的连续性。省级政府的治理水平亟待提高,要通过制度建设确保省域各级政府治理能力达到科学化、民主化和法治化水平

无论中央政府还是省级政府在具体职能上其都表现为以下几点。

政府配置职能。市场在资源配置中起决定性作用的条件下,政府会采用财政手段进行资源配置,包括一系列具备公共利益价值的产品,配置给市场极易形成垄断的产品,以及市场不完全的产品。政府可以通过财政补贴进行资源配置,比如利用财政补贴,针对供给不足的情况,鼓励企业通过加大生产增加供给。其也可以通过购买社会需求的产品,或扶持某种产品,通过直接购买企业产品,提高全社会对该产品的需求量。最后,其可以通过调整税率或税基来鼓励或限制某些产品的生产与供应。

相比于中央政府,省级政府在配置职能上会更加直接,尽管从制度要求出发,省级政府是用财政收入进行直接配置,比如对某个大型项目投入资本金或者其他补助。虽然省长预备金的动用需要同级人大常委会批准,但实际上省长一般会在政府常务会后,直接要求省级财政部门拨款。从这样的意义上讲,省级政府的资源配置职能虽然来得快、见效快,但同时会破坏一些规矩。

政府分配职能。市场经济体制下,市场难以调节社会出现的贫富差距,只有政府能通过调节分配机制对此加以改善。政府的分配职能,其实就是配置资源的一种主要方式。不过,它主要针对的是人们收入的资源配置。政府通过税收和相应制度设计,强制对达到一定收入水平的人进行征税,再通过补助制度把财富再分配给收入水平较低的人群,或用于公共事业投资,如租赁住宅等;通过对奢侈品进行高税率征税,对日常用品进行补贴,减轻低收入人群的负担。在长期的实践过程中我们发现,不断征收高额累进税,边际生产力水平较高的人群的工作积极性会受到负面影响,比如其会转移资本或迁居海外,这对国家经济发展不利。因此,财政调节政策开始逐步转向保障低收入群体。我国近年开展的脱贫攻坚战,就是从这个角度出发的。

相比于中央政府,省级政府的分配更具体也更直接。比如备受公众关注的工资和绩效收入,各级政府就具有直接的权力对本地区作出决策。为什么会有人诟病我国东南沿海地区的收入远远高于中西部地区,就是因为各级地方政府拥有这样的权力。本书不讨论这个问题,但是本书认为,如果这种制度一直延续下去,会不利于我国中西部集聚人才,相反会使高校毕业生和各类人才源源不断地流向我国东南沿海地区,进一步加剧我国的区域发展不平衡。

政府调节职能。市场自身存在的缺陷导致社会矛盾呈现外部性特征,如垄断。在这样的情况下,政府需要建立一套制度,防止外部因素对经济的影响。这些制度包括通过管理和限制,提高某些群体的福利水平,反对垄断并保护消费者的利益等;通过价格政策,调节货币供应,调整公共设施的价格以及大宗基本消费品的价格等。

相比于中央政府,省级政府的调节范围是有限的,因为最重要的货币调节手段掌握在中央政府手中。但省级政府在反垄断、整顿价格和保护消费者利益方面是可以有所作为的。

政府的稳定职能。政府需要保证所管辖区经济的稳定发展,而市场机制不能自发实现经济稳定,那么这个职能就落在了政府头上。要实现充分就业、物价稳定、经济增长和国际收支平衡的宏观调控目标,政府就需要采用多种调控手段,如利用财政政策,灵活调整预算收支,对社会总需求进行调节。实施紧缩的财政政策,或提高税收水平,以平抑经济过热的现象,而经济萧条时则可采用相反手段。这个过程很大程度上是政府以财政收支不平衡来保持全社会总供求的基本平衡,从而发挥自动的稳定作用。累进所得税制度的使用同样是这样的原理,经济过热、投资增加、国民收入增加,各种税收就会自动递增,以适当降低人们的购买力,防止发生通货膨胀,而在经济衰退时则相反。

社会的不稳定性是很多因素导致的,如收入极差分化太大就可能引发民众不满,导致社会的不稳定。政府可以用税收和收费等方式,调节过高收入、提高过低收入,最终实现共同富裕。

(二)政府职能的边界

1. 坚持"清单"制度

要发挥好政府的宏观调控作用,就要发挥好市场在资源配置中的决定性作用,从某种程度上看,在市场和政府的关系处理上,矛盾的主要方面还是在政府,如果政府的权力没有"边界",就不可能发挥市场的决定性作用。

以权力清单的形式,依法界定各级政府实施的审批事项、依据、内容和程序,向社会公布,这就形成了一个非常明确的"边界"。这对放宽市场准入,保护各类市场主体产权,纵深推进"放管服"改革,营造良好的营商环境都有着决定性意义。以责任清单的方式,督促各级政府坚持法定职责,勇于担责,杜绝不作为和乱作为,克服懒政、怠政,对失职渎职行为进行惩处。以市场准入正面清单的方式,将行政许可事项明确清晰,推进"证照分离"。实现中小微企业简易注销制度,大力推进涉企审批减环节、减时限。同时做好负面清单管理,依法平等对待各类市场主体。在权力清单的指引下,把政府行为边界清晰界定,为营造良好的营商环境创造条件。

2.厘清政府与市场的关系

长期以来,政府行政边界不清的本质是政府治理能力的科学水平不高,有越位、缺位、占位等现象,这是因为政府混淆了自己与市场的分工,即应该管的没有管好造成缺位,不该管的又干预过多造成越位,属于市场调节的范畴又强行干预造成占位。处理好与市场的关系就是政府干好自己的事,通过调控和有效的治理保持经济社会平衡稳定,为经济持续健康发展创造宏观经济环境。治理经济还需要用法治思维和方式,用法律的形式规范市场环境,实现公平竞争。要提高市场监管水平,用科学的方式推动统一开放市场的建设。加大在公共领域方面的投资,特别是交通、水利、能源等重大基础设施的建设。注重生态保护和环境综合治理,创新生态补偿制度,努力按照国家制定的时间表实现碳达峰与碳中和。

3.补齐政府公共服务责任的短板

任何情况下,提供公共服务都是政府的基本职能,市场也不可能提供和调节公共服务产品的供求。尤其是经济发展到一定水平时,广大人民群众对美好生活的向往就会伴随对高品质公共服务需求的增长,公共服务均等化和提供优质公共服务产品是未来发展的重点,特别是教育、医疗和养老已经成为城乡绝大多数居民关注的"三件大事"。从我国的国情国力出发,我们认为,"三件大事"可以在适当的时候转化为"三大民生工程",建设"三大工程"并非按照西方一些国家那样全部由政府包揽,而是政府在"三大工程"中发挥协调兜底的作用。其具有两大特点:首先,"三大民生工程"是逐渐实现的,不可能一蹴而就,设想其可以通过三个五年规划来基本实现。其次,其所需要的资金的来源应是多元化的,可以通过企业、个人、商业化保险和政府兜底等渠道来实现。这样,在2035年我国基本实现社会主义现代化时,也就是建成"三大民生工程"之时。

二、关于政府调控

(一)定义政府调控

20世纪80年代以来,我国的政府调控经历了一个不断变化的过程。第十二届全国人民代表大会召开时,时任总理李克强将政府调控定义为"持续发展经济""不断改善民生""促进社会公正"等目标,围绕这些目标,宏观调控的着力点得以形成。改进宏观调控是十八届三中全会通过的《中共中央关于全面深化改革若干重大问题的决定》的内容之一,其提出"要健全宏观调控体系",把"科学的宏观调控"作为"发挥社会主义市场经济体制优势的内在要求"之一。宏观调控"主要任务是保持经济总量平衡,促进重大经济结构协调和生产力布局优化,减缓经济周期波动影响,防范区域性、系统性风险,稳定市场预期,实现经济持续健康发展"[1]。党的十八大坚持把认识把握引领经济发展新常态作为宏观调控的大逻辑,保持经济平稳健康运行;坚持把落实新发展理念、推进供给侧结构性改革作为宏观调控的根本遵循和工作主线,推动发展质量和效益明显提高。党的十九大又提出了"创新和完善宏观调控,发挥国家发展规划的战略导向作用,健全财政、货币、产业、区域等经济政策协调机制"[2]。《中共中央关于制定国民经济和社会发展第十四个五年规划和二〇三五年远景目标的建议》基本上秉承了十九大的思路,提出"健全以国家发展规划为战略导向,以财政政策和货币政策为主要手段,就业、产业、投资、消费、环保、区域等政策紧密配合,目标优化、分工合理、高效协同的宏观经济治理体系。完善宏观经济政策制定和执行

---

[1]《中共中央关于全面深化改革若干重大问题的决定》,2013年11月12日中国共产党第十八届中央委员会第三次全体会议通过。

[2] 习近平.决胜全面建成小康社会 夺取新时代中国特色社会主义伟大胜利:在中国共产党第十九次全国代表大会上的报告[M].北京:人民出版社,2017:34.

机制,重视预期管理,提高调控的科学性。加强国际宏观经济政策协调,搞好跨周期政策设计,提高逆周期调节能力,促进经济总量平衡、结构优化、内外均衡。加强宏观经济治理数据库等建设,提升大数据等现代技术手段辅助治理能力。推进统计现代化改革"①。

很长一段时间,省级政府按照中央政府的要求,不断提高本省(区、市)的调控水平和能力。从总体上看,以进入新世纪为标志,20世纪后20年的经济处于高速度发展中,基本上各省份是通过土地收入来加快发展速度的,只有在出现过快发展的情况下,才会按照中央政府的要求对过快发展速度进行调整,避免出现过热状态,防止通货膨胀现象。省级经济调控是以"防热、防通胀"为主题的,这对我国省级政府来说比较容易把握。

进入新世纪,特别是党的十八大以来,国内外的经济政治格局开始发生变化,对内经济的长期高速发展必然产生结构性调整的需要,加之面临高新技术冲击和影响,经济发展的机制发生了很大变化,经济发展动力也产生了很大变化,经济发展类型已经由速度型转向结构效益型。对外经济的整体格局也发生了很大变化,以美国为首的西方国家开始对我国实行经济制裁,进出口贸易发生了巨大变化。这对已经习惯"两防"调控的省级政府来说,又是一个极大的考验。所以,各省(区、市)的调控就要有一定的差异,总体呈现以下几个特点:一是按照中央的要求,从推动经济高速发展向高质量发展转变;二是高度重视疫情的控制和经济发展之间关系的处理;三是积极应对可能出现的系统性风险;四是结合本地区的特点冷静对待经济下滑现象;五是抓时间窗口,注重区间调控;六是努力寻求改革开放的新路径。

(二)调控也应该有边界

由于调控目标、对象比较宽泛,就目标而言有总量、有结构、有质量等;就对象而言有实体经济、有货币金融等,尤其是调控的部门更是繁

①《中共中央关于制定国民经济和社会发展第十四个五年规划和二〇三五年远景目标的建议》,2020年10月29日中国共产党第十九届中央委员会第五次全体会议通过。

多,这样就形成了调控"目标泛""对象宽""部门多"的特点,其虽然便于政府灵活施控,但是一些部门难免会以调控为名干预正常的经济活动,这反而妨碍了市场经济秩序。历史经验告诉我们,调控也要讲规则、有边界。什么是调控的边界? 其就是按照《中共中央关于制定国民经济和社会发展第十四个五年规划和二〇三五年远景目标的建议》中所要求的"全面实行政府权责清单制度",由于调控是根据形势的发展而进行的,不可能一出现问题就出一张清单。而在基本清单的前提下,针对具体的问题实行预期管理,确定预期目标,凡是有利于预期目标实现的调控行为就是可行的。

三、政府经济管理行为

(一)市场经济条件下的政府干预

我国在向社会主义市场经济转轨时,政府一直在发挥作用,这既是中国经济所必需的,很大程度上也是因为政府长期管理经济的惯性。所以,实践中政府对市场的干预往往是过度的,但同时在一些公共领域又存在缺位,其行为始终存在缺陷。由于市场机制和政府干预都是经济健康运行必不可少的因素,因此我们不仅要重视市场对资源配置的决定性作用,还要充分发挥政府的作用。虽然政府干预是在弥补市场失灵这一不足,但由于政府本身也有难以克服的弱点和缺点,政府干预也会出现失灵的现象。因此,要考虑的重点不是要或不要政府和市场,而是寻求二者的"最优结合",即当市场失灵时,积极发挥政府对经济干预的有效性,尽可能避免无效干预。

(二)政府作为管理者的调控行为分析

1.必要的调控行为分析

制度分析方法认为经济运行是一个制度安排问题,这是认识经济体系运行的一个方面,另一个方面是对经济主体的分析。其实人的行为是形成制度的关键要素。制度是由主体执行的,无论是什么制度,主体的操作都可以使其发生变化。因此,除了揭示制度的规律性,还应当关注当事人的行为规律性。

我们着重谈谈行为分析,它侧重主体的心理活动及其派生行为,揭示主体与制度运行之间的关系。我们长期以来不习惯研究行为问题,其实行为分析可以说明正确的制度为什么在实践中成功或者失败,揭示制度运行中的主体素质、行为特征及方式,预测制度运行中主体的行为。而不是以假设的命题,如"经济人"的假设去说明行为主体。所以,在研究政府的调控行为时,我们应该高度重视政府的调控行为,而不能"见制度不见人"。

2.手段是调控行为的方式

手段是实现调控目标所制定实施的一系列法规、方针、政策、条例、措施的总称。调控手段是实现调控目标的保证,经济调控手段主要有经济、法律和行政三大类。

经济手段是调控的最基本和重要手段,指国家和省级政府依据经济规律和物质利益原则,借助经济杠杆调节经济运行,指导微观经济行为,使之符合调控目标的手段。经济政策和经济计划调控的基本方式、政策和计划包括财政金融、价格收入以及国际收支等。

行政手段是政府通过行政命令、指令、规定等形式,要求经济活动主体按照指令行事。行政手段的最大特点就是权威性、统一性、强制性,其一般针对经济发展过程中较大的以及带有全局性的问题,或者在遇到类似于"黑天鹅"事件的情况下,行政手段能够起到见效快、作用大的效果。由于行政手段缺乏灵活性,指令一旦发出就必须执行,因此在使用行政手段时必须掌握充分的信息和经济运行全局,否则行政手段将导致极大的损失,对经济社会发展产生负面影响。

法律手段则是通过制定、颁布法律法规来规范和调整各经济主体的关系,其主要包括经济司法和立法两方面的内容。立法就是制定各种经济法规,保护市场主体权益;司法是由司法机关按照法律法规对经济案件进行检察和审理的活动。法律手段具有规范性、强制性、相对稳定性等特征,特别是法律的相对稳定性决定了其滞后性,因为立法是一个长期的过程,它只适合针对那些在较长时间内形成的一些带有共同性的问题采用法律手段。

在实践中,上述三种手段的运用是综合性的,其中主要还是运用经济手段,这是政府职能转变的需要,也是我国社会主义市场经济和新发展格局的客观要求。

四、新时期政府治理的主要内容

(一)政府治理的现代化体现

国家治理体系和治理能力是多层次、多维度的,其中政府治理是重要组成部分,具有影响全局、带动各方的关键作用。按照新发展格局和国家现代化发展的要求,政府治理必须面向现代化,以适应国家和各省(区、市)发展的要求。政府治理现代化体现在以下几个方面。

1.职能定位科学的政府

职能定位的关键在于明确政府分别和市场、社会之间的关系,有效发挥三者自身的功能。当前,特别应该重视的是政府与市场的关系,这个问题前面已做过阐述。

2.事权划分明确的政府

横向和纵向是政府职能的两个体现,横向即对级别相同的政府内部和外部关系的调整,纵向即对各级别政府之间关系的调整。从以往的改革来看,横向调整比纵向调整更加受到重视。这里主要涉及事权划分;而纵向改革则关注财权与事权的划分以及权力的下放等,由于一般中央政府与省级政府之间的划分都由上级部门说了算,所以纵向改革一直没有被提上日程。因此,无论是横向还是纵向都需要重视"五大改革"。一是在各级政府进行职能分工时按照动态发展的要求,对传统职能划分进行改革;二是按照政府治理的要求对各级政府管理权限进行改革;三是对垂直管理与省级政府之间的水平管理关系的改革;四是根据管理的内在联系,对各部门上下对口关系的改革;五是切实对行政层级体制和人员精简进行改革。

3.透明高效的政府

传统的政府管理是按照一元化的方法来制定规则条款,而政府治理是多元化的,这会对政府的透明度有更高的要求。因此,在新的发展格局下,原有的政府管理方式必须创新。改革开放初期,我国政府改革的惯用方式即政府管理模式的创新、运行机制的完善和政府效能的增进。单从政府管理来看,健全民主科学的决策机制、推行政府绩效管理、强化行政问责、改进服务方式、推行电子政务等都是政府管理必须要做的。但从政府透明的角度来看,其还需要在"放管服"上下功夫,该放的权力必须放下去,大数据智能化的应用进一步促进了管理科学化,面向百姓和企业的服务到位,并接受社会各界的监督,那么,政府的工作自然就会透明高效。

在以大数据、智能化为代表的现代科学技术的引领下,政府的数字化服务能力也倒逼政府管理转型,同时加大政务信息共享和公开力度,贯通从中央到地方再到基层的公共服务信息化服务通道。因此,我们要建立政务数据共享平台,依托全国一体化在线政务服务平台,让政府的公共事务处理过程全部在线,实现政务公开透明。

(二)现代化政府治理是多元化的

当前,社会主义市场经济纵深发展,国家现代化建设如火如荼,以往的政府管理已经不能很好地适应现代化建设的新要求,政府在对国家进行管理的过程中面临着巨大挑战。因此,新背景下的多元治理就应运而生。作为国家和社会之间的一种新形式,其实质在于政府和社会各方面对公共事务的管理,并在此基础上形成政府与公众、社会组织三者之间相互沟通、互动为主的公共治理体系。

政府治理要走出政府垄断,使市场在资源配置中起决定性的作用,发挥好政府的积极作用,政府多元治理就成为客观趋势。从全球角度来看,单一性的带有统治特色的管理已经逐渐被参与型的治理所替代,治理成为当下的主流表达。

传统市场经济通常是通过货币进行商品交换、买卖自由、市场地位平等来进行的。而现代市场经济更多地表现为网络上的横向互动、利益主体的多元复杂。其相对应的民主政治是大众的参与,社会管理模式从传统转向现代、从集中管理转向多元管理、从集权转向分权。究其原因，是政府管理的单一主体性，在公共服务与公共管理需求变化的过程中不能与公众需求相匹配，所以，政府职能由一元化管理向多元化治理转变就成为一种必然趋势。变革有着以下内在特征：一是社会选择是基于民众的个人责任和为自己决定承担的后果，多元化的竞争是生产和输出公共产品和服务的典型特征；二是基于政府的管理体系，中央政府管理职能不断向省级政府转移对地方政府的治理能力要求会越来越高；三是社会组织主要承担社会事务的管理，在市场组织日渐成熟的过程中，市场组织与政府组织二者开始共同参与社会治理、提供公共服务。

这样，公共治理中的社会参与，建构政府主导下的多元决策网络；政府治理中的社会个体化参与，形成多主体共同参与并实现治理的过程；政府治理中组织化的社会参与，通过社会组织表达自身利益诉求参与治理的一种制度等，就会成为打破政府垄断的基本形式。

(三)政府治理必须体现法治意义

按照依法治国原则推进国家治理现代化，完善国家法律治理制度，增强全社会各种行为和国家治理各项工作的确定性，减少"政策治理""文件治理""批示治理"，克服短期行为和浮躁氛围，是政府治理体现法治意义的重要内容。

1.必须将法治引入政府治理

一是运用法治推进职能转变，转变政府职能是建设法治政府的必要条件，尽管改革政府职能有了重大转变，但从推进国家治理体系和能力现代化的要求看，其还存在诸多不相适应的问题。历次改革涉及的政府履职中的越位、缺位和错位和不作为、乱作为等问题，虽然我们都坚决改革，但问题仍然像顽疾一样存在。我们需要运用法治方式厘清政府与市场、政府与社会的边界；需要根据不同层级政府的定位和特点，依法界定各级政府的事权和财权；需要进一步修订政府组织法律法规，使政府组织和权力运行走上法治化轨道。

二是运用法治健全决策制度。决策法治化民主化也是历次改革所强调的,但从实践角度看,超越法定权限、违反法定程序、随意决策的问题,"拍脑袋""关门决策"和"一把手决策"现象屡见不鲜,长此以往政府公信力会大幅下降。所以,在重大行政决策过程中,我们应该严格执行"公众参与、专家论证、风险评估、合法性审查、集体讨论决定"这一程序。早在党的十八届四中全会我们就做出了决定,这些"硬杠杠"形成的硬约束,为什么在实践中不能贯彻到位呢?追溯源头,还是法治决策制度的执行问题——合法性的审查评估、重大决策终身责任追究、责任倒查机制等,并没有依法追究相关领导人员的法律责任,这就把严格按照法定程序决策变成了"空中楼阁",法治决策制度在实践中并没有形成。运用法治健全决策制度,同时必须运用法治确保制度的实施。

三是行政执法体制的改革深化。其重点是推行综合执法,目前存在的矛盾和问题集中在多头执法、重复执法、执法扰民等方面,因此,本书建议对各个省级政府的事权进行甄别划分,不断优化县级政府层面的执法队伍类别,做到行政执法资源的有效配置,不断推进医疗卫生、公共安全、应急等重点领域的综合执法水平。深化行政执法制度创新改革,重点推进执法全过程记录、行政执法责任、重大执法进行法制审核等制度完善,做到执法的规范性、公正性和文明性。

四是大力推动政务公开化。按照重要信息常态化公开的要求,不断推进政府预算、重大项目建设、公共资源配置等重要领域的政务信息的公开发布,坚持透明化的原则,让决策、执行和效果受到社会各界的广泛监督。大力完善权力的制约和监督,依法保障独立监督权的行使。

在不断完善纪律检查等专门监督制度的同时,努力探讨如何发挥好广大人民群众的监督作用。

2.确保用制度"锁住"权力

设定权力滥用行为的惩罚禁止制度,以制度设计为保障,确保民众的知情权、参与权和监督权,目前一些制度规定存在漏洞,要维护和完善。例如,群众举报的线索处理后必须告知举报人,保障其知情权;制度设计要充分听取民众的意见,保障其参与权;加大检察监督力度,尤其是依靠民众的监督力量,保障其监督权;强化权力制衡,建立针对性的权力制约机制,防范权力滥用,减少干预微观经济行为,缩小权力对资源的配置能力,尽可能不让权力过于集中,使权力在制度层面受到严格制衡。

3.坚持审批"放管服"新举措

省级政府要在"放管服"上下功夫,在改善营商环境上下力气。结合市场发展需求,取消部分行业职业准入资格,重视社会化职业技能发展,不断提升其技能认定比重,推进数字化、信息化等新兴就业形态有效发展。合理保障灵活就业人员就业安全,加大工伤保险,确保灵活就业人员权益。在扩大内需和民生上有新举措,以日益升级的消费需求为出发点,合理制定旅游行业相关标准,适当放宽民宿等市场准入条件。丰富民生服务供给内容,依托省级区域地理条件,推动各省份及其相邻省份的更多民生服务事项实现"跨省通办",在教育上着力彻底解决"九年义务教育"的乱象,在医疗上下功夫推进分层医疗体系,引入社会力量推进养老机构多层次发展,提高运营和服务质量。在推进公平公正监管上有新举措,把公平公正监管放在政府职能改革的重点领域,明确各个部门监管责任,不断完善相关标准和准则,严格监管危害群众生命安全和公共安全的行为,不断强化事前事中事后监管。

五、努力实现政府调控的有限有为

(一)中央政府与省级政府的集权分权均衡

在我国,省级政府分权与中央政府集权是必须的但必需均衡,均衡是由两者的边际成本和边际收益比来确定的,具体而言,在中央集权的边际收益和边际成本相等时,中央集权处于经济均衡的水平,对于省级分权也是一样的。而当两者都达到均衡,中央政府和省级政府的分权也得到了均衡。一般来说,均衡的实质在于集权和分权之间保持适当的度。我国的中央集权处于主动的地位,但是我们认为,在集权与分权之间,多数情况下分权的选择、价值都需要首先被考虑,集权的需要由分权的需要确定,集权是服务于分权的。因为我国30多个省级政府要对中央负责,除了本省(区、市)的事务必须由自己全权负责,还要考虑城市群、城市圈的发展,应该具有较大的自主权。当然,这是在科学划分中央政府与省级政府的事权财权的前提下。在特殊的情况下,中央集权也是有其优先性的,后面的章节将涉及这个内容。

计划经济时代中央与地方的关系是由中央确定的,地方局部服从全局是基本原则,这种原则一旦被固化,省级政府维护本地利益的行为就会受到指责。但在市场经济条件下,中央就必须承认省级政府在中央的大政方针得到贯彻的前提下,维护自身利益的合理、合法性。2019年底新冠疫情爆发后,中央集中力量控制疫情是非常正确的,但是疫情基本可控后,中央与各省(区、市)之间的权力关系需要被重新梳理,中央政府的重点在于行使宏观调控、综合协调等权力,而省级政府应该充分拥有确保省域发展以及和周边地区联合协作的权力。应该看到,省级分权将呈现多样化发展趋势,目前已经有自治区、经济特区、对外开放港口城市以及自由贸易区等形式。而随着区域化发展,改革开放的深化,省级政府分权形式就不可避免的多样化。

(二)充分发挥省级政府的优势

我国的国情决定了中央政府不可能对国家全域进行直接管理,必须通过层级管理方式来解决基层的具体问题,这其中如何发挥好省级政府的作用就显得非常重要。从经济技术角度来看,我们要用低成本获得高效用,只有在管理治理可控的领域,才能取得这种效果。当省级政府获得了管理省域事务的自主权,就需要考虑适合本省的若干市场主体的最低技术经济交易费用。同时,全地域范围也因此将政府的优势来弥补市场和企业的缺陷。而省级以下的各层级政府专注提供公益物品和公共安全以及公共环境。在各省域范围,通过省级政府进行分层管理,能有效节省中央管理成本,这正是省级政府管理的优势。

(三)省级政府在有限范围内有所作为

省级政府首先要成为中央宏观调控的地方代表,保证国家调控的全局意义。市场经济条件下,中央在一些重大问题上实行直接调控是必要的,但多数是经济手段的间接调控,这就存在时间滞后和可塑性大的特性。在这种情况下,为了保证调控的有效性,中央政府将会赋予省级政府一定权力、责任和义务,从而将自身的一些调控职能转移给省级政府。例如,对各省(区、市)央企进行监督;不断优化营商环境,确保良好的市场经济秩序;确保中央分配的任务以及目标的实现;各项宏观经济政策的贯彻落实等。

省级政府作为调控各省(区、市)经济的最高机构,要积极主动承担起调控主体的职能,在不违背国家统一市场的原则下,根据各省(区、市)经济运行的实际,制定相应的规则。严格规范经济主体行为,保证市场经济有序运行。根据本省(区、市)资源禀赋和综合实力,对省域经济的发展战略包括经济布局、产业政策与结构、区域发展重点及速度等,做出既符合本省(区、市)客观实际又能发挥主客观优势的选择。这里的关键就是突出省域经济的产业特色和优势,这应该成为省级政府进行调控的关键。省级政府还要在中央的指导下,推动本省(区、市)与周边关联经济区域的发展。

履行省域经济利益的主体责任。由于我国实行各省(区、市)财政分灶吃饭,省(区、市)的经济利益较为独立,一方面它需要完成中央赋予的经济目标任务,同时可以依据自身所拥有的经济资源禀赋自行进行项目投资、资产运营,从而获得资本增值,在市场中获得最大经济效益。例如,省级政府拥有产业布局、招商引资、项目建设等权力,以此推动经济高质量平稳发展。但同时要承担相应的经济责任。由于市场经济运行的不成熟,经济责任的存在倒逼政府决策或者政府调控要有针对性、科学性和规范性,以此弥补市场调控的不足。

在我国,各省级政府对经济调控的特征主要体现在:一是中央的调控具有延伸性,以确保中央的宏观调控在省域的某一方面得到体现,保证全国一盘棋的协调稳定。二是相对于宏观调控目标的独立性,基于自身经济资源禀赋和年度目标,各省(区、市)在宏观调控目标外独立自主的进行市场运作和资源配置。三是重点关注某些基本面,受诸多因素制约,发展不可能齐头并进,这就导致省级经济调控有重点、有特点,形成有省域特色、有竞争力的重点产业和重点产品。

第三节　政府调控的特点及其认知
——中央和省级的比较

一、中央政府和省级政府经济调控的差别

(一)中央政府和省级政府主要调控内容的差别

中央政府与省级政府的经济调控就相同方面而言,其调控目的是一致的,保证国民经济能够持续、稳定、协调、健康并高质量发展。调控的对象都是独立的利益主体和市场主体,省级政府调控是国家宏观调控的组成部分(表1-4)。

表1-4　中央政府与省级政府的调控目标、主体与手段

调控内容	中央政府	省级政府
目标	国家经济社会发展	本省(区、市)经济社会发展
主体	中央政府	省级政府
手段	利率、汇率、立法,调控范围大	地方预算、地方性法规和政府规章,监督执行等

(二)省级政府经济调控的重要手段

我们将省级调控称为经济调控,一是区别于国家调控,二是调控研究基本上囿于经济范围。

1.规划和计划

规划包括远景展望与五年规划,本书特指五年规划。由杨庆育主持编写的《中国省级五年规划发展研究》对规划手段的实践价值做了描述。省级规划主要体现省域的全局性和系统性,制定规划必须着眼长远,省级政府不仅要分析当前的形势,还必须预测国内外发展的新情况、新变化、新特点,展望未来的发展方向①。省级规划是优化公共资源配置的主要手段,能够弥补市场机制的盲目性,虽然其基于分散信息的市场微观层面并不能达到宏观的最好效益,但是能在宏观层面对整体进行协调,从而有效弥补市场在公共品资源配置上的失灵②。省级规划是推动区域经济社会发展的重要手段,也可以集中力量办省域内的大事,通过加强对基础设施投资、人力资本投资和产业引导等措施促进经济更好增长;省级规划可以通过划定发展底线来调控发展,如粮食安全、资源开发、生态环境等,最终形成各地区的发展综合底线③。省级规划具有信息引导功能,规划从重大问题研究开始就面向社会、面向公众,各级各层面的广泛讨论,向全地区传达了未来一段时间经济社会的发展趋势、方向和政策等重要信息,这有利于社会各界了解和掌握全局及重要领域的预期状况,并据此确定本行业本领域的相应发展措施④。

而年度计划是中长期计划在各年的具体工作安排,是对中长期经济社会发展目标的落实,由于年度计划需经同级人民代表大会审议通过后才能启动实施,并接受人民代表大会监督,向人民代表大会汇报其执行结果,所以其具有很强的被约束力和可操作性。与国家宏观调控四大目标不一样,省级经济计划调控目标为促进经济增长,增加就业和加强社会保障,扩大消费和稳定物价,扩大对内对外开放。省级政府通过五年规划和年度计划,可以将省域范围未来五年的发展蓝图描绘好,而用年度计划来具体实施,从而实现本省经济的可持续发展。处理好规划与计划的关系,是运用战略与战术结合方式来实现经济目标的。

①②③④杨庆育,等.中国省级五年规划发展研究[M].北京:中国计划出版社,2019:24.

我们可以将五年规划理解为中长期的战略性计划,而年度计划则是具体的实施计划。

2.财政金融手段

省级政府要提供经济社会运行所需的公共产品与基础条件,如跨省(区、市)区域的基础设施建设,涉及交通及通信基础设施、水利基础设施及生态环境设施;要为经济社会长期稳定发展创造人力和科技条件,如支持基础教育和科学研究;同时要预防和应对自然灾害和公共安全领域的各种突发事件,如地震、洪涝、干旱、重大疫情等。省级政府要完善市场经济发展所需的政策制度,如要强化对财产的保护和对投资环境的改善。省级政府要合理运用收入分配机制促进社会更加公正,要对地区间、城乡间、阶层间的收入状况进行评价和调整。因此,省级政府须从长远角度出发,运用地方税收和中央转移支付以及省(区、市)对地市转移支付等多种方式合理调节地区间、城乡间、阶层间收入分配差距。

公共财政作为政府调控经济的手段,要反映对资源优化配置的调控,公共财政将税收和部分费用集中起来,形成财政收入,然后通过财政支出提供公共产品,弥补市场缺陷,实现全社会资源最优配置;要反映对收入分配的调控,公共财政收支通过对社会成员在社会财富中所占份额的调节,使之达到相对"公平公正"状态,如实现充分就业、物价稳定、经济增长等政策目标,保持社会总供求基本平衡,实现经济、政治与社会稳定。

过去的20年,各省(区、市)在财政调控中使用的最强手段就是土地财政的运用,因为城市化高速发展所需的海量投资主要是靠"土地财政"获得的。我国现行的土地产权制度使各级政府通过从农村集体征购土地掌握了大量资源。按照现行法律,利用农村和城市的不同土地属性,政府以低价的农村集体征用土地,以城市用地计价进行批租,形成巨额的土地差价,并以土地向银行抵押贷款。在一些省份,甚至居住着农民的土地也被抵押,名曰"空转",用以城市化建设。"土地财政"一度成为城市建设的主要来源。

专栏：

资料阅读——重庆农村土地交易所30年来的交易情况

重庆农村土地交易所是2008年经国家同意成立的以规范组织地票交易和其他农村产权流转交易活动为主的交易机构。从交易开始，在免征耕地开垦费和新增建设用地有偿使用费的前提下，前3年交易量2万～5万亩，初始价格在10万元左右。2011年在重庆时任主要领导的推动下，交易量创新高达5万亩，价格也一度达到30万。2012年到2015年由于重庆的特殊历史背景，交易量始终低于3万亩，价格也降至20万元左右。在重庆市出台城市新增建设用地管理办法后，交易量上升到4万亩左右，价格也一度上升到18万～20万元。到2019年新冠疫情的发生，减少至3万亩。预计"十四五"期间的交易总量在9万～11万亩。

省级政府在发展省域经济时，减税也是有效手段，但由于地方税少，减税力度相对较小。改革开放40多年来，省级政府在发展经济过程中发挥了积极作用，推动形成了独特的增长模式和分税制安排。这已经成为我国经济增长的主要制度原因。我国的分税制使省级政府在推动本地经济增长上发挥了积极作用，但同时导致部分省份的负债率相对较高。从宏观角度分析，我国针对省（区、市）的分税制还不能改变，但是地方政府靠"土地"收入来支撑经济增长也是不可持续的。

省级政府在金融手段上的调控也是有限的，省（区、市）虽然在货币供应量上无为，但也有所为之地。省（区、市）可以开展金融创新、汇聚发展资本，但必须把防范金融风险放在重要的位置，切实保障本地区不发生系统性金融风险。在推动经济发展上，其要把小微企业"融资难题"真正解决好，要围绕实体经济缺乏担保能力进行创新，在资产证券化、债券、信托、票据、订单、私募基金以及信用等方面深化改革,让有发展前景的高科技企业能够从金融机构和社会上获得资金的支持。

二、中央政府与省级政府经济调控的比较

我国的中央政府和省级政府承担着不同的职能,所以其在客观上存在经济调控差异,见表1-5。

表1-5　中央政府和省级政府经济调控的比较

内容	中央政府	省级政府
范围	总量调控	主要是行业和企业调控
工具	财税金融审批等工具	发行债券和地方财力
调控效应	可能形成集成效应,也容易叠加负面作用	直接克服负面作用,但也可能片面强调本省(区、市)利益
部门	综合部门和央行	各个带有综合特色的部门
重大项目	审批或核准控制	直接干预项目上下、快慢速度
物价	全面调控物价水平	以品种调控价格,管住菜篮子
产业	发布政策直接调控	对具体行业或大宗产品进行调控
房地产	综合性政策调控	各种具体手段调控

1.范围大与小、全局与局部的调控

中央政府可以对整个国家进行及时有效的调控,对国家发展起到举足轻重的作用。省级政府在省域范围必须贯彻中央政府的调控措施,但也可以积极作为,由于各省(区、市)都有自己的特色行业和龙头企业,对行业和重要企业进行必要的调控引导就显现省级政府调控的最大特色。

2.工具在中央政府与省级政府上的体现

工具与手段是紧密相关的,不同的手段形成相应的工具,通过货币工具发行货币,通过行政工具颁布政策等,都是中央政府常用的调控工具。省级政府没有这样的工具,在资金上,发行地方政府债券和企业债

券、专项债券等的控制权仍然在中央政府。在传统的批租财力工具退出后,省级政府一般性财政收入主要来自地方税收,所以发展地方经济才是提高省级财政收入的最重要途径。

3.调控效率省级政府明显低于中央政府

中央政府具有丰富多样的调控手段和工具,在运用效果上显示出综合集成的特点,多管齐下的手段既能应对突如其来的影响因素,也能有效抵御各个方面的冲击和影响。如针对2020年第一季度的新冠疫情,中央政府就能够及时动用全国的医疗队伍和设施药品,动用中央专项资金等手段,在相对短的时间内有效控制了疫情蔓延的速度。假设由省(区、市)采取措施处理,即便动用全省(区、市)的所有力量,都很难实现短时期对疫情的有效控制。所以,中央政府能够形成综合性集成效应且见效快;但如果调控不当,系统集成所形成的负面作用也是系统的。省级政府相对单一的调控,其可能出现三种结果:一是针对某一方面的作用可以见效,但对全局性的作用结果不会明显;二是地方的调控极有可能产生"殃及池鱼"的问题,我国各省财政"分灶吃饭",但是经济联系是由经济规律决定的,尤其是省际的毗邻地区,其经济的关联度一般较高,但由于调控时期,各省(区、市)一般不会去考虑毗邻地区的需要;三是与国家调控产生冲突,为了本省(区、市)经济的发展与配套,不会完全从国家宏观角度出发。

4.调控部门的差别在于财政与金融

20世纪80年代开始,中央宏观调控部门集中在计(委)财(政部)银(中央银行)三家,进入21世纪,多部门调控成为常态,特别是专业部门对本部门的调控更是司空见惯。专业部门对所管辖领域进行调控是不科学的,因为调控后会发生不平衡,其中完全有可能产生部门之间的不平衡。如果由专业部门进行调控,就很难实现部门间的平衡。对于省级政府而言,除了贯彻国家的调控政策,即一般通过发改委和财政部门进行调控,而这些部门则是贯彻中央部委的要求,当中央部委与省级政府的要求产生冲突时,通常是贯彻省政府的要求。

5.重大项目调控中央有更大的发言权

我国宏观调控一直把重大项目作为调控重点。就中央政府而言,凡是经过中央部委批准的项目都是调控的对象,其方式就是直接下达文件加快或者停止相关项目,由于这类项目一般会得到中央专项资金的支持,地方政府没有太大的发言权,都会听命于中央的安排。但是作为地方的重大项目,其要分几种情况,凡是中央明令禁止的产品或者有具体的指向,比如办公楼等,基本都会与中央保持一致。

6.宏观价格调控手段体现在中央

省级政府在价格调控上的权力是有限的,一般情况下,进行价格调控是因为通货膨胀,在现实经济生活中,产出与价格水平一起变动,通货膨胀常常伴随过量的货币发行。所以宏观意义上的通货膨胀省级政府是难以控制的。省级政府的调控是非常具体的,首先是保障民众的基本生活用品供给,适当提高民众基本生活用品CPI中的权重,进而反映实际的价格变化。省(区、市)以下的各级政府能够有所作为的就是确保基本生活用品的供给,阻挡其涨价的通道。其次,要认真测算价格指数变动对收入分配的影响,在实际收入固定的情况下,CPI的上升必然影响实际收入,所以要让居民的工资收入增长快于CPI的增长,以确保人们的实际生活水平不下降。此外,要关注生产资料价格指数的变化,特别是本地的生产资料价格指数。

省级政府出于区域经济长远发展或者为了维护当地市场稳定等,在物价调控时,可能与市场短期资源配置的主导作用发生冲突,部分行为可能不会真实反映资源的市场供需状况,不利于资源的合理流动和优化配置,进而影响即期经济增长。如政府在出卖土地资源的时候,从考虑增强当地可持续发展能力的角度考虑,不会按照市场对土地资源的需求量将可供土地全部卖出,而是结合当地发展规划,适度地向市场提供部分供地指标。省级政府实际上在物价调控中对收入进行再分配,尽可能实现社会利益公平与市场竞争公正、公平。政府加强物价调控是保持经济健康长远且高质量发展,并解决收入分配不均等社会问题。而市场主体对物价的作用就是追求利益最大化,强调效率优先。

所以,省级政府对物价进行调控既要当好"裁判员",处理好企业与自然人的关系,防止企业追求利润而影响城乡居民生活,力争社会财富的公平分配;同时要当好"吹号兵",协调解决好调控过程中可能给企业带来的困难,鼓励和引导企业加强技术研发和产品创新,增强营利能力,扩大产品市场占有率。

7.产业政策调控省级政府应该更有作为

我国不少省域面积和人口与世界上许多国家相当,因此我们有必要实行省级产业政策。《中国省级产业政策发展研究》一书比较系统地阐述了这个问题。首先在必要性上,省级产业政策是提高政府经济治理能力的需要,根据发展规划要求,制定和实施产业政策并发挥其在完善市场机制和市场结构、加快资源配置优化过程中的作用,是各省(区、市)协同发展社会主义市场经济的重要工作。省级产业政策是充分发挥区域比较优势并实现地区主体功能的需要。改革开放以来,经过不断的自然演变和经济社会大发展,我国产生了明显的地域性差异。这些差异有些是自然资源禀赋,也有发展中逐渐形成的经济、科技和文化等方面的差异,这就造就了不同省(区、市)的独特"省(区、市)情",也决定了各省(区、市)的主体功能特色。任何地区都不可能超越所处环境条件和自身经济社会条件去寻求发展,因此在国家整体利益的基础上,充分发挥地区比较优势和主体功能作用是制定省级产业政策的基本原则之一。省级产业政策是培育新产业发展的需要,新产业培育是各省(区、市)产业政策的目标之一。在新技术的支撑、新环境的营造下,各地不仅能培育一批新产业,还能稳步推进传统产业转型升级,促进本地区新产业快速发展,同时能够集聚更多优势资本和优质企业,提升地方新产业市场综合竞争力。

我国省级产业政策面临新形势,必须顺应历史的发展要求,用科学理念和全面深化改革的精神,赋予其新的定位。首先,以强化产业融合为取向,产业融合是社会化大生产和科学技术的飞速发展形成的大趋势,从单一产品产业到产业链乃至完整的工业体系是省级产业政策应该坚持的,必须坚决杜绝从狭隘利益出发,割裂认为对自己不利的产业链及体系,要将本省(区、市)与周边省(区、市)的产业联系起来,形成产业融合优势来发展和延伸支柱产业链条。其次,以提高自主核心技术为基本要求,全力提升自主科学技术能力,也是省级产业政策的基本要求。特别是在面临以美国为首的西方势力的技术封锁等外部因素时,从内部看则是国家产业发展规律和新发展格局的需要。我国的产业发展已由规模推动型向技术支撑型转变,最需要解决的问题就是在关键领域实现自主技术的领先和关键技术的突破。然后,以实现综合经济效益为主要目标,新发展格局要求企业不能单纯追求规模效益,要以综合经济效益为目标,省级产业政策要鼓励企业从大局出发、从长短期利益相结合出发、从环境保护出发,引导企业实现综合经济效益目标。各级政府的资源配置,都应该树立这个目标。最后,坚决贯彻因地制宜原则,省级产业政策的基本出发点就是发挥各省(区、市)的比较优势,形成更广泛区域的专业分工与协作,使不同的国土空间满足不同的功能,实现主体功能在空间布局上的全覆盖。

8.中央掌握着房地产调控的大权

从表面上看,我国各省(区、市)政府在房地产调控上有着较大的自主权,但从本质上分析,中央政府则掌握着调控的绝对权力。房价上涨与城市地位、人多地少的背景有关,一个城市的房价上涨空间的多少,表面上看是由独立于城市化一般内涵的因素所决定的,而实际上起决定性作用的是每个时期的土地制度及国家宏观政策,省级政府即便想调控房价,但真正改变这些结构性条件是非常困难的。纵观部分一线城市房价从20世纪90年代以来的疯狂上涨,中央政府在2003—2014年对此进行了频繁调控(见后文内容),并出台了相关文件,但最终没有使不断上升的房价发生方向性逆转,反而在一定程度上助推了部分城市房价的上涨。在此期间,各省(区、市)也仿照中央出台了大量调控房价的文件,最典型的就是"限价、限购、限卖",这些看似具有操作价值的政策,其实对房价几乎未产生影响。在"房子是用来住的,而不是用来炒的"的定位下,在中央出台严厉措施的背景下,"疯狂了"数十年的房价才得到基本的遏制。

第四节　经济调控有规律可寻吗？
——调控逻辑的分析

一、经济调控是有规律的？

(一)经济发展的规律性决定了经济调控的规律性

一般来说,中央和各个地方的经济增长速度反映其经济的基本现象,其生产总值增长率曲线目前还应该是最能说明经济发展的波动性的,我们可以根据2000—2020年的生产总值增长曲线图(图1-1)来探究经济发展的规律性特征。

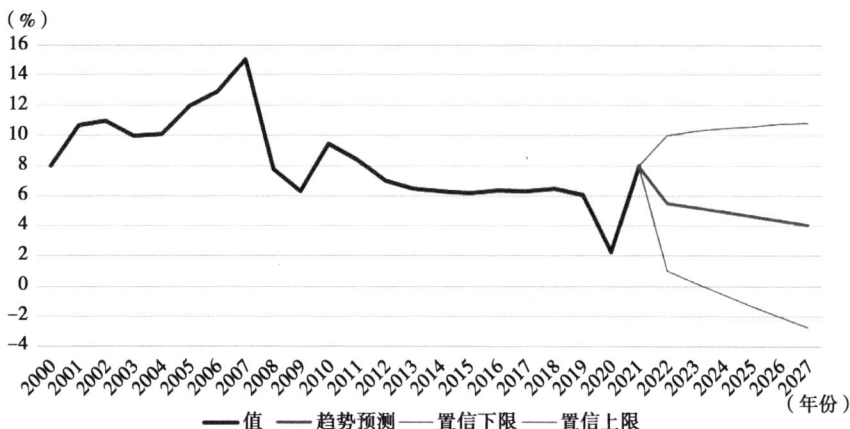

图1-1　2000—2020年我国GDP增长曲线

21世纪前20多年的发展数据,既反映了经济在进行相对正常的波动,又有"黑天鹅"事件表现出的意外波动。从中期看,2000—2009年形成了一个完整的波动周期;2009—2020年又形成一个完整的波动周期,其间还有两个小幅度的波动。

21世纪初,我国经济呈现明显的成长型特征,国家经济在走出世纪之交的通货紧缩后,随即出现增长态势,尤其是在2003—2007年,年均经济增速达到了11.7%的历史高位。在保持经济高增长的同时,实际汇率也出现了升值的局面。2007年经济增长速度达到较高水平,受结构性影响,其增速开始回落,两年间几乎下降了9个百分点,从而完成了第一个波动周期。增长的高峰期,中央政府和省级政府的调控基本上是按顺周期进行的,当时人们普遍对经济的高增长持乐观态度,认为这是改革开放的巨大成就,对可能出现的结构、质量以及长期处于此状态的结果未作过多评判,而到了经济增长的拐点,才冷静下来分析问题的原因。当时有学者这样认为,经济发展取得成就当然是因为中国做对了很多事情:20世纪90年代后半期,改革不断深入并围绕"入世"实施扩大开放战略,当时我国坚持改革开放和谋求发展方针;企业微观主体在竞争开放环境中学习成长,以及劳动者人力资本逐步提升,为经济持续增长提供了根本动力。我国可贸易部门劳动生产率追赶、工业企业资本回报率提升、10余年1亿多农民工转移和1.5亿非农就业岗位创造等方面经验证据都显示,中国经济的发展具有基本面条件支持,其是真实的而非虚假的,合乎规律而非违背规律[1]。相关学者的这些观点具有时代特征,甚至已经看到了经济增长背后存在的问题,新时期经济运行也存在多方面问题:体制扭曲、权力经济问题、贫富差距大、改革滞后、政策不完善等,都对经济持续增长带来挑战。但是,在总体上,人们更加容易接受经济高增长所带来的经济繁荣,而相对忽略将出现的问题,这也导致了一些省份的经济调控的滞后性。

在政策刺激下,2010年我国一些省份又迎来新一轮的短暂经济增长,例如,重庆市2010年地区生产总值增速达到历史较高水平。由于其没有根本解决经济持续健康增长所存在的问题,加之大数据和人工智能为代表的新技术的广泛应用,中美贸易摩擦以及新冠疫情等的发生,在21世纪的第二个十年,我国经济发展速度处于下行状态。此时所体现的宏观调控逻辑变为:经济发展速度持续下行—思考经济长期下行的问题—针对根本问题深化改革—形成十八大加快推进深化改革的调

---

[1]卢锋.宏调的逻辑:失衡与调整:中国近年宏观形势特点解析(上)[J].中国改革,2014(8):44–46,48.

整思路。

从2010年一直到2020年,经济增速呈放缓趋势,其中从2016年开始的中美贸易摩擦并没有明显地影响我国的经济发展速度,2018年,我国经济增速放缓趋势开始显现,2019年末突如其来的新冠疫情,严重冲击了世界各国的经济,2020年我国的经济增长率为2.3%。在这个特殊的时期,我国各级政府的宏观调控水平不断提高,调控创新能力不断提升。如面对新冠疫情,党中央、国务院在"六稳"工作基础上,明确提出"六保"新任务,尤其强调要保就业保民生保市场主体,以保促稳、稳中求进[1]。党中央、国务院基于经济形势,坚决不搞"大水漫灌",科学把握政策平衡点,新增2万亿元中央财政资金直达基层,并要求省级财政同时加大资金下放力度。

(二)保持调控政策连续性和可持续性

在区间调控的基础上强化定向调控、精准调控、相机调控。宏观政策坚持助企纾困,并保持必要支持力度,根据经济形势变化情况适时进行调整[2]。为稳定经济大盘,财政政策要注重提质增效、更可持续;减税政策继续保持优化和向实体经济落实;货币政策更加灵活精准、合理适度;就业优先政策继续强化、把握重点、聚力增效[3]。

从图1-1中可以看到,2021年经济的大幅增长基本上是基于2020年低基数的翘尾因素,而后模拟的三条曲线中,中间一条是比较切合实际的。2022年经济增速继续呈放缓趋势。正因为如此,宏观调控手段也将随着形势而变化,呈现形势变、调控变的规律。党中央提出,在"十四五"期间,完善宏观经济治理,健全以国家发展规划为战略导向,以财政政策和货币政策为主要手段,就业、产业,投资、消费、环保、区域等政策紧密配合,目标优化、分工合理、高效协同的宏观经济治理体系[4]。完善宏观经济政策制定和执行机制,重视预期管理,提高调控的科学性。

---

[1][2][3]《政府工作报告》,2021年3月5日在第十三届全国人民代表大会第四次会议。

[4]《中共中央关于制定国民经济和社会发展第十四个五年规划和二〇三五年远景目标的建议》,2020年10月29日中国共产党第十九届中央委员会第五次全体会议通过。

加强国际宏观经济政策协调,搞好跨周期政策设计,提高逆周期调节能力,促进经济总量平衡、结构优化、内外均衡①。加强宏观经济治理数据库等建设,提升大数据等现代技术手段辅助治理能力。同时建立现代财税金融体制,加强财政资源统筹,加强中期财政规划管理,增强国家重大战略任务财力保障。深化预算管理制度改革,强化对预算编制的宏观指导。推进财政支出标准化,强化预算约束和绩效管理。明确中央和地方政府财政事权与支出责任,健全省(区、市)以下财政体制,增强基层公共服务保障能力。

二、规律性在几大调控中的表现

(一)21世纪之初的房地产调控

2004年左右,房地产经济的高速发展,导致基本建设类材料价格的上涨,因此,政府开始对其进行宏观调控。这轮调控在2003年下半年还较为温和,在2004年开春之后政府的宏观调控力度明显加大,从信贷与货币扩张速度较快到控制信贷增长速度过快,仅用了半年时间。

而整顿土地利用的举措则更为密集。2003年中央连发三文要求清理用地并加强土地供应,意图都是要加强用地管理。而当投资增速过快时,随即其便被明确为调控对象。短短一个季度国务院就提出要制止过度投资,中央金融工作会议要求严控相关行业银行贷款,银监会则进行了专项检查,国家发展和改革委员会同时紧急宣布叫停三部门新建企业和新建生产项目,央行宣布实行差别存款准备金率,国土资源部(现自然资源部)、监察部(现国家监察委员会)严令各地限期将协议出让经营性土地使用权的历史遗留问题处理完毕。但第一季度投资率仍然增长43%,于是,国务院发文提高钢铁等行业资本金比例,政治局召开会议控制经济过热现象,国务院常务会议研究整顿土地市场治理工作。

①《中共中央关于制定国民经济和社会发展第十四个五年规划和二〇三五年远景目标的建议》,2020年10月29日中国共产党第十九届中央委员会第五次全体会议通过。

经济规律是不以人们的意志为转移的,当经济过热或过冷,其背后总有深层次问题的存在,一旦问题出现,就立即采用行政手段进行干预,虽然见效快但存在隐患。上述的调控就有这样的成分,短时间采取各种手段,甚至让监察甚至纪检等部门用不同方式参与,这样的调控,必然导致经济的波动,给经济发展带来长期的不健康成分。

与中央严厉调控不同的是,各省(区、市)表态坚决执行和拥护中央决定,也纷纷出台相关文件或转发中央文件,要求域内相关部门和企业执行。但是,从根本上其还是把主要精力放在促进经济高速发展上,由此出现2004年后的新一轮的经济增长(图1-1),其中,被中央认定为调控重点的固定资产投资一直增加到2018年的63.56万亿,达到历史最高水平。最终,由于新冠疫情影响,这一数值回落到52.72万亿。

21世纪的前十年,是我国房地产经济的辉煌时期,尽管国际上一批知名经济学家对中国的房地产多有微词,但我国房地产经济仍一路高歌猛进。根据2013年诺贝尔经济学奖得主尤金·法玛教授的"有效市场假说",影响股市等资产价格的信息会被市场很快吸收,现实资产价格对其均衡水平偏离是没有利用价值的"噪声",因而"你不可能打败市场"[1]。另一诺奖得主罗伯特·希勒教授则认为,受羊群效应、短视行为等"市场心理"因素影响,投资者追涨杀跌或卖跌不卖涨,资产价格会在一定时期持续上升或下跌,套利投资与资产泡沫都可能发生。希勒教授在2009年来华演讲时,还直接断言中国房价有泡沫,但是,这些理论在中国的房地产领域却没有得到验证,中国的房地产至今未见破灭[2]。

回顾这十年各省(区、市)对房地产的调控,其具有以下特点。受制于中央政府的考核,客观上其有推动房地产发展的原始动因。人们生活水平的提高,改善性住房需求和新市民的购房需求增加。货币量化又成为强大后盾,广义货币和社会融资总额大幅增长。中央和省级政策不断变化产生托市效应,2008年"4万亿"措施推出,有效遏制了经济下滑,同时推动了房地产市场的价格,各省(区、市)纷纷出台政策,客观

①卢锋.宏调的逻辑:从十年宏调史读懂中国经济[M].北京:中信出版集团,2016:78.

②卢锋.宏调的逻辑:从十年宏调史读懂中国经济[M].北京:中信出版集团,2016:81.

上使房地产经济发展进入快车道。2001—2011年，我国土地出让金总收入由1 296亿元猛增到3.15万亿元，土地出让金收入增幅远高于土地供应量增幅。房价飙升的最重要原因是长期的土地制度"纠结"，这与经济学中的垄断逻辑一致，各省（区、市）政府通过"限量涨价"使土地收益最大化，"房地不分离原则"则是高地价转化为高房价的核心动力。

（二）各省（区、市）调控的特征

1.各省（区、市）五大调控特征

一是积极转发中央文件，进一步推动房地产经济快速发展；二是将获取的土地出让金支撑财政的刚性支出；三是利用土地出让金开展城市基础设施建设，使城市进入大发展时期；四是涉及控制房地产发展的内容，除了一线城市，原则上其他地方政府采取的措施不会超出中央政府措施的范围；五是客观上有利用房地产经济来推动省（区、市）经济发展的需求。总体上看，前十年的房地产经济调控是以顺势推动其发展为主要宗旨的，各省（区、市）对中央的文件精神持一致的态度。

2.快速度的中央调控引导各省（区、市）调控跟随

纵观2000—2020年我国的经济政策，前十年以"推动"为主题，后十年以"控制"为主题，具体到调控的内容，中央政策在不断变化。从2003年6月起，房地产作为"国民经济的支柱产业"的鼓励发展，转变为提高房地产开发项目资本金比例，再到以颁发"国八条""新国八条"的形式，提出"稳定住房价格"、调节房地产交易等；"国六条"提出"制止擅自变更项目、囤积房源和哄抬房价"，随后又出台了"双70%标准"的管制要求，"支持居民首次购买普通自住房和改善型普通自住房"和"支持房地产开发企业合理的融资需求"被列入了"4万亿"刺激计划之中；次年又高频率出台调控举措[①]。2009年底先后出台的"国四条""国十一条""新国十条""新国八条"等都是要求各地从严规定和执行住房限购措施。

房市的频繁调控案例具有经济学意义上的认识价值。受刺激计划的影响，房价快速上涨，迫使中央政府进行调控，直至其出台强行限购

[①]卢锋.宏调的逻辑：从十年宏调史读懂中国经济[M].北京：中信出版集团，2016：123.

行动,但是市场规律难以改变,尽管2010—2012年中央到地方各级政府,其具体调控措施基本上是围绕"限购、限价"开展的,但还是阻挡不了一二线城市的房价上涨。一直到党的十八大后,政府不再出台针对房价的新"遏制"政策,房价开始回归中性稳定,习近平总书记提出的"房子是用来住的,而不是用来炒的"观点,一度使房价稳定,但新冠疫情后,房价的波动仍未停止。目前部分省(区、市)开始出台有利于房地产经济发展的政策。

这些年政府的宏观调控,最大问题就是文件出台周期太短,一个文件尚处于初步执行阶段,另一个文件又出台。房地产本来就是一个长周期产业,如果不按照产业特征和规律要求,急于求成,企图在短期获取长周期产业的调控效果,这不是按照客观规律进行的调控。面对中央政府的频繁调控,各省(区、市)从自身出发,纷纷出台各种文件进行调控,如2021年新年前后,各省(区、市)出台楼市调控文件数量高达60个,平均每省(区、市)两个。上海2021年初就印发《关于促进本市房地产市场平稳健康发展的意见》(以下简称《意见》),就部分居民为了逃避一些政策限制,采取"假离婚"来获取购房资格,《意见》针对性地提出:夫妻离异之日起3年内购买商品住房的,其拥有住房套数按离异前家庭总套数计算①。不过,上海此举并非首开先河,早在2020年7月,深圳就出台了被称为"史上最严楼市调控"的"7·15新政",离婚买房可追溯3年。北京、杭州、广州、南京、成都等城市都不同程度地发文并提出买房的限制性条件。虽然政府的宏观调控都是基于"房子是用来住的,而不是用来炒的",但是房价还是照样涨,房价上涨似乎成为一个长期趋势。

为什么中央政府和省级政府对房地产市场的调控未能取得预期成效?除了调控措施未遵循经济规律,其还与21世纪以来我国一二线城市房价一直上涨有很大关系,2010—2020年,我国城市的房屋价格平均上涨了500%,而老百姓的闲钱可以投资到股市的仅上升0.2%,金融机

---

① 《上海市房屋管理局关于促进本市房地产市场平稳健康发展的意见》(沪建房管联〔2021〕48号)。

构存款利息和CPI不相上下,理财产品也非常少,民间借贷难以规范,其风险就会频频发生。在这样的背景下,房地产很自然就成为老百姓青睐的投资品。

(三)通货膨胀条件下的经济调控

我们一般以CPI和PPI数据衡量通货膨胀,按此标准,2007年算是通货膨胀比较严重的一年。2006年初学界便已开始担忧经济面临通货紧缩的风险,但该年经济增速却再一次走高,通货膨胀的压力明显增大,并在2007年爆发。2006年年底,中央政府认为当年实现了"十一五"时期的良好开局,2007年需保持宏观经济政策的连续性和稳定性,保持良好势头。2007年通货膨胀通过资产价格飙升表现出来,股价指数从2005年底约1 200点上涨到2006年底的2 675点,到2007年10月的6 124点高位,房价2007年全年涨幅也在15%以上。

这种失衡助推了货币的增加,2007年央行资产总量16.12万亿元,增幅高达27.6%,加上外汇资产增加,占其增加总量的95%。面对基础货币的扩张风险,央行发行票据回笼数千亿元货币,10次提高存准率冻结数以万亿元存款[①]。这些工作十分必要,却不能完全消除通货膨胀压力。

面对央行的这些调控,各省(区、市)仍然把精力放在经济发展速度上,因为从一般的判断标志看,2007年的CPI还不到2%,所以各地的基本出发点还是保持较高的经济发展速度。但是,经济发展的规律是不容抗拒的,从图1-1可以看出,2007年我国的经济增长值达到峰值后开始长线回落。所以,大多数省(区、市)面对央行的本次调控政策都以保护本省(区、市)经济发展速度为标准来贯彻。当然,随着质量结构问题的显现,"增长"的主题也在发生。我们从部分省份的几个五年规划的表述中可以看出,省级政府对发展的基本态度。

---

①卢锋.宏调的逻辑:从十年宏调史读懂中国经济[M].北京:中信出版集团,2016:135.

表1-6　部分省(市)五年规划中的发展表述

规划期	"十五"	"十一五"	"十二五"	"十三五"
上海市	增强城市综合竞争力	增强城市国际竞争力	科学建设国际化大都市	新时代全国创新发展先行者
江苏省	实现由经济大省向经济强省转变	以质量强省推进新型工业化	率先基本建成创新型省份	实现动力转换建设强大的产业科创中心
重庆市	做大经济总量,同时注重结构调整	基本建成长江上游经济中心	在西部率先实现全面建成小康社会	保持经济社会平稳较快发展提高质量效益

从表1-6中可以看出三个省(市)20年的发展理念变化,上海和江苏从"十五"开始就将规划重点放在做强竞争力上,上海又从国际竞争力迈向国际大都市,在"十三五"提出创新发展。江苏从质量迅速转向创新,并实现动力转换。重庆地处西部,发展相对落后,一直比较强调做大做强经济,到"十三五"转向以质量效益为重点。所以,省级政府的调控必须要从本省(区、市)的实际情况出发,正是因为它们有着完全不同的发展水平、资源禀赋和发展潜力,有着客观上存在的主体功能。通过规划进行调控是一种中长期调控,我国各省(区、市)的五年规划基本上能从本省(区、市)的实际情况出发来编制,注重从发展规律的要求角度来考虑,其存在的问题是规划的约束性与年度计划的关系处理不当。

(四)对经济刺激的调控

21世纪针对刺激经济的最典型调控莫过于2008年"4万亿"计划的实施。2008年的宏观经济表现非同寻常,由于对2007年经济的高增长风险实施紧缩性政策,加之当年夏秋季美国金融危机爆发带来出口需求急剧萎缩的影响,当年第四季度经济增速下降到7.6%,与上年同期相比增速回落6个百分点。中央认为经济增长存在较大的失速风险,便决定实施"一揽子"刺激措施。

这个计划的推出的确给人以紧急的感受,因为仅在出台该计划的前十多天,国务院常务会议才评估国内外经济形势并布置短期宏观调控任务,决定"采取灵活审慎的宏观经济政策,尽快出台有针对性的财税、信贷、外贸等政策措施,继续保持经济平稳较快增长"。措施中还包括保持合理投资规模等内容①。客观比较"4万亿"计划与"国十条",其基本目标一致,但政策力度却完全不同。随后出台的相关措施转变为超常规的刺激政策。政策的大变化起因于国内外两大因素,美国金融危机爆发导致全球治理结构出现新现象,首次G20峰会为新兴经济体参与全球治理提供了现实可能性。中国参与G20的背景,必然强化世界应对危机的国际合作力度。国际形势对中国经济的影响最直接的就是,美国危机的加深使中国经济持续回落,于是超常规刺激政策就被提出。

国际经济必然通过各种渠道影响中国各省(区、市)的经济发展,保住速度的理念与国家经济刺激计划高度契合,各省(区、市)纷纷行动,既考虑适合本省(区、市)经济稳定的措施,又积极向中央争取专项支持,围绕刺激经济文件、设立省级专项、集中资金扶持战略性新兴产业等一系列措施,与中央计划遥相呼应。中央与地方政府行动的高度一致,合力助推了国家经济增长速度在2009年第二季度出现反弹。

(五)宏观调控面对中美贸易摩擦

中美贸易摩擦始于2003—2005年,2018年特朗普政府单方面发动了"贸易战"。中美贸易摩擦对世界经济产生了很大影响,面对美国的挑衅和其在高科技上的封锁,我国的宏观调控政策必须进行调整。2019年是我国编制"十四五"规划的关键期,除了中央实施启动内需、加速内循环等调控措施,一系列的长远措施也都集中在《中共中央关于制定国民经济和社会发展第十四个五年规划和二○三五年远景目标的建议》中。

1.构建新发展格局

构建新发展格局是我们应对百年未有之大变局的重大策略,是面向实现第二个百年奋斗目标的战略谋划。构建新发展格局就是要通过改革开放激发结构性红利,要通过宏观调控来培育完整内需体系。根据投入产出表来分析,我国的总供给和总需求是均衡的,但国内总供给大于国内总需求。近年来,我国出口在最终使用中的比例是大幅度下

---

①卢锋.宏调的逻辑:从十年宏调史读懂中国经济[M].北京:中信出版集团,2016:148.

降的,考虑到未来国际贸易的增速可能放缓,我们要保持比较稳定的增长速度,就必须要提高内需比重。就全国经济总体而言,我们是以国内大循环为主体,但仍然要高度重视国际循环,形成双循环的架构。

2.加大国内循环

加大国内循环,努力扩大居民消费。从国民收入分配看居民可支配收入主要来源即劳动报酬占GDP的比重,按照住户调查的口径,全国居民可支配收入总额占GDP的比重在2013年以来一直保持在42%左右,低于劳动报酬占GDP的比重约10个百分点①。显然我国居民收入占GDP的比重偏低。而要扩大居民消费,就必须提高居民可支配收入占GDP的比重,这就要求居民收入的增长速度必须快于经济的增长速度。

3.深化供给侧结构性改革

深化供给侧结构性改革,提高供给体系对国内需求的适配性,最终使得使用结构与生产结构是相互依存的和互为因果的。比如,我国现有的149个行业,从最终使用的角度区分,消费类有68个,投资类有22个,出口类有58个,还有1个难以判定。如果国内居民消费少,就可能使部分消费类产业转变成出口型产业。重要的是无论国内还是国外,当供给结构与消费结构不适配,就会面临供给侧结构性改革。

同样,如果国内符合消费需求的供给得不到满足,就会产生相应的产品进口。如果某些产业进口依存度高,不是因为资源或创新能力不足,而是由于供给模式、质量、业态等与消费端不相适应,就可以通过深化供给侧结构性改革的方式,加快要素市场化配置,提升产品质量,创新和优化供给业态,增强供给与需求的适配性。

(六)对城市与人口的调控

21世纪以来,我国经济空间结构发生了显著变化,中心城市和城市群(圈)逐渐成为承载经济的主要空间形式。尽管经历了百年变化,人口变化规律仍然基本遵循"胡焕庸线"法则,城市空间及人口的结构,依旧高度集中在我国的东南沿海地区。在中央和各省级政府的户籍政策

①老百姓"钱袋子"如何鼓起来? [J].经济,2021(4):49-50.

调控下,尤其是"人随产业走"规律的作用下,我国东部和南部的城市发展和人口集聚的现象更为突出,如京津冀、长三角、珠三角三大城市群,集中了我国43%的GDP和29%的人口。成渝地区双城经济圈、华中城市群和中南城市群的经济和人口也在快速集聚。我们认为,在这个问题上,市场经济的规律起到了重要作用,政府的政策顺应了这一规律,使其发生变化并符合我国"人多、地少、空间小"的国情。根据第七次全国人口普查资料,人口增速最快的10个城市中,除了基数极低的银川和拉萨外,深圳、珠海、三亚、广州、厦门和长沙等基本在我国东部和南部。而增量最大的10个城市中,深圳、广州、成都、杭州、重庆、长沙和佛山等则也基本在我国东部和南部。

我们同时存在经济规模与人口规模不相匹配的问题,虽然国家也采取政策进行了调控,但难以改变经济社会发展规律。二者不匹配的结果会带来地区之间人均GDP的差距。由于税收与GDP的高度相关性,且各地区的公共服务又取决于税收能力,这势必带来区域之间公共服务和基础设施的差距,诱发人民生活水平差距大的问题。

国家决策部门已经注意到这样的问题,中央"十四五"规划就建议支持城市化地区高效集聚经济和人口;鼓励城市化地区主动吸收农产品主产区和生态功能区的人口在城市就业落户;使城市化地区集中的经济规模与人口规模大体均衡。努力实现各地区之间基本公共服务均等化,基础设施通达程度均衡,生活水平大体相当的基本目标。但在这个问题上,省级政府和中心城市政府则注重运用政策调控来扩大城市规模和人口的高度集聚,最典型的就是近年来不少城市发布的吸引人才政策,这不仅限于东部发达城市,2018年几乎所有的一二线城市都颁布了有关引进人才的政策,其人才的标准也在不断放宽。

三、国家宏观经济调控的逻辑

(一)起因

经济调控起因于发展偏离了既定的目标方向,其导致经济危机或者资源环境受到破坏。受经济波动规律影响,经济出现周期性是正常现象。我国的经济运行在改革开放后出现了一个超长周期波动,从20世纪80年代到21世纪的前十年,经济整体运行良好,从本世纪第二个十年经济增速开始放缓。实践证明,我国在这40多年中进行的调控,使得我国经济在总体上呈平稳发展,尤其是在前30年工业化、城镇化快速发展时期,经济的高速发展也蕴藏着着较大的不稳定性,政府宏观调控减少了经济的波动,时而以反周期方式、时而又以顺周期方式使我国经济尽可能避免了较大幅度的周期波动所带来的负面作用。在制定宏观调控政策的过程中,我们一般会选择国民生产总值(GDP)、固定资产投资与居民消费价格指数(CPI)作为衡量宏观经济运转的三个重要指标。其中,对GDP的调控能够把握国家和地区的发展规模和速度,但不能反映经济结构;对固定资产的调控能够把握未来一段时期的经济结构状况;对CPI的调控,能基本把握宏观经济运行中的通货膨胀或通货紧缩,确保经济运行的平稳。

2000—2020年,我国的GDP基本上出现了两大周期,前十年明显有一个半周期,后十年是明显的半个周期;总体上呈现前十年增长,后十年增速放缓的一个长周期(图1-2)。

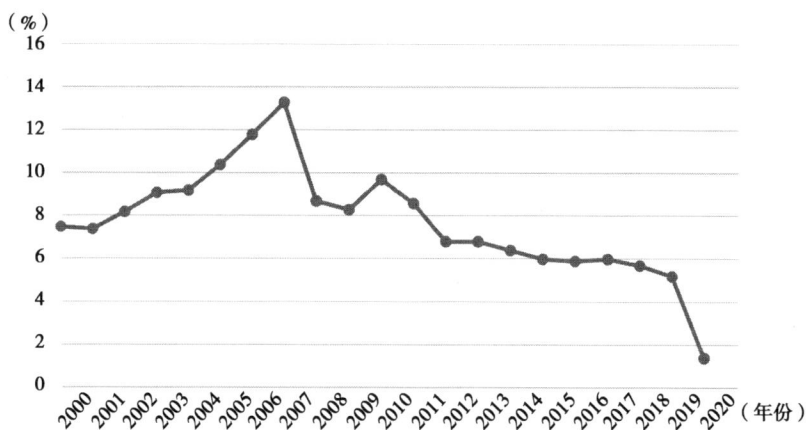

图1-2　2000—2020年我国GDP增长率曲线

我国的固定资产投资增长率在这20年里基本保持了与GDP相同的波动幅度,从图1-3可以看出,我国固定资产投资增长率呈现为三个周期,进入 21 世纪,投资几乎直线上升,投资增长率长达 6 年都保持在 25%~30%;而在随后的两年急降 15 个百分点,再上升一年后便一直处于下降水平了。从这 20 年数据变化可以看出,其中前 10 年基本保持了高增长,后 10 年基本呈下降趋势,形成了一个比较完整的长周期波动。

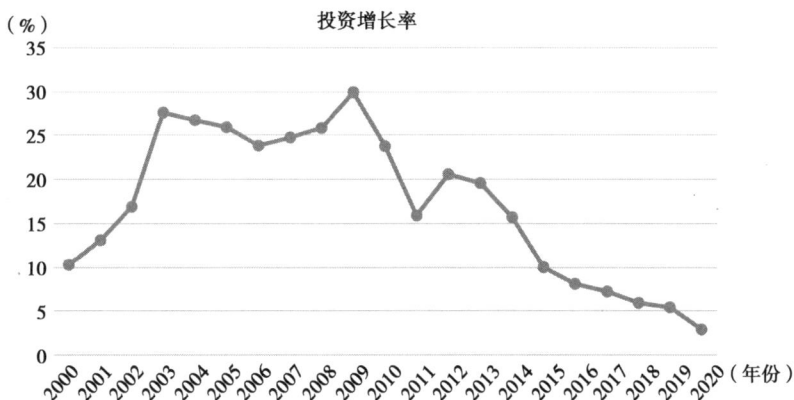

图 1-3 2000—2020 年我国固定资产投资增长率曲线

CPI 是政府宏观调控的重点,图 1-4 表明,凡是经济处于高增长的阶段都是 CPI 波动较大的时期,2000—2012 年就出现了三个明显的波动周期,只要超过 4%,其就会成为调控的对象,随即会迅速下行。CPI 达到

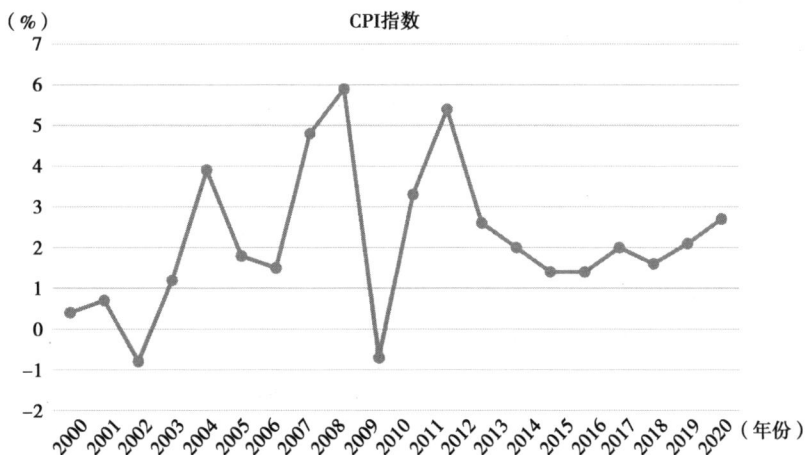

图 1-4 2000—2020 年我国 CPI 变化率曲线

49

较高数值,就说明大量商品都在涨价,这就可能导致整个社会的恐慌。

(二)20世纪90年代以来的几个调控逻辑

1.调控使过热经济"软着陆"

1992年,邓小平同志的南方谈话推动了我国经济的快速增长,我国GDP增速一时间达到14.2%,全年固定资产投资增长速度超过30%;1993年CPI增长突破两位数。从1992年下半年起,经济过热带来的问题逐渐显现,包括房地产热、开发区热、集资热和股票热,金融秩序也受到影响。同时,投资与消费需求急剧扩张,造成资金、能源和其他重要生产资料的全面短缺。1993年上半年,经济继续升温,我国出现了高投资增长、高货币投放、高物价上涨、高贸易逆差以及金融秩序混乱、市场秩序混乱,甚至出现了"乱集资、乱拆借、乱设金融机构"的金融乱象。

为了解决经济过热问题,1993年中央出台了16条举措初步缓解了经济过热现象;1994年开始对财税银外汇和投资体制实施一揽子改革措施,财政实行全面分税制,货币执行适度从紧政策,投资限制新批项目等,财政、货币双紧政策持续至1996年。经过三年半的宏观经济调控,投资与消费需求增速放缓,物价涨幅出现回落,基本实现了"软着陆"。

此次宏观调控最重要的特点是综合运用各种调控措施,井然有序的分步推进,尤其是货币政策的成功运用,既有效解决了通货膨胀问题,又保持了经济的合理稳定增长。我们也需要从这次调控中认识到,由于经济过热的惯性,宏观调控的紧缩政策会有一定的滞后性,如1994年初,相关部门预测当年的通胀率在7%左右,而实际远远超出这个预测。

2.通过调控努力实现国内需求的扩大

1996年实现"软着陆"后,我国出现了有效需求不足问题,经济增速开始放缓,连续4年在8%及以下。为应对1997年亚洲金融危机、1998年我国的特大洪涝灾害和体制转轨、经济转型、全球化水平深入、国内有效需求不足等问题对经济产生的不利影响,我国宏观调控政策逐渐向"扩大内需"转变,采取了减少税收、扩大财政支出、降低法定准备金率、降低利息率、增加货币供应量等一系列积极的财政政策和稳健的货币政策,以提升有效需求。

虽然这段时期出现了世界经济增长乏力、亚洲金融危机、国内自然灾害等不利因素冲击,但是我国经过长达5年的宏观调控,成功应对了这些挑战,国民经济开始进入新一轮上升期。

3.高频率的经济调控

在鼓励经济增长时,经济出现"偏热"的发展趋势,是我国对经济进行宏观调控的特点,前阶段的政策刺激,推动着现有经济的发展速度上升,2004年调控再次"加温升级",这主要是因为2003年的货币供应量和投资环比增速达到了高位,央行出手提高存款准备金,银监会出手控制过快增长的信贷。温家宝同志在国务院常务会议上听取了关于2004年经济工作基本思路的汇报,提出了包括推进各项改革、整顿市场经济秩序、加强信贷管理等10项要求。

中央政府的调控政策一贯带有果断、有力和迅速的特点,但是2003—2004年对土地资源的调控,最明显的特点是密集。接着就是对投资进行调控。2003年底,国内各方一致认为钢铁、水泥、电解铝等产品投资扩张,投资增速过快,将其明确为重点调控对象,中央政府通过出台文件、电视电话会议等形式明确制止这些行业的盲目投资;在金融领域也加大了管控,包括严控行业贷款、加大信贷资金专项检查力度等。2004年3月国家发展和改革委员会宣布不再新批钢铁企业、不再审批电解铝建设项目、禁止新建和扩建水泥项目。央行也通过实行再贷款浮息制度、差别存款准备金率等。2004年3月底国土资源部和监察部联合发文,明确2004年8月31日是协议出让经营性土地使用权的最后期限。

2004年第一季度的GDP增长率为9.7%,但投资仍然处于高位,CPI也没有达到预期水平。于是,"铁腕整顿"的调控措施密集出台。2004年4月26日,国家发展和改革委员会经国务院授权调整了电解铝、水泥、房地产等行业建设项目资本金比例,政治局会议要求统一思想,控制经济过热。4月27日国务院发文决定在全国开展固定资产投资项目清理,4月28日召开常务会议研究整顿土地市场治理工作,4月29日决定用半年时间集中整顿土地市场。这样的调控密度,是在高层认为形势相当严峻的情况下进行的。随着调控的深入,钢铁行业在一个月内各类产品价格全面下跌,线材、螺纹钢等产品价格下跌幅度超过18%,调控成效立竿见影。

四、省级政府经济调控的逻辑

(一)省级政府调控与经济周期性波动有相关性

中央政府在我国经济发展中具有领导地位,各省(区、市)要保持与中央的高度一致性,这就客观上带来了各省(区、市)经济波动的相对一致性。本文选择了东部、中部、西部三个地区具有一定代表性的省(市)经济波动曲线,与全国经济增长曲线进行了对比(图1-5)。

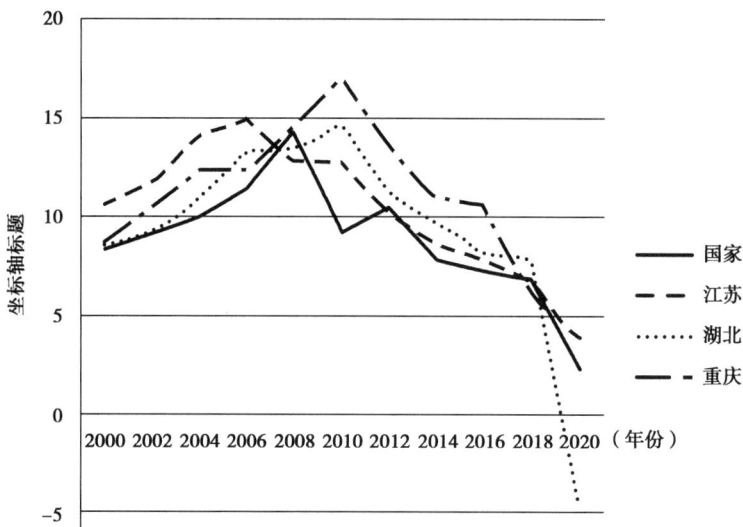

图1-5 2000—2020年国家经济与三省(市)经济增长曲线①

———————
①资料来源:国家和三省(市)经济统计年鉴。

国家和三省(市)经济发展的大趋势基本吻合,在波动周期上,位于东部的江苏最早出现经济增速放缓拐点,然后是中西部的湖北和重庆,比国家经济增速放缓的拐点晚了2年,比江苏晚了4年。在经济增速放缓的幅度上,除了湖北经济增长趋势因为新冠疫情大幅放缓外,江苏基本上保持了与国家大致相同的放缓幅度,重庆则在十年内从17.1%降至3.9%。

(二)省级政府调控的逻辑

党的十八大以来,由于世界形势变化,我国强化了中央统一调控的力度,并要求各省(区、市)根据实际情况在政策上与中央保持一致。这样,省级政府的调控能力相对较弱就成为基本特点。

1.遵循中央调控基本原则对本区域进行调控

由于中央收紧了调控政策,全国一盘棋,各省(区、市)必须按照中央所定的调控原则行事。比如,发展战略性新型产业,相关国家部门直接提出产业名单,并结合相应的政策,如果某省(区、市)不按照名单考虑其发展,就意味着其将失去一批资源。从宏观角度来看,调控的基本思路必须结合本省(区、市)的实际情况,但我国不仅地域广,关键是省(区、市)情有很大区别,如果要顾及省(区、市)情,中央调控几乎无法进行,但执行统一的政策,部分省(区、市)又难以实施。所以,在党的十八大后,中央加强了对区域的指导,调控政策的设计除了非常事件,一般不再直接具体,给各省(区、市)留下了一定的政策空间。

2.土地是省级政府进行调控的重要手段

由于土地制度分级管理,土地成了省级政府调控经济的强有力手段。但随着各省(区、市)城市发展的成熟,土地财政的调控功能会越来越弱。为了保持省(区、市)具有相当的调控权力,国家应该考虑实施地方税种政策。面对城市化和城市群兴起的背景,应该考虑建立区域性的土地调控制度。如长三角地区可以在各个地方实行垂直管理体制的基础上,由三省一市共同组建跨行政区域的土地资产管理协调机构,逐步建立大区域一体化的土地资源共享机制、合作开发机制和矛盾协调机制。

3.直接对产业进行调控

省级政府对辖区内的多数产业有着绝对的调控权力,尽管域内的中央企业受到的管制不大,但是在配套与其产业链延伸,以及资源配置方面还是会受到省级政府调控的较大影响(天然气、石油和黄金等除外)。对产业进行调控是省级政府非常重视的,由于各省(区、市)的自然资源和环境、禀赋和发展潜力区别很大,形成各省(区、市)有特色的产业体系是必须的。更重要的是,各省(区、市)的经济发展主要依靠产业,实现产业高质量发展、进行产业结构调整、提高产业的综合竞争力都成为省级政府进行调控的重要目标。

第五节　全面深化改革
——省级政府经济调控的新任务

一、新发展理念与省级政府经济调控

(一)新发展理念的基本内涵

党的十八大以来,我国经济发展进入一个全新时期,党中央顺应时代的要求,提出了新发展理念,构建新发展格局。党的十九届六中全会指出,我国经济发展进入新常态,已由高速增长阶段转向高质量发展阶段,面临增长速度换挡期、结构调整阵痛期、前期刺激政策消化期"三期叠加"的复杂局面,传统发展模式难以为继。党中央强调,贯彻新发展理念是关系我国发展全局的一场深刻变革,必须实现创新成为第一动力、协调成为内生特点、绿色成为普遍形态、开放成为必由之路、共享成为根本目的的高质量发展,推动经济发展质量变革、效率变革、动力变革。新发展格局的形成要坚持扩大内需战略基点,加快培育完整内需体系;把实施扩大内需战略同深化供给侧结构性改革有机结合起来;以创新驱动、高质量供给引领和创造新需求①。新发展格局是党中央根据国内外形势的发展需要提出来的,是指导我们"十四五"乃至更长时期的重要指导思想。目前,国内外形势预期会进一步变化,我们又要面临"需求收缩、供给冲击、预期转弱"三大新压力,新发展理念就要从新形势出发考虑新的调控方式。

(二)省级政府经济调控要以畅通国内大循环为重点

改革开放以来,我国积极加入国际大循环,对外贸易长期保持顺差,各省(区、市)也形成了相应的生产体系,中美贸易摩擦以来,尤其是以美国为首的西方敌对势力对我国的高技术制裁,使我们的对外贸易产生了变化。因此,除了在对外贸易中,各省(区、市)充分要发挥出口竞争力,依托强大的国内市场,还面临着促进要素流通,打破地方保护主义和行业垄断,促进生产、分配、流通、消费跨省贯通,形成区域经济良性循环的重要任务。

从已经形成的生产体系看,我们仅仅靠国内循环还不够,还是要立足国内大循环,发挥比较优势,拓展全球视野,充分利用国内国际两个市场,形成国内国际双循环。

(三)省级政府经济调控要增强消费对经济发展的基础性作用

消费决定生产,在繁荣国内经济、畅通国内大循环的形势下,省级政府的经济调控要立足于增强消费对经济发展的基础性作用。一是要适应市场需求,从市场需求潜力出发,推动传统消费提档升级,大力培育新型消费。二是要通过政策引导,坚持以培育国内高质量品牌为重点,使消费向绿色、健康、安全方向发展,鼓励利用大数据和AI技术,推动消费向新模式、新业态发展。在继续进行线上推动的同时,积极实施在线下推动,发挥线下优势。三是通过政策引导公众的消费朝着健康方向发展,房地产在较好的贯彻"房子不是用来炒的"的定位下,从商品房的特征出发,引导公众理性对待购房;商品房主要是居住功能,客观

---

①《中共中央关于党的百年奋斗重大成就和历史经验的决议》,2021年11月11日中国共产党第十九届中央委员会第六次全体会议通过。

上也存在投资价值,要分开这两类功能,保证居住功能得到满足,同时发挥投资功能。在调控手段上,应该从收取空置税费逐渐向收取房产税转变。一些地方政府以限制新房售价、提高首付比例、限制银行给购房者贷款等来进行调控,这既让"炒房者"强化了投机意识,又反过来抑制了刚需者的购房需求。四是为广大消费者提供良好的消费环境。健康消费的内容很丰富,如改善纯电汽车等消费品的购买政策,推动购买理念向消费者需求转变。如完善商贸流通体系,缩减物流时间;搭建网上交易平台,促进线上线下交易;降低市场准入限制,扩大消费领域,创造良好的消费环境,强化消费者的权益保护。

(四)省级政府经济调控要优化投资结构,拓展投资空间

我国各省(区、市)是优化投资结构和拓展投资空间的关键层次,从某种程度上,各省(区、市)的投资机构基本上决定了国家的投资结构走向,所以各省(区、市)的调控就显得相当重要。首先各省(区、市)要扩大投资对供给结构改革的促进作用,促进投资合理增长。其次是强化基础设施及公共服务,重点围绕公共安全、生态环保、公共卫生、民生保障等领域的短板,加大投资力度。然后是利用骨干工程拉动投资,如新型基础设施、新型城镇化、交通水利等重大工程等。最后是在科学技术投资上,从本省(区、市)的研发长处出发,加大对重大基础研究的投入,加大对"反卡脖子"工程的投入力度。

二、新特点、新特征

(一)跨省(区、市)的联动性调控

我国目前已进入城市群(圈)发展的时代,继"长三角""粤港澳"和"京津冀"后,中央又提出成渝地区双城经济圈发展战略。不少地方政府也提出了跨区域的城市群,随着形势的发展,我国将有更多的城市群得到发展。国家"十四五"规划纲要提出了19个城市群,几乎囊括了所有省、自治区和直辖市,这样的格局势必促使省级政府经济调控逐渐成为跨省际的联动调控。这对各省(区、市)来说是一个全新的课题,如何运用经济规律来看待本省(区、市)与相关省(区、市)的关系,将是跨省(区、市)区联动性调控的"大题"。

(二)调控将以综合性手段为主

往日调控多以单一手段为主,如控制投资、促进消费等,这是因为经济在这个阶段是靠单一活动来支撑的,对起主要作用的因素进行调控,就可以基本达到控制全局的目的。现代科学技术的发展,尤其是先进技术的赋能,使每一项经济社会活动都成为一个系统中相互联系、相互影响的一部分。所以,单一手段的调控将不可能在面对由综合性要素构成的事物时发挥有效调控作用,我们将越来越走向综合调控之路。就消费而言,其调控的对象就会涉及投资、物价、就业、产业以及环保等要素。这对于省级政府而言,是一项挑战性极强的工作,因为我们长期以及习惯进行重点单一的调控,对这种系统性的调控尚不具有经验。党中央在"十四五"规划中提出我们要具备系统思维理念,从某种角度上正是对宏观调控思维的要求。

(三)更加重视预期性管理、周期和逆周期性调控

在面对比较具体的发展问题时,省级调控为什么更加注意预期,尤其是相对短的预期? 实际上是因为新的要求,预期是对未来整个经济形势所作出的预判,它要预测经济发展的走势和特点,甚至是发展规律和定量分析,并在此基础上提出调控的措施和手段。对过热或者过冷的经济进行调节是反周期的,周期和逆周期调控也并非简单地把过快的速度降下来或把过慢的速度拉上去,而是掌握经济周期的运行规律,从一个相对长的时期来判断本省(区、市)周期波动的合理性,从而确定本省(区、市)的经济调控政策措施。

(四)强化现代手段的调控将成为趋势

我们强调现代化手段并不是要全面抛弃传统手段,其从传统到现代是个渐变过程。有些手段可能被快速运用,比如对大数据的运用;有些则是逐步过度来的,比如人工智能的广泛应用。无论是哪种,都要求

我们认识到这种趋势并顺应这个趋势。我国省(区、市)的区别很大,其在运用现代化手段调控经济时,不会是齐头并进的,一般来说,沿海发达省份会先行一步,而这种递进式的现代化调控手段有利于落后省份,他们可以在吸取先行省份调控经验的基础上,结合本省(区、市)的情况,把自己的工作做的更好。

我国省级政府的经济调控正如党的十九届六中全会所指出的那样,会随着"党推动改革全面发力、多点突破、蹄疾步稳、纵深推进,从夯基垒台、立柱架梁到全面推进、积厚成势,再到系统集成、协同高效,各领域集成性制度框架基本确立,许多领域实现历史性变革、系统性重塑、整体性重构"[①]。

三、新发展格局下省级政府经济调控的新任务

(一)重新认知调控中中央与省(区、市)的"博弈"

从一般意义上看,各个市场主体都有自己的目标,各经济主体的效用目标不仅是自己的选择,还会受其他主体的影响,在博弈规则下实现博弈均衡。

中央与省(区、市)的"博弈"是建立在地方利益基础上的,总体上省(区、市)与中央的根本利益是一致的,都是致力于搞好社会主义市场经济,提升人民群众的生活水平。但从具体上分析,各地方利益主体具有自己的独立性,因为省(区、市)政府的合法性来自于省(区、市)人民代表大会,它代表本省(区、市)人民的利益,要对本省(区、市)人民负责,首当其冲要发展好经济,同时保障基础设施和社会民生。正是这个特性导致省级政府处于两难境地。一方面是作为国家宏观调控的中间层次,省级政府要保证国家利益至上,完成中央下达的各项计划。而作为省域利益的代表,又要保证本省(区、市)利益最大化,同时不能与国家

①《中共中央关于党的百年奋斗重大成就和历史经验的决议》,2021年11月11日中国共产党第十九届中央委员会第六次全体会议通过。

利益相违背。省级政府在进行重大决策前,必须权衡国家与省(区、市)的利益,这就可能产生其与中央政府决策的"博弈"行为。

从上述的分析可以看出,博弈双方的行为会导致集体的非理性。比如,国家作为一个整体,总体资源和利益是一个基本盘,如果省级政府过分追求各自利益,当跨越一定界限时,就会打破全局的平衡;如果每个省(区、市)在面对碳排放时都强调自己的工业化进程,其排放总量超过国家限定的总量,会使我国在国际上陷入被动状态。有效解决"央地冲突"的办法,不是否定地方的利益,通过简单收权来解决这个问题,而是应该进行制度创新,实现各省(区、市)利益和国家利益基本平衡。

(二)省级政府要以改革动力促进经济增长

从历史经验看,改革开放以来一个重要的经验就是既不能仅靠政府拉动经济,也不能完全靠市场解决一切。政府动员几万亿投资,可以有效推动基础设施建设。但基础设施要发挥作用,还需要市场经济的活跃。所以我们要坚持充分发挥市场在资源配置中的决定性作用,同时发挥好政府的积极作用。各省(区、市)情况的差异决定了其调控方式和手段的不同,但有一条应该是一致的,就是始终保持通过改革形成动力,促进经济增长。党的十六届六中全会指出,必须全面深化改革,加强制度创新,全面破除体制机制弊端。现在还有很多不适应经济发展的体制制度,甚至有些通过改革已经调整了的制度又走回头路。比如民营经济问题,中央早在党的十七大就明确了"两个毫不动摇",但是,近年来部分省份对民营经济依然"另眼相待",其颁布的政策不到位,无论出了什么事都"从严处理"(相对于国有企业)、贷款难、贷款贵问题始终不能得到有效解决等。如果通过改革打破这些制度性桎梏,我国的民营经济将会获得更好的发展环境。

如果我们能坚持"两个毫不动摇",以更加开放的态度支持民营经济就能有效启动民间资源。现在的问题不是民间没有力量,而是改革开放的力度不够。现在的电力、金融、航空以及医疗、教育、文化等领域的市场开放空间还很大,有很多潜在的投资机会。我们对大型国企的改革,根本的还是开放市场。

各省(区、市)的经济调控对象比较容易指向过热行业,这种抑制性调控取向,实际上是变相地扩大行政审批权力。其实从改革角度看,其重点还是解开体制性绳索,从体制的角度实现经济动力的转换,用制度鼓励生产、创业和投资,针对问题提出改革方案并逐项深化。

(三)高度重视土地调控体制的创新

城市建设使土地财政成为各省(区、市)经济调控的重要手段,新发展格局使土地调控面临观念转变。将土地空间资源的规划逐渐从行政区域界限约束转变为经济区域,现实可能存在传统的行政区管理和经济区域管理的"双元"模式,这一模式持续时间的长短,取决于我国各省份及其毗邻省份改革深化的决心与效果。

必须改革调控模式,实施省域土地资源的资产化管理,对土地资产的占有、开发等经济活动进行调控,以产权职能来规范政府的管理行为和土地使用者的经济行为。

必须改革调控方法,发挥土地资源优势,按照因地制宜、合理开发的原则进行土地利用功能分区,在对不同地区的开发现状、经济结构和发展潜力以及资源环境承载能力进行分析的基础上,根据宏观调控的目标,考虑区域发展和土地利用要求,划分功能片区,有针对性地制定管理政策,实行差别化管理,从而达到调控的目的。

(四)省级政府调控地方税收要注重提供更多公共服务品

税收是劳动者创造的产品价值的一部分,税收规模的大小,税收负担的轻重会对企业和个人产生直接影响。省级政府利用税收进行经济调控是一个非常重要的手段。根据我国财政政策,省级政府调控下的税收只限于省级地方税,并且要在相应的税收权限上,属于省级支配的部分。税收负担直接关系区域、企业和个人的利益,对其调节能发挥经济杠杆的作用。

省级政府通过税收可以降低纳税人的部分收入,如果对其征税过多,纳税人税后用于投资或消费的可支配收入就会过少。就一个行业或企业而言,这就限制了其发展的空间,调控起到了对这个行业或企业的制约作用。相反,少征税甚至免税则是对其发展的支持和鼓励。值得一提的是,税收相当部分通过财政支出用于再生产或提供各种公共物品,以满足某些鼓励类的行业发展和居民的生活需要,这在某种程度上表现出政府在调节物品与公共物品之间的配置结构,以满足高质量发展的需要和全社会对公共产品的需要。

(五)省级政府的产业政策要切实发挥比较优势

良好的省级产业政策应该起到引导产业结构优化和质量提升的用,并保持产业发展的可持续和高质量。由于产业结构优化和动力转换涉及面很广,所以我国省级产业政策必须顺应历史的发展趋势,结合时代的要求,被赋予新的定位。一是以强化产业融合与关联为主要取向。二是以提高产业自主核心技术为基本要求。三是以实现综合经济效益为主要目标。四是将因地制宜作为制定政策的出发点。省级产业政策存在的出发点就是发挥各省(区、市)的比较优势,在实现产业融合的过程中与毗邻省(区、市)的产业关联,形成更广泛区域的专业分工与协作,使不同的国土空间满足不同的功能,实现主体功能在空间布局的全覆盖,努力实现更大范围的具有宏观意义的综合经济效益。

本章小结:市场经济是人类有经济活动以来较好的组织方式之一。但是,市场经济要取得好的效果是有条件的,现实中这些条件很难具备。正因如此,市场经济的运行就存在缺陷。如何克服这些缺陷呢?中国改革开放的历史表明,政府进行科学的调控,就能够有效地克服这些缺陷。

我国在进行经济调控时,其中省级政府调控是非常重要的一个层级。相对国家而言,省级政府调控在激发市场主体、建设市场体系、政府职能转变诸多方面都更加具体。其在调控目标、主体和手段上也有差异。

经济调控是有规律的。由于我国东部、中部、西部各省(区、市)的发展存在较大差异,所以各省(区、市)在调控上也不尽一致。无论是中央政府还是省级政府的经济调控,政府的行为都是至关重要的,其要有边界、要有清单、要有预期。

进入新时期,各级政府的经济调控在很大程度上体现在治理的现代化水平上,多元和法治是其基本内容。当涉及中央政府与省级政府的集权和分权的时候,应该由二者的边际成本和边际收益来确定,应该尽可能发挥省级政府的经济调控积极性。

本章对中央政府和省级政府对房地产经济的调控做了仔细梳理,我们可以从中看出,我国两级政府经济调控的逻辑特征。但无论如何,省级政府的经济调控在长时间内仍没有完全摆脱"唯GDP论英雄"的桎梏,所以在刺激经济发展方面往往成效显著,但产业结构调整仍步履维艰。

第二章　省级政府经济调控的历史及各种条件下的调控

第一节　中央政府和省级政府经济调控
——21世纪以来的两个阶段

一、21世纪以来中央政府和省级政府的主要经济调控

(一)21世纪的前十年

我国在20世纪90年代的改革与21世界加入世界贸易组织,为21世纪前十年的经济高速增长奠定了基础。基于改革开放的景气,中央政府启动了21世纪的第一轮宏观调控。当时我们所面对的问题是,一些基础设施材料极度放量。例如,20世纪末国内外的各种权威报告预测,我国钢铁产出与消费规模到2020年将达到1.5亿吨,而2005年产量就已达3亿吨,2011年产量达到6.85亿吨。其产量的全球占比从2000年的15.6%提升到2011年的46%。汽车市场规模的扩大也如出一辙,美国经济学家1999年预测,2015年中国汽车年购置量将超过1 000万辆,而实际上2009年就已超过1 000万辆,2011年达到1 380万辆①。

经济的快速发展使我国对全球经济增长的贡献率不断提高,而同时也产生了一些问题。十年的经济发展形势分为两个时期,第一个时期为高速增长阶段,为2003年到2008年上半年。第二阶段经济增速还维持在较高水平,年均增速保持在9%以上,为2008年下半年至2012年

---

①卢锋.宏调的逻辑:从十年宏调史读懂中国经济[M].北京:中信出版集团,2016:174.

年底。而经济走势分为三个阶段：一是经济增速放缓。经济高速增长带来的通货膨胀率上升和资产价格飙涨，加之国际金融危机，出口规模锐减，两种因素导致经济增速整体放缓。二是经济增速反弹。2008年后期，中央出台了一系列政策，货币与信贷回暖，2010年第一季度经济增速达到11.9%。三是经济增速回调。政策刺激后信贷与货币带来的通货膨胀压力，尤其是房地产经济的不稳定，2012年第三季度经济增速回落到7.4%左右。

在此期间，各省（区、市）政府基本是按照中央的调控要求组织本省（区、市）经济的，较为典型的就是江苏常州的"铁本事件"。据了解，尽管常州铁本的技改与当地政府的鼓动有较大关系，但是，面对中央督察组坚决处理的要求，省级以下的各级政府也保持了积极配合处理的态度。省级政府对"治热"的宏观调控，其本质上并不十分情愿，这与长期以来形成的"唯GDP论英雄"有很大关系。从图1-2中可以看出，2000—2010年我国GDP的增长趋势较为明显，而且有6年是处于较高水平增长。

按照国家统计方法，国家总值原则上是各省（区、市）值的总和，那么，21世界前十年的宏观紧缩政策基本上没有与全部省（区、市）相一致，不仅GDP逐渐走向高位，同时推动经济增长的基本建设投资也较多。当然，这十年国家层面也并非完全是"控热"，期间也有"刺激经济政策"，如前面提及的2008年促进经济发展的措施，就在基本面向好的同时，拉动经济出现"V"型反弹。

（二）宏观调控在很大意义上是改革体制架构

建立并完善适应大国经济健康发展的宏观调控体制架构意义重大，其核心在调控模式与机制的形成，并不在于具体的调控政策。尤其是针对不同经济发展阶段的调控研判，这是短期的技术问题。而相关部门采取具体调控方式，把握好市场发展与政府调控的边界，属于长期的体制性问题。

灵活运用调控政策改进市场行为带来的不利影响，就是政府部门切实转变职能,在多方面做"减法",包括科学界定宏调范围,减去不属于宏观调控内涵的因素;包括科学界定宏观调控部门的职能,改变多部门调控局面,更有效地提升调控政策的成效和对调控主体的可问责性;包括科学界定调控手段,减少行政手段,特别是用行政超常规手段破坏正常的经济调控,而应该多用经济和法律手段;包括科学界定产业政策调控的内容,除了涉及军事和核心科研领域,省级政府除了涉及战略性产业以及高科技产业,原则上中央政府和省级政府应尽可能少发布带有行政指令色彩的产业政策,减少微观层面的干预。

(三)第二个十年的调控

中共十八届三中全会通过的《中共中央关于全面深化改革若干重大问题的决定》要求,健全以国家发展战略和规划为导向、以财政政策和货币政策为主要手段的宏观调控体系,推进宏观调控目标制定和政策手段运用机制化,加强财政政策、货币政策与产业、价格等政策手段协调配合,提高相机抉择水平,增强宏观调控前瞻性、针对性、协同性[1]。

2013年9月,习近平总书记和李克强总理先后阐述了我国宏观经济形势与宏调政策,两位领导人强调宏观政策调控要为国家经济发展奠定良好基础,要正确处理短期调控与经济长期发展的动态关系。习近平总书记指出,在宏观经济政策选择上,要坚定不移地推进经济结构调整,推进经济转型升级。宁可主动将增长速度降下来一些,也要从根本上解决经济长远发展问题。李克强总理也表示,将致力于"为中国经济长期持续健康发展奠定良好基础",强调宏观调控政策要"功在当下利在长远",颇含深意。根据经济学知识,国家长期的宏观经济由潜在增长能力及结构性变量决定,短期则体现在总需求变动与潜在增长能力的关系上。现实的短期经济健康可持续是长期潜在增长能力持久的前提,宏观经济管理的短期与长期内容相互制约,短期宏调政策自然需着

---

[1]《中共中央关于全面深化改革若干重大问题的决定》,2013年11月12日中国共产党第十八届中央委员会第三次全体会议通过。

眼长期的可持续性。这样的思想,构成了我国21世纪20年代调控的最基本特征①。

新一届中央领导明确表达不刻意追求短期经济过高增速,明确不能简单以国内生产总值增长率来论英雄,强调宏观调控政策要"功在当代,利在长远"。这就带来宏观调控的新特点。

1.从短期着眼,从长远着想

现实生活中,短期经济的可持续发展是长期经济潜在持久增长的前提,实施短期调控政策必须着眼于长期经济的可持续发展。尤其是在"预期"发生变化的情况下,更应该注意对"预期"作出相对准确的预判,实现调控的科学性。

2.将宏调政策内涵丰富化

我们之前调控的重点在总需求、总供给量上,随着经济形势的变化,我们应该更加注重调结构、促改革。在经济转型时期,体制改革和结构调整逐渐成为长期增长的重要驱动力。

3.高度重视历史遗留和现实中可能出现的矛盾和风险

改革开放以来,经济的高速增长必然积累一些不可持续的矛盾,而现行体制和政策的不完善,又完全可能在个别领域形成高杠杆和高风险。宏观调控政策要高度重视和解决这些遗留问题。

在国家层面,我们下意识地认为宏观调控政策既包括供给侧管理,也包括调结构、抓改革等内容。我们理解,供给侧结构性改革本质上就是解决结构性改革问题。而再体现在省级层面,更多的是通过改革去解决一件件具体事情,也正是这些具体事情的解决,经济形势才朝着健康稳定和高质量的方向发展。无论是国家还是省级政府,结构调控和制度改革都是经济良性发展的重要动力。在目前的情况下,可以不用再坚守所谓短期经济增长的底线,而应该把结构调整和推进改革放在更加重要的位置,其重要性在于实现长短期经济发展的协调。中央政府和省级政府调控强调长短期经济的协调,这是因为我们必须面对一

①卢锋.宏调的逻辑:从十年宏调史读懂中国经济[M].北京:中信出版集团,2016:96.

个现实,就是多年的经济扩张所积累的不可持续矛盾。比如,某些领域存在的风险问题,在调控政策出台时,省级政府都要重视解决这些历史遗留问题,这是保证经济持续稳定和高质量发展的必要条件。

二、省级政府经济调控在农村土地上的案例分析

(一)最初的调控就是对土地体制的改革

改革开放之初,我国对僵化的计划经济体制进行改革,逐渐使新体制焕发极大的活力。从省级层面看,各省(区、市)尤其是东南沿海的不少省份,首先从经济体制入手进行经济调控。以农村改革最难也是至今没有完全解决好的土地问题为例,其一开始就存在对传统体制的挑战。20世纪70年代末,安徽小岗村18个农民签字画押对农耕地进行承包,这项在当时看来"大逆不道"的事件,而在形式上似乎只是一个农村土地耕作方式转变的问题,就其实质来看,其在当时就是一个走什么路的大是大非问题。而后各省(区、市)所进行的各种各样的农村土地改革政策林林总总,成功的、失败的,肯定的、否定的太多太多,这些改革从根本上看,都剑指我国农村土地经营体制。

(二)农村土地调控始终没有突破产权制度的"圈"

改革开放以来的农村土地改革,问题的症结都是找得到的,但是没有一个省份进行过彻底的改革。2006年国务院批准重庆、成都作为全国统筹城乡综合配套改革试验区,成渝两地积极探索,做了不少改革试点,取得了一些成果。其中,有两点比较引人注意:一是农村产权制度改革方面,对全域承包农地、林地、农村建设用地、农民房屋以及各类农村设施进行全面、细致和规范的确权、登记、颁证,在明确集体土地和其他财产所有权的同时,把债权型的农户承包权升华为更稳定、更长久的用益物权。成都确权从郊区农村"三个集中"的推进出发,而重庆则基于地票交易规模的扩大,以市场发现的交易利益反推农村确权的普及。两地的经验说明,确权本身不是目的,只是更优利用城乡资源的前提条

件。反过来,市场配置资源引发的可供当事各方分享的交易净收益,也会诱使确权的推进。二是农村集体土地的合法流转,成渝两地分别于2008年10月和12月成立了市场交易平台——"成都农村产权交易所"和"重庆农村土地交易所"。成渝交易所交易的主要标的物是农村建设用地,农村建设用地指标脱胎于国土部(现自然资源部)"城乡建设用地增减挂钩"的政策,但成渝两地在城乡统筹改革中发展了"增减挂钩"的政策设计。扩大挂钩指标的交易半径,突破了行政部门的全盘掌控,激活了地票、指标与实物土地资产的抵押功能。地票和指标交易为农民增收、优化城乡建设用地配置作出了巨大贡献。

但这一切仍然没有触及产权的本质,仍是在"土地量"上做文章。那我们是否可以这样认为,在我国现有的农村土地产权制度下,企图突破土地产权的本质,打破国家、集体和个人的产权界限的确是不行的。那么土地调控和制度性改革的出路又在何方呢?

(三)党的十八大以来农村宅基地制度的改革创新

党的十八大以来,中央对深化农村土地产权制度改革作出了新的安排。2020年8月,《深化农村宅基地制度改革试点方案》出台,要求地方以"五探索、两完善、两健全"为内容安排新一轮宅基地制度改革试点。农村宅基地既是农民安居乐业的基本保障,也是农村社会稳定的重要基础,作为我国农民价值最高的实物资产,对其进行改革关乎农民切身利益,也事关农村社会稳定和发展大局。在中央精神的指引下,各省(区、市)开始了以改革代替调控的探索。

1.农村宅基地"三权分置"的实现路径

在农村宅基地"三权分置"实现路径方面,浙江走在全国的前列,义乌市构建了深化农村宅基地制度改革政策体系,即改革试点的总指导意见,分别完善十项政策和新制定十项政策。涉及的面非常广,在完善宅基地集体所有权行使机制方面,积极探索集体所有权的有效实现方式;在建设用地的自主统筹、分配、处置、收益和管理等方面,健全宅基地科学民主管理机制;提出坚持宅基地"三权分置"改革以优化宅基空间用途管制为前提,适度拓展宅基地用途,经批准后宅基地可用于兴办符合条件的加工业等农村新产业新业态,以促进农村产业融合发展。

湖州市德清县则实现了由村股份经济合作社代表村农民集体行使宅基地集体所有权,细化了经济合作社对宅基地管理重要事项决策的范围及程序,将宅基地农户资格权配置和确认的权限纳入村民自治的范畴。在宅基地"三权分置"方面提出"宅基地农户资格权"的独立性,成为一项独立的民事权利,对农民的身份性居住保障权赋予新的定义,让宅基地使用权变成典型的用益物权,进入市场转让、出租和抵押。2020年12月德清县在全国率先颁发农村宅基地农户资格权登记证,出台了全国第一个"三权分置"的宅基地管理办法。

2.宅基地占用标准

由于国家尚未公布农村宅基地使用面积统一标准,各省(区、市)结合自身的实际情况进行调控,形成四种标准方法:全省(区、市)按地域或地类确定宅基地的使用面积,如安徽、广东、海南、山东、陕西、贵州、湖南、宁夏等直接规定了每户的最大宅基地面积标准。根据户内人口及变化确定宅基地的使用面积,这种方法就更人性化,不仅考虑了宅基地紧缺的现状,还考虑了分户的问题,如重庆、四川、云南和上海就根据户籍人口变化和居住的不同区域制定了村民宅基地的不同标准。按人均占用耕地不同确定,如天津、西藏、辽宁、山西、新疆等省份规定,人均耕地面积不太,每户住宅用地面积就不一样。按人均占用耕地和家庭人口不同确定,如辽宁在考虑了人均占用耕地外,还结合家庭人口的多少来规定每个家庭的宅基地面积。

3.农村闲置宅基地盘活利用方面

安徽芜湖市从2020年开始探索农村闲置宅基地和闲置农房盘活的整县试点,在实践中形成了4条盘活路径。项目入股盘活路径,根据农户意愿,经充分协商,农户有偿退出闲置的宅基地,所有权收归集体,由村集体将使用权入股经营主体,实行"保底+分红"。打包出租盘活路径,农户将闲置宅基地和闲置住房打包出租给经营主体,由经营主体按照一定标准每年向农户支付租金。改造经营盘活路径,利用当地丰富的旅游资源,在政府的引导和扶持下,将自有的闲置农房进行改造升级,发展民宿和农家乐自主经营。复垦整理盘活路径,将农户破旧的危房进行拆除,通过增减挂项目整理改造变为耕地后,入股公司,获得租金收益[①]。

此外,河北开展城乡居民合作建房。陕西在高陵区放活农村宅基地使用权、促进城乡居民生活方式融合。湖南在浏阳市扩大宅基地流转范围等改革方面都有着积极而有价值的探索。

4.农村宅基地有偿使用方面

安徽在六安市尝试采取"50+3"有偿使用费阶梯累进收费办法,对"一户一宅"超规定面积部分进行收费。

山东在平原县与自愿退出闲置宅基地的户主签订承诺书,免收使用费,收回空闲宅基地;对想要保留超占宅基地和空闲宅基地使用权的户主,按阶梯收取有偿使用费。

湖南浏阳市通过建立宅基地有偿使用制度,平衡宅基地流转双方及所在农村集体的权益。对一户多宅的多宅部分实行有偿使用,维护本集体成员的权益,非本集体成员使用的宅基地,按总用地面积的50%向村集体缴纳有偿使用费。

5.农村宅基地有偿退出方面

湖南浏阳市出台农村宅基地退出暂行规定,实行退出保障机制,鼓励农业转移人口进入城镇购房或农村集中居民点定居。

浙江诸暨等地尝试实施"地票"政策,从2017年开始进行地票制度改革,放弃宅基地持有的农民所持有的地票,可以直接抵押商品房购房款。

上海奉贤区尝试宅基地"股权化",居民既可以选择集中安置,也可以通过赔偿金参股投资,并相应得到项目收益。

四川泸县尝试"宅基地换房"养老方式,主要做法是由镇、村主导,以"腾退"的宅基地建设用地指标,统建"安康公寓"、配套基础设施和特

---

①刘剑.让闲置空房"忙"起来[J].北京:农村经营管理,2020(9):26.

色经作园区,给予有条件的就近务工人员安置扶助;鼓励老人有偿退出原有宅基地,以宅基地使用权置换"安康公寓"的居住权;保留老人宅基地资格权,其可随时申请退出"安康公寓",另行选址自建。

　　从上述的案例可以看到,我国各省份的经济调控,只要在国家大政方针的指导下,就会产生一大批结合自身特点和省(区、市)情的调控成果。相反,如果对任何新的改革或者调控的方式采取排斥的态度,完全按照上级的原则性指令来开展工作,而放弃本地区的特色和具体问题,则不可能创新,也不可能取得经济调控的良好效果。

第二节　省级政府经济调控的周期性
——与改革关系的特征分析

一、关于经济周期的认识

　　世界上最早提出经济周期的是法国经济学家克里门特·朱格拉,他在1862年出版了《论法国、英国和美国的商业危机以及发生周期》一书,提出资本主义经济中存在着一种为期约十年的周期性波动,被称为"朱格拉周期"。而对经济周期作出概括的是美国经济学家 W.C. 米切尔,他在1913年出版的《经济周期》一书中阐述:"经济周期指由工商企业占主体的国家在整体经济活动中出现波动的现象。"[1]他认为经济周期运行有几个阶段,大范围的扩张到普遍性的衰退,然后是收缩;经历一个完整的周期经济又开始复苏,并按照相同的序列重复发生。他的研究也以十年左右为经济周期。

　　1923年德国经济学家约瑟夫·基钦分析了英国与美国31年的数据,他也提出了经济周期的现象,其研究的周期平均比3年稍长一点。

　　美国经济学家西蒙·史密斯·库兹涅茨是米切尔的学生,他所从事的一项主要工作就是测度国民收入以及收入波动等。他也发现了周期

---

①拉斯·特维德.逃不开的经济周期[M].董裕平,译.北京:中信出版社,2012:99.

现象的存在,他的研究深入透彻,能够证实周期的存在。库兹涅茨的周期波长不同于基钦,也不同于朱格拉,其研究的周期平均长度大约为20年。

1924年,苏联的维·康德拉季耶夫研究了资本主义经济的行为,并确信自己发现了经济是以极低频率振荡的——其波长超过了50年。1924年,他完成了一份冗长的研究报告,报告宣称资本主义经济已经走过了两个长周期,周期平均长度为53.3年——而且正在进入第三个长周期。

这样,4位学者分别提出了3年、10年、20年到50年左右的经济周期理论。人们习惯把它们划分为短周期、中周期和长周期理论。我们认为,首先经济周期的存在是一个经济运行的客观现象,是不以人的意志为转移的客观规律;其次经济周期在不同的条件下,也存在周期的长短;最后人类可以通过经济调控等方式对经济周期进行调整,也就是说,人类在经济周期面前是有所作为的。

二、我们应对经济周期的本质是改革

(一)改革开放就是在应对经济周期

改革开放之后,先行省份应对经济周期就是对经济体制进行改革。"考虑到不同时期经济发展的特点以及企业承包经营责任和财政包干期限等因素,20世纪90年代的改革分为'八五'后3年和'九五'两个阶段。'八五'后3年是重点突破、扩大试点、奠定基础以及在沿海一部分地区率先建立新体制框架的阶段;'九五'是配套改革、全面转轨以及在全国普遍建立新体制的阶段。改革的阶段性目标和主要任务要依据这两个阶段的不同特点制定"[①]。

经济周期的存在尽管有其客观性,但是经济周期给人们带来的是组织经济的困难和资源配置的浪费,尤其是短周期,经济从扩张到收缩的时间短,无论是供需结构调整、资源配置变化,还是保持经济发展

[①]彭森.彭森学术自传[M].广州:广东经济出版社,2020:169.

的健康稳定,都极其困难。而归根结底,就是一个结构调整的问题。

从某种意义上看,我国沿海部分城市是通过破旧(体制)立新(体制)而发展起来的,这正是以体制改革的方式将萧条经济转换为发展经济的调控方式。如果我们回顾从改革开放初期开始的省级改革试点,就不难看出一条以改革进行经济调控的红线。在扩大国企经营自主权方面,20世纪70年代末期我们开始以"扩大企业自主权"为核心的国企改革。1978年,四川先于国家选择了6个不同类型的国企试点。在这些试点取得了增产增收的明显成绩后,又将试点范围扩大到100家国企。随后我国颁布了《关于扩大国营工业企业经营管理自主权的若干规定》等五个国企管理体制改革的文件,由此激发了各省(区、市)工业企业的活力,从此我国各省(区、市)的工业发展走上了快车道,整体工业形势发生了根本性转变。

开放也是一种改革。1983年3月26日至4月6日,中央召开沿海部分城市对外开放座谈会,会议根据邓小平的提议,决定进一步开放天津、上海、大连、秦皇岛、烟台、青岛等14个沿海港口城市,拉开了第二次对外开放的帷幕。至此,各沿海城市改革与开放双箭齐发,逐渐形成了一批对外开放的排头兵,推动了全国经济进入快车道。

(二)各个领域的改革都会对周期产生影响

经济周期总是会在不同的领域表现出来,尤其是在市场经济条件下,周期波动显得更为突出。所以我们在市场化方面的改革就显得比较艰难。20世纪90年代末,我国掀起了一场"姓资姓社"的大讨论,有人以反对资产阶级自由化为名对改革开放开展了全面批判,核心问题就是要计划经济还是市场化的问题。1991年初邓小平在上海考察并发表了一系列重要讲话,他重申要有勇气推进改革开放。"改革开放还要讲""光我一个人说话还不够,我们党要说话,要说几十年""不要以为,一说计划经济就是社会主义,一说市场经济就是资本主义,不是那么回事,两者都是手段,市场也可以为社会主义服务"[①]。1992年1—2月,邓小平

---

①邓小平.邓小平文选:第三卷[M].北京:人民出版社,1993:364,367.

在深圳、珠海等地直接面对干部群众发表著名的南方谈话,要求加快改革开放的步伐。1992年3月,中央政治局会议作出决议,把邓小平的南方谈话提升到党的指导方针的高度,指出南方谈话不仅对当前的改革和建设具有十分重要的指导作用,而且对整个社会主义现代化建设事业具有重大而深远的意义。会议强调,要抓住当前的时机,加快改革开放的步伐,集中精力把经济建设搞上去。这就从全国各省(区、市)的角度,通过市场化改革,使各省(区、市)市场化水平迅速提升,经济在这样的制度调控背景下进入快速发展阶段。这也由此避免了一场不全面推进改革而导致的经济波动。

在财税体制改革方面的调控中,税收对经济的调控是最直接的。改革开放初期,1979年除了3个直辖市继续实行统收统支,其他省份基本实行"分灶吃饭""划分收支、分级包干"的分级预算制度,即地方财政包干制度。实行财政承包制,希望确保中央预算收入的同时明确地方的权利和责任,发挥中央和地方的积极性。实行这种体制后,地方政府的积极性的确得到了一定程度的发挥,而且这促使了地方政府保护和支持本地区企业的发展。但是其也导致中央财政收入下降,国家财政不足以支持政府履行其社会职责。其中,分成率又造成各省(区、市)"苦乐不均""鞭打快牛"。所谓的"诸侯经济"也随着地方保护主义和市场割据现象的出现而形成。

针对上述情况,1994年我国的调控对各省(区、市)进行了"分税制"取代"包干制"的改革,调整了中央与省(区、市)的事权、财权划分;调整了中央与省(区、市)收入权的划分,将税种划分为中央税、中央与地方共享税、地方税3种,划分中央和地方的收入,实行税收返还,即省(区、市)按照新体制计算的上划收入超过一定基数的部分,返还地方。事物是在发展中变化的,财税的调控是不断进行的,因为任何一种财税制度都不可能十全十美,"分税制"也同样导致一些省(区、市)政府为了增加收入,一方面"乱收费",另一方面又通过"融资平台"借债,形成较大的债务风险,"土地财政"的问题也日益突出。从这个过程中,我们看出来,财税由于直接影响经济,所以其对经济周期的影响就非常直接,而正是因为我们对出现的问题及时纠正,并进行改革,从而使经济的周期波动得以熨平。

(三)对房地产经济的调控具有特殊意义

我们在以上章节中详细地描述了我国房地产经济的调控,房地产行业是调控次数最多又最难见效的行业。无论是刺激还是打压,我国的大城市特别是一线城市和个别省会城市的房价始终在上涨。在所有的调控措施中,引人瞩目的是2011年上海和重庆实施的对部分个人住房征收房产税政策。但是两市进行的房产税征收,其对象是非常有限的,对炒房者没有太大影响。上海和重庆两市在房产税的征收对象、适用税率等方面都有很大差别。上海只针对新购住房,采用0.6%和0.4%两档税率。重庆既针对新购住房,又针对存量独栋商品住宅,主要是对高端住宅和投资性购房的限制;税率上采取多档累进税率,体现了税收量能征收的原则。虽然,上海和重庆两市实施房产税试点的范围很小,纯粹体现在收取的税额上的调控,其在全部税收中所占的比重也很低。但是这项工作的开展,为我国房地产税的改革积累了经验并表现出一些值得关注的问题[1]。为什么喊了多年的房地产税就是出不来呢?我们认为原因是其涉及的矛盾太多。首先是金融机构,我国金融机构对房地产的各种贷款按揭等近百万亿,再加上与房地产相关的行业,这个数字就更大,如果房地产“泡沫”减少一半,金融机构受到的冲击将是难以估量的。其次是对中产阶级的打击,我国中产阶级的资产有相当部分都体现在房产上,房地产市场缩水将意味着部分中产阶级的资产受损,这将对我国居民的收入结构产生较大影响。最后就是对省级住房“土地财政”的彻底摧毁。在我国目前还没有一个完整的省级税收种类的情况下,各省级政府都是靠批租土地来维系其运转的。2021年上半年,31个城市中仅有上海的财政收支为正,其余30个城市均出现财政缺口(表2-1)。

---

①杨庆育,易小光,朱江.改革试点发展及其案例[M].北京:中国经济出版社,2019:70.

表2-1　2020年我国主要城市对土地财政的依赖度

依赖度/%	城市个数	城市名称(按依赖度高低排序)
101~180	20	佛山、长春、南京、武汉、广州、西安、贵阳、南宁、扬州、福州、太原、惠州、杭州、绍兴、南昌、温州、南通、东莞、常州、珠海
51~99	19	中山、昆明、哈尔滨、宁波、徐州、成都、厦门、沈阳、济南、无锡、台州、石家庄、青岛、重庆、郑州、长沙、天津、合肥、苏州
27~47	5	大连、烟台、上海、北京、深圳

房地产的调控究竟应该从哪儿入手？这似乎成为国家和省级政府的大难题。本书认为,中国目前的确还没有到大规模、大范围征收房地产税的时机,但我们可以先从两个方面入手:一是征收空置房产税,二是对新购房产超出标准部分按其超量部分按累进税进行征收。2021年9月,全国人大常委会授权国务院,对部分城市开展房产税的试点征收,此举一出,多个城市房地产销售和价格出现变化,房地产经济出现波动。12月6日中央政治局召开会议,针对包括房地产经济在内的经济,提出了2022年以稳增长为基调的决定。从目前的发展形势看,出台房产税显然不具备条件,相反,应该促进房地产经济健康发展,这有利于满足改善性住房和刚需住房的需求,使各省(区、市)房地产经济进入健康发展的轨道。

三、先行省份的经济调控往往伴随发展的创新

(一)创新推动经济发展的最早理论

美国经济学家约瑟夫·阿洛伊斯·熊彼特在《经济发展理论》中,提出"创造性破坏"理论,认为必须摧毁旧的生产结构,向更高效率的新生产结构释放资源。更有意义的是,他提出当周期波动处在这个阶段时,那些有着创新精神的企业家能够给市场带来新产品,并转化成对原有供应商的竞争压力,不少缺乏创新的生产商会被淘汰。这样创新企业

家完全可以利用原来生产结构的生产力要素创造新产品。每一次工业革命，都是这种创新性的毁灭过程，从而推动经济快速增长。

(二)广东如何通过改革创新推动经济发展

广东在改革开放的实践中，在计划经济体制向社会主义市场经济体制转变方面取得了巨大成就。1989—2020年，其经济始终排在我国前列，地区生产总值以及经济贡献值占全国贡献值比重从1978年的185.85亿元和占全国贡献值的5.3%，提升到2020年的11.1万亿元和10.9%。

改革开放之初，广东就认识到，市场经济是社会发展过程中不可失去的重要部分，对社会生产力的提高、社会创造力和活力的激发具有重要作用，他们把对经济调控的着力点放在打破计划经济体制对生产力的束缚上，使经济社会持续快速发展，这得益于社会主义市场经济的发展。广东这条路是怎么走过来的呢？

大胆创新创造实现市场化的条件。市场经济完全不同于计划经济的条件，而在长期计划经济背景下的广东并不具备这些条件。他们在经济基础市场化上下功夫，1980年开始就积极调整所有制结构，大力发展民营经济和混合所有制经济，建立了多元化的所有制结构，在形成不同所有制共同竞争的格局的同时，为经济基础的市场化奠定了良好的所有制结构。他们在经济主体市场化上下功夫，围绕产权独立和经营权独立，紧紧以建立产权清晰多元、权责明确的现代产权制度为目标，培育独立的市场主体。在形成各类市场主体地位平等，各种所有制企业实行公平竞争的同时，为市场经济奠定了良好的市场化主体。他们在经济运行市场化上下功夫，市场化的运行核心是有市场化的价格机制，从1978年广东放开蔬菜价格到20世纪90年代初，全省90%以上商品的价格放开。同时配套市场建设投入，放开城乡集市，降低市场准入条件等，使各种专业市场和要素市场也开始发育形成。"三大功夫"的效力最终取决于经济调控的市场化，从20世纪80年代开始，广东就开始转变政府在资源配置上的主导地位，开始界定和规范政府对经济的宏观调控职能,使政府的调控从直接转为间接调控,从干预微观经济转为宏观协调经济,从行政手段管理转为经济手段管理为主等。

着力实现市场化改革的三大目标。党的十九大提出,要构建市场机制有效、微观主体有活力、宏观调控有度的经济体制,这一目标如何实现?广东的体会是必须要处理好市场、政府、社会三者的关系,其中核心是市场,关键点是政府和市场的关系。在市场的问题上,广东通过建设功能强大的大市场,使市场对生产、流通、消费等各环节的商品价格拥有直接决定权,政府的力量不能高于或代替市场的作用;在增强微观主体的活力上,全面实施市场准入负面清单,为各种市场主体依法平等进入市场、形成各类企业平等使用生产要素、公平参与市场竞争,平等受到法律保护的环境创造了良好的基础。他们在三个方面下了功夫:以激活国有资本为重点,深化国有经济体制改革;以管资本为主线,推动国有资本监管体制改革;以消除民营经济发展体制性障碍为突破点,推动非公有制经济的振兴。在有度的宏观调控上,将更好地发挥政府的作用放在改革政府体制上来,运用经济手段、法律手段调控经济,积极创造公平竞争的环境。深化行政审批制度改革,大量取消、转移、下放行政审批事项,放宽准入,"法无禁止即允许"。推动政府职能从项目审批、资金分配转向优化营商环境、提供公共服务。

从广东以改革为中心进行的经济调控实践中,我们深刻地体会到,我国省级政府的经济调控一开始就基本上以调整上层建筑关系来进行的。其采用的主要是经济手段辅以行政手段,贯穿于省级经济调控的红线就是经济体制改革。正因如此,在的指导下,多个省(区、市)在改革创新上统筹协调推进本地的经济社会发展。2016年9月,北京、天津、河北、上海、广东、安徽、四川等成为首批全面创新改革试验区。这样,我国经济从21世纪前十年的规模化中低质量发展逐渐转向高质量发展的轨道。省级政府的经济调控方式也从相对单一的经济直接调控转变为以深化改革为重点的综合性调控,调控水平有了质的飞跃。

广东20世纪末到21世纪初的经济调控方式创新。20世纪末的一段时期,广东经济平稳发展,总体的态势向好。但是,从广东所承担的经济重任来看,其外向带动经济的力量逐渐弱化,给经济增长带来较大的压力;国有企业的活力不足,存在的问题较多;几年来存在的通货紧缩没有得到实质性改变;人民群众的收入增长缓慢,就业压力也很大。

针对这些情况,广东认为当时全省经济并没有进入良性循环轨道,部分产业经济回升不乐观。基于此,他们在调控中把握了几个原则,落实中央的宏观调控政策,努力创新建立适合经济健康发展的体制机制,着力创新提高企业市场竞争能力。在具体的调控政策上,改革分配制度,建立正常的增资制度;加强立法,建立良好的社会保障制度;推进各项改革创新,切实提高企业竞争力;采取多种措施,积极开拓国内外市场。广东的一些体制创新在全国都具有重大意义,如从深圳市开始的民间组织无主管设立的改革,接着在广东省全面实施。这为"正确处理政府与社会关系,加快实施政企分开,推进社会组织明确权责、依法自治、发挥作用"①开创了先河,其既是先行一步更是迈出了重要一步。再如广东从2012年开始进行商事登记改革试点,改变过去行政管控色彩浓厚、准入条件过高、前置审批项目繁多、重审批轻管理等状况,压减前置审批事项、放宽登记准入条件、实行商事主体登记与经营项目审批分离,由"先证后照"向"先照后证"转变。国务院2013年在全国全面实践广东的经验。这就成为以"法无禁止即自由"的"负面清单制度"取代"普遍的行政准入制",成为自由企业制度运作准备条件的开端②。

广东在20世纪末和21世纪初进行的调控,贯穿的非常鲜明的一条红线就是改革创新,周期性发展从某种意义上看是经济发展的一个规律,调控不是否定规律,而是在尊重规律的前提下,用科学的手段使经济周期波动幅度更小、周期更长。广东的经验告诉我们,实现这样的调控是完全可行的,其经过实践检验,是有良好效果的。其实,纵观当时东南沿海地区,各个地方在经济调控中都具有这样的特征,其只是程度

①《中共中央关于全面深化改革若干重大问题的决定》,2013年11月12日中国共产党第十八届中央委员会第三次全体会议通过。

②吴敬琏.中国经济改革进程[M].北京:中国大百科全书出版社,2018:358.

的差别而已。例如,上海浦东新区的开发开放,就是从改革创新试点开始的,但是,他们在试点取得一定成功后,就积极推广成功经验,这种改革创新既践行了党中央的重大决策部署,也为国家全面深化经济体制改革和对外开放积累了成功经验,为其他地区的经济发展提供了样板和示范。

第三节　常规状态下的省级政府经济调控
——处理好政府与市场的关系

关于政府与市场,第一章已经进行过论述,本章着重解决调控中的关系处理问题。

一、如何面对政府与市场

(一)需要市场和政府同时发挥作用

党的十九大报告提出了坚持新发展理念,其中一个重要的内容就是,使市场在资源配置中起决定性作用,更好地发挥政府的作用。为什么提出这两个作用呢?

首先,我们要明白提出这两个作用的目的是更好地配置资源,因为只有市场是不能做到这一点的。完全依靠市场较好地配置资源需要几个条件。第一,市场交易的当事人不存在无理性的情况。第二,完全对称的经济信息,也就是说,在进行经济交易的过程中,买卖双方对商品的内容、商品的质量以及商品的衡量标准不存在了解的信息不相同的情况。第三,市场竞争是完全有效的。每个经济人没有决定价格的权力,大家只是价格的被动接受者,并在相应的价格基础上独立进行生产和消费。第四,不变的或者不断降低的规模报酬,随着投入生产的规模不断扩大,生产一单位产品所带来的产量的增加并不会带来一单位产品产量所带来的报酬增加,换句话说,就是在生产规模扩大的过程中,生产同样一单位的产品所带来的是相应的产品的成本的不变或者提高。第五,市场主体(包括市场中的企业和经济人)所进行的交易等活动不存在外部性,即是说相应的行为不会对别人产生不好的影响,也不会造成损害。第六,交易过程中的成本很小,几乎可以不用考虑,人们可以随意按照自身的意愿来进行交易。

现实的经济生活中,要做到上述任何一条基本都是不可能的,以第一条为例,现实中的交易双方处于完全不同的环境和区域,即便处于同一片环境区域,也不可能具备完全一致的交易信息渠道,所以,要具备经济信息的完全对称性是很难的。同样,在交易商品上,双方的质量标准要有充分对应的知识也是不可能的,现实经济交易中的"坑蒙拐骗"不少见,何以做到充分对应?其他四条我们可以进行同样的分析。所以,优化配置资源只依靠市场是完全不可能的。

政府要配置好资源,也需要很多基本条件。一是科学治理体系和治理能力,在科学治理制度的保障下,通过各层级机构职能的良好发挥,有效预防通货膨胀、保障就业稳定、经济平稳发展等。二是高效、透明、公正、廉洁的各级机构。三是科学的管理边界,不与市场争"跑道"。四是有效提供社会所需要的公共品,如国防、市政、环境、教育和医疗等。五是相对充分的掌握各种数据信息。这五条正是我国各级政府努力的方向。而在这种状态下,仅仅依靠政府进行资源的优化配置是不行的。上述现象,从另一个角度看就表现为市场和政府的失灵。

(二)防止市场和政府失灵

市场的基本特征是分散决策、自发形成、自由竞争,资本主义几百年的历史证明,市场体制是有效的制度安排之一,但现实中的市场体制还是存在相当大的缺陷。在历史的长河中,多少理论家和实践者研究和实践由政府来弥补市场的缺陷,但政府并非万能的,正如苏联的计划经济体制的实践结果并非完全有效率。实际上,在现实生活中,这些都是政府失灵或者市场失灵所引起的。

　　市场失灵归因于市场经济的功能缺陷和外部条件存在问题,有狭义和广义之分。狭义的市场失灵是指在单一企业或单个市场等微观领域,由于这样或那样的原因所表现的市场行为偏离理性的情况,如企业垄断、个人收入分配不平等、商品交易价格不公平,从而使市场在资源配置上达不到应有的效果。广义上的市场失灵是指宏观经济整体上的总量不平衡、结构不平衡、供求不平衡等。正是这些失衡,导致常规意义上市场有效配置资源的规则不能正常运作,从而出现恶性竞争,"优胜劣汰"规则被破坏,以至于出现"劣胜优汰"的现象。

　　同时,生态、医疗、教育、公用设施等公共部门也存在市场失灵的现象,与一般私用产品是根据市场需求自发生产的不同,这些公共部门的市场失灵会导致社会的混乱。垄断也是市场失灵的典型表现,如中国电信等通信集团等,市场上只有一个经营者,他们的产品就直接影响价格,这些厂商通过自身的市场地位随意定价从而牟取暴利,使市场均衡被破坏。同样,当某些市场主体的活动给外部带来经济损失(如上游工厂排放污水导致下游工厂环境保护成本增加等)时,市场机制作用也难以对此进行有效调节,不能达到有效配置资源的目的。

　　既然如此,人们总期望寻找办法来解决市场办不好的事,多少年来,人们将希望寄托于政府。但是,政府也并非能完全弥补市场的缺陷。因为政府难以全部配置好资源所需要的条件。所以,政府有时不仅对市场失灵发挥作用,而且可能导致资源配置效率被削弱。我们将这种现象称为政府失灵。政府失灵就是政府管理的有限性。在美国经济学家约瑟夫·斯蒂格利茨看来,政府失灵主要有以下原因:政府在进行资源配置中始终会产生就业的压力;产生关注公平支出政策带来的压力;不完善信息在公共部门的普遍存在也会影响资源配置的效力;政府的强制力会导致再分配的不公平,甚至有可能产生寻租活动;公共部门的竞争缺乏会削弱人们的积极性;政府是由一些具体的政治家和公务人员组成的,政府在行使公务时也可能产生经济利益。因此,政府自身职能的行使不一定能有效填补市场的不足。

(三)如果"不要"政府与如何"要"政府

经济调控就是使资源配置达到最优,前文论述了这个目标状态下的政府和市场的单一作用都不理想。我们假设,完全抛弃政府的作用会出现什么样的结果? 先认识经济上无政府主义的核心内容,首先,强调对个人自由与个人所有权的保护,主张废除以非自愿的税赋来支撑政府垄断,提倡人们自愿出资实现对个人自由和财产的保护。所有的产品和服务,包括对人们自由和财产的保护,都可以由自由市场的机制来提供。其次,人类有一定规模的经济以来,尚没有任何一个国家在无政府主义框架下获得成功。也就是说,从理论到实践都说明完全抛弃政府是不可取的。那么,政府在市场经济框架下又能起什么作用呢?

一是提供良好的竞争环境。在现实经济生活中,资源配置主要是由市场决定的,但是政府也起到了很大作用。社会主义市场经济体制下的政府行为有如下作用。首先是维护社会正当行为。政府必须要保障经济的正常运行,对经济市场运行过程中的违法犯罪行为进行零容忍,做好市场经济安全运行的工作,保持社会秩序良好。市场经济在运行过程中,不少经济主体为了利益,为了在竞争中生存下来,不惜铤而走险,无视他人的合法权益,从而造成市场的无序。同时,在面对大企业的一些权益侵害时,大部分中小企业没有能力也没有方法进行抗衡,从而导致生存困难。政府以打击违法犯罪为己任,以强大的专政力量为后盾,相当于市场经济运行活动中的监督警察,通过采取合适合理的方法对犯罪行为进行打击,有效防止此类事情的发生,为经济运行提供良好的竞争环境,维护全社会的经济安全。

二是科学的经济调控行为。无论是国家还是省级政府的调控,都力求保持在经济发展的背景下,经济结构合理、总量适当、就业率提高、价格波动小。从国家层面来看,其还要保持国际收支平衡。在实践中,这四者的关系是相互关联的,但是随着形势的变化,特别是现代科学技术的发展,有些关联度在弱化,比如智能化的发展能够有效促进经济发展,但其总量的增长所提供的边际就业岗位就会缩小。所以,政府调控要在资源有效配置上有所作为,就应该在结构调整上有所作为。以社会主义市场经济体制为基础,政府和市场双向发力。具体而言,市场要发挥好微观层面上的资源配置优化作用,政府就要做好宏观经济的整体调控作用,以财政政策和货币政策等经济政策为抓手,以行政立法等为保障,确保经济结构合理、总量平衡等。在此基础上,省级政府同步制定相应的政策、出台相应的条例,保证微观主体的市场行为有效合理,从而保障省域市场平稳运行,与宏观经济运行同频共振。

三是能给民众带来有收获感的公益举动。政府举办相关的公益性活动,在于对公共物品的提供和维护,其通常会伴随着相应的效果:①提供公众需要的公共物品,政府往往通过建立公平的税收制度,形成生产和资助公共产品的能力。同时制定相应的鼓励政策,增加行业协会、社会组织等参与养老、托育、救扶等领域;出台相应制度,避免不同利益主体出现。②调节收入分配,逐渐实现共同富裕,防止个人收入差距过分拉大。初次分配以保证广大微观主体的合法收入为主,第二次分配主要依托税收政策调整全社会收入分配的不合理,做好社会保障制度的完善工作,有效保障市场安全。根据2021年8月17日中央财经委员会的会议精神,要在高质量发展中促进共同富裕,通过科学的公共政策改善分配,要进行第三次分配,扩大中等收入群体的比重,增加低收入群体收入,合理调节高收入,取缔非法收入,形成中间大、两头小的橄榄型分配结构。提高劳动工资在国民收入中的分配比重,降低资本租金的比重,促进基本公共服务均等化。③合理区分正外部性和负外部性,对前者进行保护,对后者进行防止。对于类似创新研究、创新平台等有效的正外部性,政府可以制定积极的鼓励政策加以推广;对于妨害国家安全、污染环境等不合理的负外部性,除了相关部门可以明确企业主体或者被清晰界定,政府还要通过罚款、关停等办法进行阻止。

四是对不正当经济活动行为的管制。政府的管制是通过对经济活动的一些限制和规定来达到防止垄断、打破壁垒,保证正常的市场竞争的,通过防止过度竞争,进行价格限制,能够基本保持平均成本,实现保护公众的利益,管制商标、广告等目的,防止企业对消费者进行欺骗;监督执行国家劳动制度,保护职工的基本权益。

五是公正处理利益冲突的仲裁行为。在市场经济中,竞争是市场经济主体产业利益冲突的前提,市场经济一大缺陷就是不能保证主体利益的公平,而发挥政府这个中间人的作用,其通过制定并监督规则的执行,能够保证各经济主体能在公平的条件下竞争。

(四)如果"不要"市场与如何"要"市场

如果不要市场,那么就只有政府或者无政府主义,我们只讨论有政府的假设结果。政府是通过在实行行政手段的计划经济体制下管理经济的,在这样的体制下,政府是万能的。这是计划经济体制赋予政府的特殊使命。计划经济理论认定,在社会化大生产的条件下,整个国民经济的各个地区、部门和企业是一个系统的整体。社会化大生产必然要求部门之间的生产保持一定的比例关系,而自由分散必然导致经济混乱。现实的计划体制排斥商品货币关系。这样社会化大生产的比例,是以中央或省级政府的计划为标准。政府就成为无所不包、无所不管、无所不能的"万能"政府。在"大包大揽"宏观与微观、精神与物质、经济与政治等背景下,能力有限的政府一方面会处于"忙于应付"的状态,另一方面又是低效率的。那么,为什么会有计划经济的出现呢?排除历史和政治的原因,我们来看看计划体制的理论假设:由于社会主义经济基础的建立,私人企业的计划与整个社会生产无政府状态的矛盾可以得到解决,因为全社会的计划在公有制条件下可以实现,中央和省级政府不仅能够掌握社会化大生产的比例关系,还可以通过实施指令性计划,使各部门间的资源配置符合大生产的客观比例要求。但在现实的经济活动中这些理论假设并不存在,因为社会化大生产的比例受制于科技进步、生产力发展、需求结构变化。如果没有商品货币关系的市场交换,这些变化就不能通过市场信号得到反映,这样中央和省级政府只能根据十分有限的信息和主观意志制定计划,这样的计划并不能客观反映经济的真实动态。由于政府又包办了微观经济活动,政府部门的主要精力只能陷入分钱物、批项目、批投资等繁琐事务上,而容易忽略战略决策能力、规划能力、服务能力和调控协调能力。这必然产生政策偏差、政策的弱效果、工作的低效率、部门的自我扩张和寻租活动等。所以,组织社会化大生产完全排斥市场而仅仅依靠政府是不行的。

那我们又需要一个什么样的市场呢?市场经济是经济活动的组织方式,其主要借助市场中介形成人类的经济交易活动。市场经济的行为主体是具有相对独立性的经济人,经济活动由经济人独立决策。资源的配置是通过市场交易双方的行为,以价格机制来实现的。经济运行在法律约束的范围内自由进行。市场经济的理论认为,在充分保障自由权利制度下,市场主体的主观能动性就会被调动起来,能够极大推动生产力的发展。我们需要把握市场体制的几个重要节点:把握市场是市场体制的中心,任何经济行为都要面向市场,市场就要成为各种经营主体的起点和终点,成为整个社会经济运行的中心和渠道;把握供给与需求是市场的基本要素,二者是由社会分工形成的相互对立又相互联系的两个方面;把握价格是市场体制的核心要素,是联结供求双方的利益纽带,是价值的实现形式;把握竞争是市场体制发挥作用的重要条件,是买卖双方各自、买卖双方之间,围绕商品价格和质量而进行的较量。

尽管市场体制下的决策权是完全分散的,生产者和消费者自己决定生产消费什么,其后果也完全由生产者和消费者自己承担,政府在经济决策中不起任何决定作用。但我们希望其在分散决策时,并非随心所欲的,而是在充分掌握相当的经济信息和一系列的约束条件下进行,尽可能实现决策的科学性。

二、处理好政府与市场关系的难点

党的十九大报告指出,政府与市场关系是使市场在资源配置中起决定性作用,更好发挥政府作用。处理这对关系的核心就是发挥政府的作用,因为我们最习惯的调控手段就是政府的行政手段。如果使市场在资源配置中起决定性作用,就需要坚定市场化道路和明晰政府职能转变路线,在让市场充分发挥对资源配置的决定性作用的同时,将政府职能有效发挥出来。例如,土地在用途管制和严格规划前提下如何配置,显然不是由政府来决定的,而是由千万个微观主体的具体需求来决定的,这本质上就是发挥其决定性作用。

科学的宏观调控,有效的政府治理,是发挥社会主义市场经济体制优势的内在要求。由于我国的特殊国情,一是我国是世界上最大的发展中国家,二是我国长期处于社会主义初级阶段。在这样的条件下发展社会主义市场经济,就必须更好地发挥政府的作用。虽然四十多年的改革简政放权和扩大市场是同时进行的,但并没有简单得让政府管得越来越少,而是在不断的转变政府职能。从党的十八大开始,新时期各省份的经济调控被赋予了新使命、新要求,其不仅聚焦于发展规模,更注重发展质量;不仅着眼于短期调控,更注重持续发展动力;不仅关注需求侧的总量,更注重供给侧结构优化;不仅考虑政策性操作,更注重制度变革;不仅促进本省(区、市)的经济发展,更注重毗邻区域的整体发展。而在实际工作中,往往出现偏离这些要求的行为,如何既能有效地发挥省级政府的积极性和创造性,又使他们认真地践行新要求,的确是经济发展中一个亟需解决的问题。

第四节　正确理解和发挥市场在资源配置中的决定性作用

一、决定性作用的本质含义

习近平总书记指出,"市场决定资源配置是市场经济的一般规律,市场经济本质上就是市场决定资源配置的经济""经济发展就是要提高资源尤其是稀缺资源的配置效率,以尽可能少的资源投入生产尽可能多的产品、获得尽可能大的效益"[①]。市场在资源配置中起决定性作用,

---

[①]习近平.关于《中共中央关于全面深化改革若干重大问题的决定》的说明[J].党建,2013(12):23-29.

其实质就是让价值规律、竞争和供求规律等市场经济规律在资源配置中起决定性作用。我们党提出使市场在资源配置中起决定性作用,是对市场规律认识的升华。这符合和适应完善社会主义市场经济体制和经济社会发展客观要求,其既体现遵循市场经济的一般规律,又在广度和深度上推进市场化改革,使资源配置达到效益最大、效率最优。改革往往是问题倒逼而生,在不断解决问题中得到深化。市场在资源配置中起决定性作用,是坚持社会主义市场经济改革方向的必然要求。经过多年实践,我国的社会主义市场经济体制持续完善,但抑制市场主体活力、阻碍市场和价值规律发挥作用的问题仍然存在。党的十九届六中全会再次强调,"使市场在资源配置中起决定性作用",有利于在全党全社会树立关于政府和市场关系的正确观念,有利于转变经济发展方式,有利于深化"四个全面"的战略布局和"五位一体"的总体布局。

二、决定性作用的表现形式

进一步发挥要素市场化能力。改革开放40多年来,我国市场体系建设取得了重要成就。到2020年,我国97%以上商品的价格、服务的价格已在市场中形成,完善要素市场化配置是建设高标准市场体系的客观要求。要素市场建设如资本、土地、劳动力市场等从无到有,从小到大,市场配置要素资源的能力明显增强。但对商品市场而言要,要素市场发育还不充分,如市场决定要素配置范围有限、要素流动的体制机制存在障碍、要素价格传导机制不畅等,这些都在一定程度上影响了市场对资源配置决定性作用的发挥。

进一步完善要素市场化配置。实践证明,要素配置的扭曲会导致一系列经济的结构性矛盾和问题。加快要素市场化改革是深化供给侧结构性改革、解决制约全局深层次矛盾的重要突破口,是解决我国经济结构性矛盾、推动高质量发展的根本途径,对于转变发展方式、优化经济结构、转换增长动力具有重要意义。例如,"僵尸企业"的过剩产能形成无效供给,造成要素市场配置的扭曲,只要加快形成市场决定要素配置的机制,就可以加快"僵尸企业"清除,促进要素合理流动。再如,要培育新动能,扩大高质量供给,也需要建立要素自由流动的机制,使科技创新、现代金融、人力资源等要素,从低质低效领域向优质高效领域流动。

进一步完善要素市场化配置是经济动力的重要保障。企业是生产要素的主体,经济发展依赖企业活力的充分释放,而完善要素市场化配置,使市场配置要素领域尽可能扩大,本质就是让企业成为独立的市场主体来配置要素资源。充分发挥企业在配置资源过程中的主动性、积极性和创造性,是实现要素资源优化组合的关键。当今世界,经济已经进入创新驱动发展阶段,所以,各类要素活力需要尽快转向创新驱动的轨道,大数据、人工智能、区块链等可以让生产要素效率倍增,这些要素融入价值创造的过程,就会形成新的先进生产力。这是我们今后在完善要素市场化配置的过程中需要非常注重的内容。

进一步完善市场决定价格的机制。党的十八大以来,我国价格体制改革深化,商品和服务价格基本由市场决定,要发挥好市场在资源配置中的作用,就必须要价格信号真实、客观、灵敏。党的十九大报告继续强调市场在资源配置中起决定性作用的同时,要求"加快要素价格市场化改革"。这里主要是针对资源性产品、垄断行业等领域要素价格形成机制改革,对水、石油、天然气、电力、交通、电信等不同行业特点实行网运分开和公共资源市场化配置,在充分考虑其公益性特征的前提下,适当放开竞争性环节价格,真实反映市场供求关系、破除各种形式的垄断行为。

三、怎样发挥好决定性作用

(一)深化、强化认识

改革开放40多年来,我们始终围绕认识和处理政府与市场关系这个核心问题展开。经济体制改革始终是全面深化改革的重点,其核心问题仍然是处理好政府和市场关系。从计划经济到社会主义市场经济,我们对市场在资源配置中作用的认识不断深化。党的十八届三中全会作出"使市场在资源配置中起决定性作用和更好发挥政府作用"的重要论述,揭示了社会主义市场经济的本质要求。十九届六中全会提出,改革只有进行时、没有完成时,停顿和倒退没有出路,必须以更大的政治勇气和智慧推进全面深化改革①。这正是我们在深化市场配置资源中所需要的勇气和胆识。

(二)加强政府市场作用的协调,构建有效市场和有为政府

在社会主义市场经济条件下,市场和政府作用是相互促进、互为补充的。有效的市场就必须坚持市场在资源配置中的决定性作用,完善市场机制,打破行业垄断、破除壁垒、地方保护,增强企业对市场需求变化的反应能力,提高企业的综合竞争力。有为的政府就是发挥政府作用,在尊重市场规律的基础上,以改革激发市场活力,以政策引导市场预期,以规划明确投资方向,以法治规范市场行为。同时要优化政府的职责,进一步明确政府在各项经济调控、市场监管、公共服务等领域的职能边界和工作重点,这才能构成有为政府的条件。

第五节　针对突发事件的省级政府经济调控
——政府主导的调控

一、省级政府经济调控的优势

解决社会问题,满足社会需求,是我国省级政府的一项重要职责,我国地域广阔、人口众多,在既有技术条件下,中央政府不可能直接以一体化的公共行政组织来管理地域广、人口多的国家。当然,由于技术的进步,中央政府可以在一定程度上借用先进的技术手段深入了解全社会的动态,但由于各省份的差异较大,其在具体的管理上不可能完全一体化,必须通过省级政府来解决社会需要它解决的问题,必须通过省

---

① 《中共中央关于党的百年奋斗重大成就和历史经验的决议》,2021年11月11日中国共产党第十九届中央委员会第六次全体会议通过。

级政府有效地测定社会的需求,尤其是地域性需求,这正是我国各省级政府在具体管理上的优势所在。

分工是市场产生的原因,在分工条件下,人们以较小成本获取更大的效用。如果把这个问题放在全国,用政府组织和行政命令方式组织全国的经济,对不同省份的省(区、市)情进行同样管理,必然产生不同的效果,并且这些效果的集成效用很低。如果在管理事务上进行类似于市场化的分工,在特定的领域将管理权限交给省级政府,也可以理解为由中央政府授权。那么,中央和省级政府之间是什么关系呢?我们可以将其理解为中央统一领导下的授权和代理的关系。省级政府获得了管理省域事务的自主权,这样的条件下,省级政府与域内经济实体就可以在既定条件下节约交易费用,因为省级政府与本省企业的交流可以大大节约成本,提高绩效,社会也会因此利用政府的优势来弥补市场和企业的缺陷。所以,省级政府在地方替代中央政府进行直接管理,能够相对有效地克服中央政府对地方社会需求难以精准把握的缺陷,从而节约中央政府直接管理的成本,这正是我国国情所决定的省级政府经济管理的优势。

二、突发事件中的省级政府经济社会调控

一般难以预测且不寻常的事件,通常会引起社会市场一系列负面连锁反应,其被称为"黑天鹅"事件。我国的省域面积大多数超出了欧洲和非洲的国家,一个省(区、市)出现"黑天鹅"事件是有可能的,在这样的情况下,中央政府起着很重要的作用,但是充分发挥省级政府的调控能力也是非常重要的。例如,2019年末发生的新冠疫情就是一起典型的"黑天鹅"事件,尽管一开始就有中央的指导和各省(区、市)的支援,但是最基本的调度和具体指挥,还是依靠新冠疫情相对严重省份自身的力量。无论是封城还是及时抢救,初期医疗资源的调配,特别是对疫情区域的管制,必须依靠本地区各级政府和相关医疗机构。

2018年的中美贸易摩擦也带有一定的突发性,贸易冲突的突然发生,是我国多数省份没有预料到的。40多年来,我国各省(区、市)在改

革开放中各自发挥自身的功能及资源地域优势,逐渐形成外贸出口型、来料加工型、资源配送型、内地配套型等主体经济类型。而面对中美贸易摩擦的不断升级,各省份的主体经济类型不同,其应对的策略也不尽一样。所以,贸易摩擦尽管是国家层面的,但我们却要充分发挥各省(区、市)的主动性和积极性,集各省份的优势予以反击。

第六节　中央政府主导下的省级政府调控

一、特殊条件下中央集权的客观性

2020年第一季度,新冠疫情在我国迅速蔓延,对于这种传播性极强的病毒的感染,中央政府举全国之力进行应对。人们也许一开始并没有预料到,这会引发中央出台一连串调控措施,提升和加强中央集权的水平,同时会对省级政府经济调控产生巨大影响。

部分经济体制学者对中央集权持基本否定态度,但是在不同的条件下,尤其是一些特殊背景下,中央集权有其存在的必要。当发生了新冠疫情,如何对已经发生疫情的省(区、市)进行有效的资源配置? 如何让其他省(区、市)进行有效的预防? 如何对疫情进行科学的预判? 如何对疫苗进行有计划的研发? 疫情后经济的恢复工作如何安排等,这些工作远远超出省(区、市)的权限和界域,在这样的情况下,中央政府集中权力统筹协调十分必要。

从一般意义上看,在已经明确充分发挥市场在资源配置中起决定性作用的大背景下,针对特殊情况实行中央集权取得效果后,就应该回归原位。但是新冠疫情发生后,各省(区、市)经济受疫情影响增速开始放缓,经济发展环境变得错综复杂。同一时期,我们还面临中美贸易摩擦引发的一系列问题,在不平衡条件下的资源调配没有中央政府的强硬手段,是很难见效的。

到了2021年上半年,全国各地方政府的财政收入开始出现改革开放以来的低谷期,由此加剧了各省(区、市)对中央财政的依赖,中央政府的调控被推上一个新高度。发生在2021年的另一件具有标志性意义的事件就是年初我国电力紧张。受寒潮影响,1月份江浙一带出现电力缺口,第二季度广东、云南等地电力供给也开始紧张,而此时承担电力供给主力的煤炭市场供给不足、煤炭价格暴涨。从宏观意义上分析,国内煤炭产能释放受"双控"的影响有限,而进口煤炭增量有限,这一系列的因素使电煤供给持续紧张。但8月以来,国家有关部门仍然预警多省份能耗"双控"工作未达标。因此,出现了17个省(区、市)的"拉闸限电"。这种现象的出现,从另一个侧面反映了加强中央调控的合理性。当然,也同时提醒我们,无论是中央还是省级政府调控,都应该具有前瞻性和可控性,不能为了一个"不能撼动"的短期目标,牺牲大区域的长远利益和可持续发展。

二、对涉及面较广的个别问题进行及时调控

2021年10月,全国人大常委会授权国务院,对部分城市进行房产税试点,这在全国引起强烈反响。加之对"学区房"的治理,全国的房地产市场开始出现波动,一批城市的新楼盘开始降价,二手房也同时出现波动,在部分城市已经出现一二手房价倒挂的基础上,这无疑是"雪上加霜"。在这样的情况下,各地开始进行以行政手段为方式的直接调控。11月1日,湖南永州市第一个"限跌令"出台,紧接着是山东聊城市,到11月中旬,全国已经21座城市发布了"限跌令"。其中,有的城市是直接发布行政命令,有的则是通过约谈房企,限制恶意降价,否则就不给予网签。这些城市包括沈阳、岳阳、昆明、唐山、江阴、鄂州、张家口、株洲、永州等。除了沈阳、昆明等个别城市,当前大多数三四线城市也开始出台"限跌令",而大部分一二线城市针对房市的政策主要是通过信贷调整进行影响,不需要实行"限跌令"。在楼市下行压力较大的情况下,包括广州、厦门、成都、南京等一二线城市出现了很多"工抵房",这其实就是变相的商票。但是,部分"工抵房"是普通的在售商品房,降价销售又可能让老业主形成反弹,"工抵房"的名义其实是一种变相的降价促销。针对这样的情况,部分地方政府出手对此行为进行处理。这足以见得,

我国地方政府在经济调控中已经开始具有快捷的直接调控方式。

三、中央政府主导下的省级政府经济调控模式的形成

2020—2021年,我国形成了改革开放以来的新的省级政府经济调控模式,其主要特点是:①由于前所未有的复杂形势,各省份都面临对国际国内大环境的深刻认识和把握,这对省(区、市)来说,的确很难。中美贸易摩擦以来,中央政府加强对复杂形势的分析,在客观上对各省(区、市)的发展起到了指导作用。2018年以来,党中央、国务院高度重视对宏观形势的分析把握,这也使各省(区、市)很自然地在中央的指导下分析和把握本地区的发展策略,其对经济的调控依赖中央的政策就显得必然。②主要资源配置对中央政府的依赖也越来越强。相比前几年,近来的资源配置中的国家集中性特征更明显,如防疫资源、能源、碳消耗、财政转移支付等。③省级政府的经济调控在中央政府的指导下,其执行力、韧性、自省和纠错机制越来越强。

第七节　我们的目标

按照党的十九届六中全会精神,在完善党领导经济工作体制机制的基础上,处理好政府与市场的关系,其目标是形成更好发挥省级政府作用的新格局。坚持"有限和有效政府"的原则,可以将经济社会按照政府与市场的关系划分为公共性领域和竞争性领域,前者由政府专门机构牵头,市场适时跟进,由政府牵头主办。在民生领域政府主要负责公平,确保优良的营商环境,设计共同富裕路径并推动其实施。而竞争性领域可由市场运作,政府可以加强监管并提供服务。

一、实现市场经济条件下的有效政府

有效政府是建立在完善市场体系,形成资源要素价格由市场决定

的体制机制的基础上的。其以负面清单实行市场主体自主运行的机制,由此实现政府行政体制改革的突破。加快培育维护公平性、良好市场秩序的社会力量,形成政府与社会的合力,使竞争性领域能够在公平公正的条件下运行。这些就是有效政府所应该实现和创造的条件。

二、国有资本配置要以公益性为重点

国有企业以混合所有制经济为主体,我们在不断提高国有资本上缴红利的前提下,加大公益性投资,重点将其配置到公益性领域,提高国有资本用于公共服务领域的比例。国有资产管理体制要重点从管企业转向管资本,加大国有资本对民生公益的投入,在不断满足人民群众对美好生活的向往的基础上走向共同富裕。而部分经营性国有资本可以加强对其经济效益的考核。

三、政府行为应纳入法治轨道

各省份要尽快基本建成法治政府。推行权力、责任清单制度,在权力方面,推定行政机关法定职责必须为法无授权则不可为。在责任方面,推进行政程序法治化,用严密的程序遏制权力的"任性"。规范公正文明执法,杜绝粗暴执法、选择性执法、钓鱼执法等行为,有效解决乱执法问题。2022年,河南对金融机构债权人赋予"红码",限制其正常的自由行为,这就是非常典型的违反纪律的执法行为。政务公开法治化,就是要扩大和保障人民群众的知情权、参与权、表达权和监督权,确保各省份长远健康发展的制度条件。

四、建设省级公共服务型政府

逐渐增强省级政府的公共服务保障能力,形成以公共服务为导向的省级财税体制,使之成为各省份公共服务的基础力量。让政府投资逐渐退出竞争性领域,集中力量发挥投资对公共服务的主导作用,补齐公共安全、公共卫生、防灾减灾和民生保障领域的短板。

本章小结:21世纪以来,我国经历了两个经济调控阶段,前十年是对经济总体高速增长的正周期调控,后十年更加注重调控的前瞻性、针对性和协调性。较为典型的省级政府经济调控体现在农村土地上,从不能触及产权问题逐渐走向宅基地"三权分置"、盘活闲置的宅基地和有偿使用及退出等。

我国省级政府经济调控显现出周期性与改革有很大关系。从本质上看,我们应对经济周期的弊端即对经济体制进行改革。同样,各个领域的改革也会对经济周期产生很大影响。在房地产调控领域,各省(区、市)的调控显得十分谨慎,这主要是因为我国主要城市财政对土地的依赖性较强。

省级政府经济调控的前景是在改革中创新,在此方面走在全国前列的广东的实践,充分说明了坚持社会主义市场经济的道路是毋庸质疑的,调控就是要努力实现构建市场机制有效、微观主体有活力、宏观调控有度的三大目标。调控必须发挥好市场和政府的作用,既要使市场在资源配置中起决定性作用,又要更好地发挥政府的作用,同时要防止市场和政府失灵的现象[1]。我国在一段时期已经基本形成中央政府主导下的省级政府经济调控特征。其目标是实现市场经济条件下的有效政府,将政府行为纳入法治化轨道,国有资本配置要坚持以公益性为重点,建设省级公共服务型政府。

---

① 中共中央文献研究室.习近平关于全面深化改革论述摘编[M].北京:中央文献出版社,2014:57.

第三章 省级政府经济调控的体系
及其目标追求

通过改革开放和多轮宏观调控,我国基本形成了国家、省(区、市)两级调控体制。省级政府的调控发挥着承上启下和创造创新的双重作用,其既要切实维护中央权威,把国家的指导方针、政策措施、战略任务贯彻落实,又要结合本地区的经济运行情况,能够进行创造性的工作,把宏观和微观调控有机结合,发挥两个积极性的作用,创新调控手段和方式,确保本地区经济结构不断优化和市场安全,实现国民经济持续健康发展。

省(区、市)作为中国最主要的行政区划,根据中央政府宏观调控的要求,一方面,省级政府作为二级调控主体,把省级以下的地方政府统筹起来,避免决策过于分散,影响重要调控目标的实现;另一方面,我国区域经济发展存在不平衡,经济增速"南快北慢"、经济份额"南升北降",各板块内部也分化明显,这就需要省级政府调控结合自身实际因地制宜、有的放矢,让中央政府的宏观调控政策高效落地。

第一节 省级政府经济调控体系的构成
——面向现代化经济和高质量发展的调控体系

改革开放后,我国省级政府调控在国家调控体系中发挥的作用越来越明显,相比中央,其更加注重中观和微观层面的调控。省级政府经济调控体系在注重贯彻落实国家大政方针的前提下,也具有很强的灵活性和可操作性,大致由"规划、目标、运行、政策、项目、监测"六大子系统构成。

一、规划体系

(一)规划体系的重要作用

建立社会主义市场经济体制后,逐步改变直接的指令性计划,政府进行宏观调控的水平和驾驭能力日益提高,省级发展规划具有承上启下的重要作用,"承上"主要是贯彻国家规划的要求,按照"全国一盘棋",在国家规划的全局性、纲领性目标框架下,各省(区、市)依据国家总体规划,提出"分目标""分任务";"启下"是在国家发展战略框架内,各省(区、市)也有"自选动作",重点体现本地区的特征,并给下一级行政区规划留有空间,充分体现各省(区、市)实际和经济发展诉求,从而与国家五年规划形成完整体系,保障国家宏观调控能够有效落地。

如果说国家规划负责"掌舵",指明发展方向,省级规划就是负责"划桨",二者并不冲突,其大方向是一致的,只是着力点不同。正是这样的体系,把国家与省级两级政府的调控有效衔接起来,达成发展共识,并把涉及经济调控的宏观战略和各项政策一以贯之,大幅减少私人产品供给的市场盲目性,让市场和政府这两只手协调配合,形成合力,共同推动经济的高质量发展。国家和部分省(市)"十四五"规划目标及重点见表3-1。

表3-1　国家和部分省(市)"十四五"规划目标及重点

地区	规划目标及重点
国家	"十四五"期间,国家开启全面建设社会主义现代化国家新征程,立足新发展阶段、贯彻新发展理念、构建新发展格局,坚持深化供给侧结构性改革、加快培育完整内需体系、坚定不移推进改革、坚定不移扩大开放、坚持国内国际双循环。到2025年,实现经济发展取得新成效、改革开放迈出新步伐、社会文明程度得到新提高、生态文明建设实现新进步、民生福祉达到新水平、国家治理效能得到新提升。展望2035年,我国将基本实现社会主义现代化。

地区		规划目标及重点
东部地区	北京市	以建设国际科技创新中心为新引擎,以疏解非首都功能为"牛鼻子"推动京津冀协同发展,以高水平对外开放打造国际合作和竞争新优势。到2025年,首都功能明显提升、京津冀协同发展水平明显提升、经济发展质量效益明显提升、生态文明明显提升、民生福祉明显提升、首都治理体系和治理能力现代化水平明显提升。到2035年,率先基本实现社会主义现代化,努力建设好伟大社会主义祖国的首都、迈向中华民族伟大复兴的大国首都、国际一流的和谐宜居之都。
	上海市	到2025年,国际经济、金融、贸易、航运和科技创新中心核心功能迈上新台阶,城市核心功能更加强大、人民群众生活更有品质、城市精神品格更加彰显、生态环境质量更为优良、超大城市治理更加高效,建设具有世界影响力的社会主义现代化国际大都市。
中部地区	湖北省	努力建设成中部地区崛起重要战略支点,到2025年,综合实力迈上新台阶、改革开放赢得新优势、社会文明程度达到新高度、生态文明建设取得新成效、民生福祉达到新水平、省域治理效能得到新提升。
	湖南省	着力打造国家重要先进制造业、具有核心竞争力的科技创新、内陆地区改革开放的高地。到2025年,经济成效更好、创新能力更强、改革开放更深、文明程度更高、生态环境更美、生活品质更优、治理效能更佳。到2035年,基本建成经济强省、科教强省、文化强省、生态强省、开放强省、健康湖南,基本实现社会主义现代化。
西部地区	重庆市	坚持"两点"定位、"两地""两高"目标。到2025年,高质量发展实现重大突破、创造高品质生活实现长足进步、改革开放新高地建设取得决定性进展、山清水秀美丽之地建设取得重大进展、社会文明程度得到明显提高、治理效能达到更高水平。展望2035年,将建成实力雄厚、特色鲜明的成渝地区双城经济圈,成为具有国际影响力的活跃增长极和强劲动力源。
	四川省	经济实力大幅提升,发展活力充分迸发,社会文明不断进步,生态环境持续改善,民生福祉明显提升,治理效能显著增强。到2035年,在经济总量、科技实力、生态环境、治理能力、社会文明程度、公共服务等领域实现明显提升。

续表

地区		规划目标及重点
东北地区	黑龙江省	现代产业体系建设、农业农村现代化、创新驱动发展、全面深化改革、更高水平对外开放、生态文明建设、城乡区域协调发展、社会文明程度提高、民生福祉改善、社会治理效能提升等均取得新突破。到2025年,全面振兴全方位振兴取得新突破。
	吉林省	振兴发展取得新突破,科创能力实现新提升,改革开放迈出新步伐,乡村振兴展现新成效,数字经济聚合新动力,生态文明开创新局面,民生福祉达到新水平,治理效能再上新台阶。到2025年,高质量发展取得突破性进展,民生改善取得标志性成果,风清气正昂扬向上的振兴氛围实现根本性提升,确保全面振兴全方位振兴率先实现突破,为全面实现新一轮东北振兴战略目标奠定坚实基础。到2030年实现全面振兴全方位振兴。到2035年基本实现社会主义现代化。

2022年,我国经济发展面临需求收缩、供给冲击、预期转弱三重压力,在疫情的冲击下,局势加速演进,内外部环境更加复杂严峻。面对复杂的内外部形势,单纯依靠市场经济手段实现经济的高质量发展已不再现实,更不能任由资本野蛮生长催生各种经济乱象。这需要我们运用长期在经济工作中积累的经验和规律性认识,认清环境,理顺市场和政府关系,和谐互动,彰显中国特色社会主义经济体制的优势,使中国经济展现出强大韧性。

(二)省级规划体系的构建

党的十九届五中全会提出,要健全以国家发展规划为战略导向,以财政、货币政策为主要手段,各种政策紧密配合、分工合理、高效协同的宏观经济治理体系。全面建立健全社会主义市场经济体制,必须把发展规划这一重要工具利用好。建立省级规划体系,使之在经济调控中发挥引领作用,把握好"一个核心、双向衔接、上下协同、科学转变"。

围绕核心构建框架体系。省级五年发展规划在省级规划体系中是核心,围绕该核心,结合实际,建立规划体系,在发展规划下设置一系列专项规划和区域规划。把五年规划的发展战略、重大任务和主要举措进行细化、落地、实施,形成闭环,造就省级调控的指挥系统和传导系统。

实现向上和横向的有效衔接。国家五年发展规划是总纲,省级规划必须在大政方针上与国家规划步调一致,不"出格"、不"出位",形成"全国一盘棋"。与国家相关部门的专项规划做好衔接,把行业发展战略通过省级发展规划在微观层面落地,让调控措施具体化。此外,随着国家区域协调发展战略不断深入,省级规划体系在功能定位、战略布局上,需要置身于国家既定的区域发展战略和政策中,主动对接相关区域规划,找准自身方位,为差异化、共赢化、一体化发展谋划科学的调控措施。

引导下级规划互动协同。省(区、市)及其以下政府也需要与省级规划保持一致。从调控的层级来看,省(区、市)以下政府的规划是调控的末梢,其举措更加具体化,基本是由具体措施和项目管理构成的。省省(区、市)和其以下政府的两级规划,相对于国家与省级规划,其除了要衔接,重点是要转换,即把国家和省级调控转换为具体的实施路径和可操作的政策手段。然而,省(区、市)以下政府的规划往往把经济发展指标放在重要位置,这导致落地基层的规划在发挥调控作用时,让各项调控措施落地的效果大打折扣。因此,省级发展规划与省(区、市)以下政府的规划的良性互动和协同十分必要,其既要避免调控停留在中间层级,又要能推动省以下区域的良性发展。

推动规划科学转变。党的十九届四中全会和五中全会,对国家发展规划作为战略导向的基调未变,突出宏观调控制度体系向宏观经济治理体系转变。"宏观经济治理"意味着在国家治理体系中,宏观经济管理开始迈向制度化、法治化、规范化和多元化,宏观经济政策框架逐步成熟完善。因此,在构建省级发展规划体系过程中,需要注意三个方面的转变:一是重视调查研究,要解剖经济社会发展不可控的问题,需要用科学的方式去研究论证,如人口问题、产业结构等,为制定规划提供科学依据。二是重视公众参与,从规划制定到公布,始终坚持以人民为中心,让广大群众知晓并参与到规划编制过程中,充分汲取群众的智慧,为各类调控措施的顺利实施打好基础。三是重视规划的严肃性和刚性约束,逐步完善相关法规,让规划成为制定国土空间规划、专项规划、各片区发展规划以及相关政策、安排重大项目的重要依据。

二、目标体系

(一)省级目标调控特征

经济增长、充分就业、价格稳定和国际收支平衡是宏观经济调控的主要目标,常见指标为国内生产总值、失业率、消费者价格指数和国际收支状况。改革开放以来,随着社会主义市场经济体制的逐步完善,国家宏观调控能力提升,目标体系不断调整、优化,结合国情更加突出社会主义市场经济特色。

我国宏观调控目标体系的演变,体现了知行合一、继承创新的过程。从"十一五"开始,国家重视环境质量提升和可持续发展,把资源环境一系列指标纳入目标体系,反映了中国政府绿色引领发展的政治意愿。"十三五"时期,创新、协调、绿色、开放、共享五大发展理念被作为管全局、管根本、管方向、管长远的核心理念,目标体系也依据新发展理念,首次将"创新驱动"作为重要目标,特别是互联网的兴起,国家更加重视创新的引领作用。迈入"十四五"时期,面对百年未有之大变局,复杂的国际环境,新冠疫情蔓延,世界经济低迷,经济全球化遭遇逆流,不稳定性、不确定性明显增加。在此背景下,国家调控的目标增加了"安全保障",把粮食和能源安全列入调控重点,并把粮食综合生产能力、能源综合生产能力列为约束性指标,这是对世界进入动荡变革期和全球能源供需格局深刻变革的具体回应和超前准备。纵观我国各阶段的宏观调控目标体系,基于"四要素"分析不断创新、与时俱进,在遵循市场发展规律的同时更加适应国情需要。

省级政府调控"承上启下"的特征,决定了其在目标体系下,与中央政府保持基本一致的前提下,又具有本地区的特点。"十四五"期间,国家调控目标集中在经济发展、创新驱动、民生福祉、绿色生态、安全保障五个方面,共20个指标。对比东部、中部、西部、东北四个地区的目标体系,绝大多数省(区、市)采用了和国家一样的五大类目标。个别省份,如江苏则是按照"经济强、百姓富、环境美、社会文明程度高、安全保障"设置目标;江苏作为东部沿海发达地区,改革开放以来在经济社会发展方面保持领先地位,综合实力强,中央对其期望和要求高,该省也提出实现人的全面发展和全省人民共同富裕走在全国前列的目标,其在目标体系的设置上必然和我国中西部、东北地区有较大差别。湖南在经济发展目标中增加了"制造业增加值占地区生产总值比重、产业投资占固定资产投资比重、最终消费支出对地区生产总值贡献率、对外贸易依存度、地方一般公共预算收入占地区生产总值比重"五项指标,这体现了湖南在未来五年打造国家重要先进制造业高地、打造具有核心竞争力的科技创新高地和内陆改革开放高地的决心和方向。部分省(市)"十四五"规划指标体系情况见表3-2。

表3-2　部分省(市)"十四五"规划指标体系情况

地区	省(市)	与国家"十四五"规划目标体系的差异	
		指标类别	具体指标
东部地区	北京市	指标类别分为"创新发展、协调发展、绿色发展、开放发展、共享发展、减量提质、安全稳定"七大类。	主要增加了"城市副中心和平原新城增加值占地区生产总值比重""城乡融合发展指数"等城乡协调发展以及"实际利用外资规模""服务贸易年均增速"等开放发展的指标。
	上海市	未进行指标分类	主要增加了"金融市场交易总额""在沪跨国公司地区总部数量"等指标,体现上海国际金融中心定位。
	江苏省	分为"经济强、百姓富、环境美、社会文明程度高、安全保障"五个类别。	增加"法治建设满意度""社会文明程度测评指数""公众安全感"等指标,江苏省综合实力强,开始注重精神文明建设和人民生活幸福感提升。
	广东省	与国家"十四五"规划指标体系一致。	

续表

地区	省(市)	与国家"十四五"规划目标体系的差异	
		指标类别	具体指标
中部地区	河南省	与国家"十四五"规划指标类别一致。	增加"社会消费品零售总额增长"指标。
	湖北省	与国家"十四五"规划指标体系一致。	
	湖南省	与国家"十四五"规划指标类别一致。	增加了"制造业增加值占地区生产总值比重""产业投资占固定资产投资比重""最终消费支出对地区生产总值贡献率""对外贸易依存度""地方一般公共预算收入占地区生产总值比重"等指标。
	江西省	按照"综合质效、创新驱动、协调发展、改革开放、绿色生态、民生福祉"六个类别分类。	主要增加了"规模以上工业增加值增长""固定资产投资增长""社会消费品零售总额""三产比例""城乡居民人均可支配收入比""进出口总额""实际利用外资"等指标,体现江西更加注重产业协调发展、开放发展和城乡融合发展。
西部地区	重庆市	包括"推动高质量发展、创造高品质生活、内陆开放高地建设、山清水秀美丽之地建设、安全发展"五个类型。	主要增加了"科技进步贡献率""一区与两群人均地区生产总值比值""进出口总额""实际利用外资"等指标,突出重庆市"两点"定位,"两地""两高"目标。
	四川省	与国家"十四五"规划指标类别一致。	增加"研发经费投入强度"指标。
	陕西省	分为"经济增长、创新驱动、质量效益、改革开放、生态环境、民生福祉、安全稳定"七个类别。	增加"规模以上工业增加值增速""规模以上工业企业中有研发活动企业占比""规模以上工业战略性新兴产业总产值占工业总产值比重""货物和服务贸易总额增速""营商环境便利度"等指标,更加注重以制造业为引领的现代产业体系构建以及开放发展。

地区	省(市)	与国家"十四五"规划目标体系的差异	
		指标类别	具体指标
东北地区	云南省	与国家"十四五"规划指标类别一致。	增加"工业增加值占地区生产总值比重""农产品加工产值与农业总产值比重""进出口贸易总额""中等收入群体比重""电力装机"等指标,主要聚焦云南发展不平衡不充分的问题。
	黑龙江省	与国家"十四五"规划指标类别一致。	增加"工业增加值占GDP的比重""非公有制经济增加值占GDP的比重""县域经济增加值占GDP比重""土壤有机质含量增加"等指标,更加聚焦产业发展和非公有制经济发展。
	吉林省	与国家"十四五"规划指标类别一致。	增加"典型黑土地保护面积"指标,突出吉林农业特色。
	辽宁省	与国家"十四五"规划指标类别一致。	主要增加了"营商便利度""制造业增加值率""高端装备制造业营业收入占装备制造业营业收入比重""装备制造业重点产业链本地配套率""规模以上高技术服务业营业收入增长""招商引资实到资金""万名就业人员中研发人员数""规模以上工业企业中有研发活动企业占比""规模以上工业企业连接工业互联网率""战略性新兴产业增加值占地区生产总值比重"等指标,体现了辽宁作为老工业基地,更加注重产业提质升级、创新能力提升。

(二)省级目标体系的主要结合点

省级调控目标以国家调控目标为主要遵循,着眼于省级发展的需要,在国家目标体系框架下,地方注重三个方面的结合。

一是局部与全局结合。任何国家及其所属的地区总有全局与局部之分,我国各省(区、市)的利益也存在,这不能否认。各省(区、市)在制定规划和确定发展目标的过程中,既要对国家总体目标进行适应,又要在具体指标面临冲突时进行优化和调整。"十二五"时期在确定经济目标的过程中,由于"十一五"时期的GDP持续高增长,大多数省份又掀起了一波地区生产总值的升级大战,除了个别省份与中央保持一致,其他省份仍在追求10%以上的高增长,甚至提出翻一番的目标;然而国家提出的7%的增长目标,在其后的发展过程中被证明是正确的。显然,省级调控目标在大形势下,应该服从并充分考虑中央的总体安排,局部的调整重点应该放在优化结构和质量指标上。

二是短期与长期目标结合。省级政府的短期目标通过每年的《政府工作报告》以及年度国民经济和社会发展计划执行情况和第二年的计划草案来体现。短期目标往往贴近微观,容易被明确也容易实现,但常常会与长期目标脱节。实际上,长期目标要引领短期目标,而短期目标也要服务于长期目标。我们要避免两者分离或者不匹配,否则省级政府的调控就难以实现长远战略意图,从而掣肘地方科学发展。因此,省级调控目标体系要以长期目标为导向和依据,将核心目标和约束性指标科学分解到各年度,力求短期目标与长期目标保持一致性和连续性。

三是阶段特征与问题导向结合。我国幅员辽阔,国情复杂,地区间的经济社会发展不平衡不协调问题突出,其中,东部与中西部地区、南部与北部地区的发展差距较大。由于各地区所处的发展阶段不同,其省级政府调控的方向和目标也存在很大差异,如上海、江苏、浙江等东部地区,是高质量发展的引领者,经济增长目标更加重视质量和效益,经济增长均保持在5%左右;而湖北、湖南、四川和重庆等中西部省(市),是高质量发展的追赶者,经济目标仍然重视速度和效率,经济增长率均保持在6%左右。面对不同的发展阶段以及经济发展特征,各省(区、市)结合自身实际,以问题导向制定调控目标。然而,我国中西部地区的省份由于发展心切,往往热衷于与东部经济发达地区的省份进行速度和规模上的比较,忽略自身底子薄、条件差、基础弱的实际。因此,省级调控目标体系的建立,还应该要对标中央的基本要求,找到亟需补齐的短板、可以锻造的长板、重点突破的瓶颈,科学制定调控目标。

三、运行体系

(一)运行主体

政府机构是实施宏观调控的主体。为了适应社会主义市场经济的发展,20世纪90年代,国家开始推动政府机构改革,1993年、1998年,其对计划经济体制下形成的政府机构设置进行全面改革,精简机构、明晰职能,建设"适应市场经济要求"的政府;随着市场经济蓬勃发展,自主社会也孕育成长,其对政府公共服务和社会保障的能力提出了新要求。为确保社会主义市场经济健康发展,2003年、2008年我国进行深化改革,逐步构建"服务现代经济与社会"的政府。新时代,我国处在从管理向治理转变的跃迁阶段,机构改革思路从"行政体制层面"向"国家治理层面"拓展,2013年、2018年的改革,逐步建设了"党政协调"的现代化政府。三个阶段的重大机构改革,参与实施宏观调控的机构逐步形成,职能不断完善,以国家发展和改革委员会、财政部和中国人民银行为核心主导,商务部、工信部、农业农村部等是主要参与部门。在多部门的共同参与下,宏观调控体系实现了从计划经济条件下的行政管理体系向社会主义市场经济条件下的政府治理体系的重大转变。

(二)运行机制

中央财经委员会作为党和国家最高层面的经济战略决策议事机构,其职能主要体现在参与制定国民经济与社会发展五年规划纲要、年度经济计划制订、经济形势调研和分析与宏观政策研究上等,重点解决我国经济领域的全局性、战略性问题。中央财经委员会与国家各部委的关系表现为一种政治结构中的分工关系,中央财经委员会办公室侧重把控国家的宏观方向性政策,而国家发展和改革委员会、中国人民银行、财政部等主要部门则是把宏观政策转化成具体可执行的做法。党的十九大后,加强党对经济工作的集中统一领导,表明党已形成一整套成熟的领导经济社会发展的体制机制,为建立高效的宏观调控协调机制提供了根本的制度保障。

在国家层面,为了加强金融监管协调、补齐监管短板,2017年国务院设立金融稳定发展委员会,国家宏观调控逐步形成"2+3+N"机制,"2"即中央财经委员会和国务院金融稳定发展委员会,负责经济发展重大决策议题,统筹协调货币金融政策重大事项,协调各部委参与、配合;"3"即国家发展和改革委员会、财政部、中国人民银行,发挥核心骨干作用,把中央决策进行任务分解,并提出建议;"N"即其他与经济发展密切联系的部委,重在提出建议和制定相关调控措施、办法。

我国机构改革是"自上而下"的,省级调控运行体系和国家保持一致。但由于省一级政府的间接调控手段不多,特别是利率、汇率、税率、价格等基本上是由中央决定的,因此省级调控运行体系更多围绕"直接调控"和"准间接调控"构建,采取的是"1+2+N"的运行机制,"1"即省(区、市)委财经委员会,确保中央在经济方面的重大决策在地方得到贯彻;"2"即省(区、市)发展和改革委员会、财政局(厅)两个部门,相较于国家,这两个部门在地方的宏观调控作用更加重要,其需要把省(区、市)以下的政府在执行各类调控措施时面临的所有障碍、问题加以汇总并进行研究,补齐省级政府调控的的短板,并为国家宏观调控提供反馈,应该说地方发展和改革委员会、财政系统在衔接国家和省(区、市)两级的调控措施中发挥着关键作用;"N"即其他与经济发展密切相关的省级部门,如金融、商务、工业、农业农村、城乡建设等,其在自己所负责的领域提出具体管控措施和办法。

四、政策体系

(一)省级政府的政策调控特点

在宏观调控的实践中,省级政府一度以货币财政总需求政策为主导,但在经济形势日趋复杂,发展环境深刻变化,技术手段日新月异的背景下,在财政货币政策之外,其需要考虑更多影响经济发展的因素,以平衡多种目标需求。在中观层面,省级政府的调控及其指导微观企业时,在调控政策的确定和工具的选择上,比国家宏观调控要范围要小很多,也存在较大差别。如国家可以采用积极财政政策,从提高赤字率、发行特别国债、增加专项债规模等方面发力;也可以采用灵活的货币政策,提升降息降准空间。省级政府缺乏调控手段,调控能力有限,其仅在地方财政预算和发行债券上有一定的主动权。尽管如此,其在精准对接国家宏观调控目标,充分尊重经济运行机制的体系性,厘清"生产、流通、分配、消费、所有制"的相互关系,加强重大问题研究,依然可以有所作为。省级调控政策体系主要涉及多个方面:产业、投资、消费、财税、金融、开放、绿色发展、区域合作、改革创新,其中产业政策、投资政策、消费政策发挥着引导作用。

(二)主要政策调控重点

产业政策。产业是支撑经济发展的核心和基础。改革开放以来,中央逐步放权,赋予省级政府较大自主权。以此为基础,省级政府根据国家总体布局,结合本地区区位条件、资源禀赋等优势,制定一系列促进本地区产业生产、投资、研发和销售的各项政策。这些政策的实施,尤其是在政府补助、金融土地支持等激励政策的鼓励下,省级产业不断强大,形成产业链、产业集聚区,这为构建现代产业体系奠定了坚实基础。从省级产业政策的演进来看,产业政策是省级政府调控最有效的手段。随着经济结构从"要素驱动型"转向"创新驱动型",产业结构不断优化,因地制宜、科学制定产业政策对省级政府推动本地区经济高质量发展影响深远。

投资政策。投资在经济运行中具有先导作用,其以乘数效应带动和拉动经济增长。长期以来,各省份经济增长的主要动力来自于大量投入的资本,而投资性资本推动下的经济增长属于"粗放式"经济增长,容易导致需求不足、产能过剩、资源消耗过度等。进入新发展阶段,我国大部分省份尤其是中西部省份,处于工业化、城镇化中期或后期阶段,通过规模性投资拉动经济发展是不可持续的,其需要按照高质量发展的要求,在投资结构质量上转变思路,完善投资政策体系,营造良好投资环境,积极扩大有效投资,保持合理的投资强度,使投资成为转变本地区级经济发展动力的基础。

消费政策。在百年未有之大变局和复杂的国际环境下,消费逐渐成为我国经济的重点。全面促进消费,不断释放的14亿人的消费潜力,不仅能为加快构建新发展格局提供重要条件,也会为实现经济恢复和持续增长提供重要基础。省级政府的调控要重视消费的基础和牵引作用,把握消费结构升级趋势,围绕促进生活服务消费恢复、稳定增加大宗消费、持续扩大城市消费、发展社区消费和县乡消费等重点领域,制定和完善相关政策措施。当前,特别重要的是,努力挖掘消费潜力、提升民众消费能力、构建更多更新的民众乐于接受的消费场景,注重线下升级等。发放消费券是直接促进居民消费的方法,但不宜向全民普发,而是可以发放给低收入群体,在促进居民消费的过程中也减小收入差距。消费的规模效应和集聚效应不仅能拉动经济增长,更重要的是能促进产业结构升级。

财税政策。在探索中国特色社会主义市场经济的实践中,财政改革始终处于前沿,省级政府在国家财税政策分权改革中,努力争取实现财政集权与分权的均衡,其通过中央政府对财政权的让渡,获得更大的政策空间,进而在省级预算内通过积极投资、减免税收等一系列优惠政策鼓励和推动本地区经济转型。随着税制改革进一步深化,要建立和完善现代财政制度,充分发挥财税政策的动态调整作用,协调政府与市场、政府与社会、中央与地方、省与省以下地区的关系,发挥财税政策在省级调控中的基础性、制度性、保障性支撑作用。

金融政策。金融政策是宏观调控的重要手段,但是重要的政策工具如利率、汇率等,主要是在国家层面应用的。地方政府通过加强中长期预算规划,加强财政与金融、产业等行业部门的政策协同,依然可以实现利用金融工具对经济发展进行有效调控。与政府财政运作机制相比,金融运作更加市场化。如果地方政府做好政策研究和储备,其就可以优化财政支出结构和效率,通过实施引导金融机构行为、直接参与金融市场活动等举措,运用各种金融工具实现省级调控目标,以政府资金撬动金融资本和社会资本参与到重大项目和重点领域的投资,促进经济增长。

开放政策。开放是促进改革和发展的有效途径,经济开放程度与对外依存度呈正相关,开放的过程中也会面临许多新挑战。例如,外来经济与本地经济的结合问题、重大产业链条的安全问题、外资在特殊环境下突然撤离的问题等,都可能形成开放型经济的新问题、新矛盾。正因如此,调控工具在各方面都要求较高。地方有各种开放平台,特别是我国东部沿海地区,经济增长与开放的广度和深度密切相关;而中西部地区,则更需要走出去、引进来,以高水平的开放带动高质量的发展。因此,省级政府的调控应重视开放的手段,做好开放政策工具的研究和使用。

绿色发展政策。"十一五"时期,国家开始重视资源环境保护,对一系列生态环境指标进行约束性控制。各省(区、市)紧随国家,并将生态环境指标细化落地,尤其是长江、黄河流域的沿线省份,逐步将以破坏环境、消耗资源为代价的高增长的粗放型经济,转变为经济的可持续发展。省级政府的调控在这个方面起到了很大作用。从当前的情况看,其更需要统筹经济发展和环境保护之间的关系,尤其是在国家碳达峰碳中和战略导向下,既充满挑战又充满机遇,因此,完善省级绿色发展政策体系,有助于加快绿色低碳循环发展,加速新旧动能转换。

区域合作政策。由于区域间的资源禀赋、地理位置、产业基础等差异,经济发展不平衡是必然的。改革开放"让一部分人先富起来",实际上是采取了不平衡不均衡的发展战略。"十三五"时期以来,国家开始重视调整区域间的这种不平衡,特别是调整我国东部与西部地区的巨大差距,从"西部大开发"到"新一轮西部大开发",彰显国家宏观调控在解决区域发展不平衡矛盾中取得的重大功效。同样,各省(区、市)内部的区域发展不平衡矛盾同样存在,如江苏的苏南和苏北,湖南的"长株潭"、洞庭湖和湘南、湘西,重庆的主城区和渝东北、渝东南等。各省(区、市)在推动区域协调发展中,实施的很多好的政策和区域发展经验都是基层率先"干"出来的,因此,省级政府可以充分发挥主动权和主观能动性,总结基层经验制定区域发展政策,处理好不平衡、不充分发展问题。

改革创新政策。改革创新是经济行稳致远的强大动力。我国经济保持稳定发展,其韧性是不断深化改革和持续创新所赋予的。中国经济发展到今天,转型升级中的深层次矛盾、困难、问题也在集中暴露,曾经的发展动力或衰竭,或遇瓶颈,这表明改革已进入深水区,创新已进入突破期。党的十八届三中全会指出,改革为我国社会主义现代化建设提供了强大动力和有力保障,党的十九大报告也提出全面深化改革的总目标是完善和发展中国特色社会主义制度、推进国家治理体系和治理能力现代化的关键。改革和创新始终是决定高质量发展的关键手段。各省(区、市)只有全面贯彻落实中央精神,实施重点改革任务和重大改革专项,继续把创新作为主要驱动力,牢牢抓住经济体制改革这个"牛鼻子",完善宏观调控的方式方法,才能不断激发市场活力。

五、项目体系

重大项目是落实战略的重要载体。重大项目是落实国家和省级战略的重要载体,是稳增长、促改革、调结构、惠民生、防风险的重要工具,是全面落实上级各项工作部署的重要抓手。重大项目中的铁路、高速公路、电力通信、能源水利、数据工程等基础设施项目和战略性新兴产业、现代服务业等重大产业项目是国民经济发展的重要引擎,谋划并实施好重大项目,充分发挥重大项目的示范带动作用,对实现经济社会高质量发展具有关键性支撑作用。

重大项目是区域经济发展的助推器。重大项目的实施对稳投资、促增长具有关键作用,对推动规划落地、促进区域经济发展具有支撑带动作用,重大项目能形成新的经济增长点。项目投资的实现即资本的形成,将通过投资乘数效应使地区生产总值成倍增加,从这点来看,重大项目投资是区域经济增长的强大助推器,也是撬动未来经济发展的重要支点。

重大项目是改善产业结构的发动机。当前的投资结构决定着未来的产业结构,重大项目的构成奠定了区域投资结构的框架,其对优化区域经济结构和产业结构具有重要的引导和推动作用。重大项目投资具有周期长、规模大、影响大等特点,是实现社会资本积累的主要途径,也是扩大社会再生产的重要手段,有助于扩大区域资本积累规模,提高区域经济持续发展能力。良好的项目投资能够更好地调整产业结构,形成科学合理的产业体系,实现补长补齐产业链,培育有竞争综合能力的产业集群。

重大项目是创造高品质生活的重要保障。重大项目是引领带动经济社会发展的"牛鼻子",是政府调控经济社会发展的重要抓手,对完善基础和公共服务设施、优化经济结构、保障和改善民生,进而推动高质量发展、创造高品质生活具有重要支撑保障作用。

重大项目对调控经济增长、实现充分就业、保证社会总供求平衡有着直接的作用。各省份是落地国家重大项目和本省(区、市)重大项目的关键,其对省级调控目标的实现具有重大作用。在实现调控层面上,其一方面是做好项目策划、编制项目规划、建立重大项目库、滚动实施计划,保持与国家各部委、省级各部门的项目对接,使重大项目在经济调控中起到积极作用。另一方面,其要把握好重点,现代制造业与服务业融合、数字经济与实体经济融合、区域经济一体化、现代高效特色农业、科技创新人工智能应用、新业态新服务集聚等都是实施调控的重点和关键。

六、监测体系

国内外形势的变化,使得政府宏观调控和对经济管理的职责相应转变,更加重视对宏观经济运行状况的监测、分析、预测和评估,正确估计经济运行形势,对目标与政策的吻合或背离程度进行修正完善,对未来一段时间的宏观经济运行情况进行预测。可以说,监测体系的应用,能够较为快速的反映宏观调控的效果,反映宏观调控手段的有效性,是科学决策的重要支撑。省级调控的监测体系与运行体系是对应的,其经济运行监测分析主要由发展和改革委员会、财政部门同其他部门共

同开展。统计部门负责收集和分析统计数据,为政府提供经济决策的
基础素材。从实际监测看,各省份的机制不尽相同,如经济运行调度通
报考核机制、经济运行数据报送共享机制、综合经济运行专家分析机制
等。不同的机制导致领导重视程度、信息收集、考核激励、反馈评价等
方面存在较大差异,也直接影响省级政府调控对经济运行的判断和
响应。

第二节　省(区、市)际经济调控的差异
——影响调控体系方式的变化

我国幅员辽阔,省(区、市)际之间的发展存在差异,其不可能按同
一种模式发展,其中,经济发展水平、资源禀赋和发展潜力是影响省
(区、市)际经济调控差异的重要因素。

一、省(区、市)际经济调控的历史演变

我国宏观经济调控体系的演变同中央与地方政府经济权限的大小
变化紧密相关,其是随着经济管理体制中"条块"力量的相互消长和调
整而不断变化的。解放初期,全国建有六个行政大区,经济活动按行政
大区领导和调控。1952年底,中央加强统一领导,精简了层次,将大区
政府改为行政委员会,作为中央政府的代表机构。1954年,中央又撤销
大区行政委员会,增设了经济管理部门,加强了中央对经济的集中领
导,形成以部门管理为主的体制。1956年全面取消地方对经济调控的
权力,中央集权经济管理体制形成。中央政府权力的高度集中,其与地
方的矛盾也开始出现,1958年中央开始下放计划、投资、税收、劳动、工
资等管理权限。1961年中央发出《关于调整管理体制的若干暂行规定》
后,经济管理权又集中到中央。1964年国民经济得到良好恢复,中央将
非工业部门的基建投资计划交由省级地方安排,计划管理权也被适当
下放。1967—1977年,经济发展困难,各种经济关系也在发生较大变

化,1970年经济出现回升后,中央积极向地方放权,"打倒条条专政"成为权力变化的方向,包括骨干企业在内的一些中央企事业单位,都被下放到地方,有的还下放到市、县一级的地方政府。1977年,为了恢复国民经济,中央在收回一大批工业企业的同时,还收回了部分财政、税收、物资等方面的权力。1978年,中央决定进行经济体制改革,对地方政府和企业进行扩权让利,实施了包括下放权力在内的综合体制改革。

二、不同发展阶段对省级政府经济调控的影响

经济发展水平决定政府的经济调控目的和手段。改革开放前,我国实行计划经济体制,中央高度集权,地方负责贯彻落实中央提出的计划,省(区、市)际之间的经济调控差异小。改革开放,中央下放经济权限,省级政府的经济调控自主性增强,尤其是实施了沿海—沿江—内陆—沿边的开放型发展模式后,推动了行政体制改革和省级地方分权,各地相继出台各种相关政策对经济进行调控,因各地经济基础和经济发展水平不同,其省(区、市)际经济调控的差异出现。整体看,我国东部沿海地区经济发展条件优于中西部地区,然后逐渐出现沿海地区与中西部地区经济调控的差异。

(一)同一时段省(区、市)际经济调控的差异

在重大事件的影响下,各省(区、市)因发展水平不同,其调控的目标和方向也有差异。如2008年金融危机发生后,全球经济疲软,我国经济增速也快速回落,为了应对这种局面,各国均出台了刺激经济增长的措施,2008年11月中央出台了进一步扩大内需促进经济平稳较快增长的十项措施,随后中央政府不断完善应对国际金融危机的政策措施,最终形成了应对国际金融危机的一揽子计划。在中央政府出台一系列应对国际金融危机的计划下,全国各地也出台相应举措保障经济稳步发展,比较典型的是广东的"腾笼换鸟"和中西部地区的稳增长战略。

1.广东的"腾笼换鸟"

改革开放以来,珠三角地区的发展道路成为一条特定的路径,其通

过廉价劳动力、优越的政策和低物流成本吸引外资,以"三来一补"的方式发展制造业。全球金融危机发生时,广东正面临资源要素价格上涨、劳动力成本增加、科技创新乏力等问题,作为经济大省和进出口大省,其出口竞争力明显下降,经济有降速的风险。然而,在自身经济增速下滑和全球金融危机双重压力下,广东出台了《中共广东省委、广东省人民政府关于推进产业转移和劳动力转移的决定》,提出推进"产业转移和劳动力转移"双转移战略("腾笼换鸟"),具体是指:珠三角劳动密集型产业向东西两翼、粤北山区转移;而东西两翼、粤北山区的劳动力,一方面向当地第二、第三产业转移,另一方面其中的一些较高素质劳动力,向发达的珠三角地区转移。广东"腾笼换鸟"的重点任务是加快建设现代产业体系,建设世界先进制造业基地和现代服务业基地。广东省着力调整结构、升级产业、优化劳动力素质、提高人均地区生产总值。同时,珠三角地区的各市"依照国家产业政策,实行行业准入差别对待政策,提高产业的用地、能耗、水耗和污染物排放标准,提高劳动密集型产业准入门槛,积极转移部分低附加值劳动密集型产业";另一方面,其加快产业转移园区建设,使转移的产业能够在东西两翼和北部山区的产业转移园中安居落户。将工作"纳入经济社会发展规划和年度计划,作为政绩考核的重要内容,实行领导负责制,逐级落实目标管理"[①]。

　　"双转移"战略提出的当年其就遭遇了全球金融危机的冲击,珠三角地区不少外向型劳动密集型企业应声而倒。2009年第一季度,广东实现进出口贸易总值同比下降23%,金融危机的冲击影响极大,企业"倒闭潮"和民工"返乡潮"同时出现。然而政府没有救"落后生产力",而是强力推动"双转移"工作,使经济明显好转。与此同时,一批低附加值的劳动密集型企业和"双高"企业悄然离开珠三角地区。广东"腾笼"5年,近7万家弱小企业被淘汰出局,同期重大项目开工总量和规模创历史最高纪录。高新技术产业取得突破性进展,创新驱动发展战略的全新实践,使广东从2008年起,区域创新能力连续6年居全国第二,创新

---

① 李跃群. 广东"腾笼换鸟":34个转移园区超半项目未落地[N]. 东方早报,2011-1-20(A30).

环境、创新绩效指标稳居全国第一,企业创新能力名列第二,广东已率先基本进入创新型地区行列。

广东转型升级并没有导致经济增速严重下滑,这说明广东是在用一个比较快的速度来实现产业转型升级。珠三角地区作为中国改革开放最早的试验田,也是我国地区经济增长的一个榜样。其形成以下发展逻辑:以劳动密集型产业促进经济高速增长,积累了资金、技术和人才,然后抓住机会发展先进制造、现代服务业等高附加值产业,摆脱经济发展对传统产业的依赖。广东"腾笼换鸟"的政策,为经济发达地区产业转型升级提供了经验借鉴。

2.中西部省份:稳增长

2008年,中西部各省份在贯彻落实中央政策的基础上,围绕保持工业经济稳定增长、扩大内需、增加投资,各省(区、市)出台了相关举措,促进经济稳步增长。如贵州省出台《贵州省科技支撑计划》,围绕"扩内需、保增长"加快实施重大科技项目,同时开展科技力量进企业的相关活动,加强军工技术推广,支持科技型中小企业加快推进科技创新,认真落实企业技术创新优惠政策,让科技有效支撑非公经济加快发展。四川工业生产力连续下降,这促使了四川酝酿已久的《关于促进工业经济平稳较快发展的若干意见》的出台,其提出了16条具体措施,分别从财政、税费减免、电价优惠等多方面帮助四川工业实现平稳较快增长。陕西出台了《关于进一步做好工业保增长工作的实施意见》(以下简称《意见》),该《意见》按照"保增长、抓优势、调结构、上水平"的总体思路,提出具体实施意见:建立月度分析报告制度,强化工业经济运行监测分析,切实做好生产要素保障,新增流动资金贷款,增加物资储备,推进产业集群加快发展等;《意见》的出台加上强有力的督促等实际举措,实现了当年工业产值增长18%的目标。

同样面对金融危机,我国东西部地区的调控政策不一。中西部经济总量小、经济发展水平低,开放水平也低,外向型经济程度不明显,受海外市场影响小,在金融危机冲击下,保增长压力大,其主要依靠投资驱动以及扩大内需解决燃眉之急,经济平稳回升后再思考重点产业转型升级、创新驱动发展,其对落后产业和落后产能持保留态度。广东经济总量大、开放水平高、外向型经济明显,受海外市场影响大,同时经济发展受资源要素约束、劳动力成本上升等因素制约,到了产业转型升级迫在眉睫时期,亟需推动传统产业转移,因此其调控方向聚焦于推动产业转型升级,淘汰落后产业和落后产能,投资方向聚焦于高新技术产业。

(二)不同发展阶段省级政府调控的差异

区域经济发展有着自身运行的规律,按照正常发展态势,经济规模会由弱到强,经济水平会由低到高,不同的发展阶段会有不同的经济特征以及不同的发展任务。同一省份在不同时期,因经济发展状况、发展阶段、发展水平以及面临的外部形势不同,其省级经济调控的目标和方向略有差异。例如,2018年前后,山东经济的发展策略就有明显差异。

新旧动能转换提出前的山东以传统发展方式为主,主要依靠旧动能推动经济增长。作为我国资源大省,山东长期以来依托自身资源优势、沿海优势、劳动力成本优势,推进经济发展并取得了重要成就,其经济总量长期稳居全国前三。然而因长期依靠传统发展方式,高质量发展方式尚未建立,轻视对资源能源的节约利用,创新驱动发展动能不足,使得山东经济发展后劲不足。在山东的经济结构中,诸如炼油、轻工、纺织服装、机械、化工、冶金、建材、医药等传统产业占了大半,虽然这些传统产业成就了山东早年的辉煌,让山东曾经在全国占据领头羊的地位,但是这些产业越来越暴露出低端产能占比大、污染严重、产能过剩等问题。同时,山东也面临创新乏力、新经济新业态培育不足问题。2018年,时任山东省委书记的刘家义通过数据分析揭露了山东所面临的问题:"我们与标兵的差距越来越大"[①]。山东省委作出了山东面临着"由别人追着跑到追着别人跑"的窘境、迫切需要进行"新旧动能转换"的正确判断。

提出新旧动能转换。2017年,李克强总理在全国两会期间参加山

[①]听山东省委书记讲"大实话":遇到新情况不能"向后看"[J].廉政瞭望,2018(3):39.

东代表团审议时,指出山东发展要努力加快动能转换,在国家发展中挑大梁,在新旧动能转换中打头阵。会后,山东明确了经济文化强省建设总体思路和新旧动能转换战略构想。4月,山东召开了新旧动能转换重大工程启动工作会议,提出"要把加快新旧动能转换作为统领全省经济发展的重大工程,组织开展调查研究,进行可行性评估,坚持科学务实编制规划,把统领我省经济发展的重大工程做好"。6月,山东省第十一次党代表大会提出"把加快新旧动能转换作为统领经济发展的重大工程,坚持世界眼光、国际标准、山东优势,积极创建国家新旧动能转换综合试验区"。紧接着山东召开国家新旧动能转换综合试验区建设总体方案专家论证会,新旧动能转换重大工程推介会等系列活动。2018年1月国务院发布《山东新旧动能转换综合试验区建设总体方案》,山东在国家的支持下和自身的努力下全面形成了以新旧动能转换的体系。

新旧动能转换的主要做法。新旧动能转换逐渐成为山东推进高质量发展的"牛鼻子",成为新时代现代化强省建设的"主引擎"。2020年山东开始全面推行"链长制",归纳了全省的9大产业领域、42条产业链,确定了112家链主企业,成立35家产业链共同体,产业链韧性进一步增强。同时加速淘汰落后产能,2018—2020年山东累计治理"散乱污"企业超过11万家,关停化工生产仓储企业1 500多家,为新动能加快成长腾出了更大的空间,新旧动能转换态势加快形成;平均每年推出省级层面重大项目上千个;为加快项目建设进度,各地紧盯项目需求,提供订单式、个性化服务。在企业培育方面,山东持续实施"专精特新"中小企业培育工程,出台培育方案,打造一批在细分领域掌握独门绝技的"单打冠军"和"配套专家"。

新旧动能转换的主要成效。从2018年获批新旧动能转换综合试验区以来,三年的探索实践,山东如期实现"一年全面起势""三年初见成效",全省经济从质量结构、体制机制到发展环境,正发生着系统性改变。三年压减粗钢产量、焦炭产能,整合转移炼油产能,腾出能耗指标1 300万吨、煤耗指标600万吨。每年设立超100亿元的科技创新发展资金,实施关键核心技术攻关;打造一批高能级创新平台;打造一批市场化创新主体。山东获评国家级专精特新"小巨人"的企业数量居全国第三；获评中央财政重点支持的专精特新"小巨人"企业和资金数量均居全国首位。到2021年山东省生产总值超过8.3万亿元、规上工业增加值增长高于全国水平，成为全国唯一一个拥有41个工业大类的省份。

山东作为我国沿海发达省份，经济基础比较好，其转型的成功经验对类似省份有积极的借鉴意义。我们同时可以看到，山东在推进动能转换过程中仍然存在传统产业和重化工业占比较高，"四新"经济比重偏低，企业创新活力不足，高层次人才匮乏，重点改革亟待突破，有效制度供给还不到位，流程还不够优化，要素市场化配置等领域还有体制机制障碍等问题，与习近平总书记对山东"走在前列、全面开创"的要求还有明显差距。但山东从夯实基础、立柱架梁，到全面推进、积厚成势，再到系统集成、协同高效等方面是有积极成效的，山东也正是用新动来开辟和发展新局面的。

三、经济发展周期对省级政府调控的影响

"经济过热"与"经济过冷"是改革开放以来中国经济的两种现象，实质就是经济失衡。经济"过热"一般表现为宏观经济中总需求大于总供给，相反便称为经济"过冷"。不论是经济"过热"还是"过冷"，均会影响经济发展的基本面，经济调控会随之发生变化。

(一)经济过热的调控

当市场供给发展与需求发展速度不成比例时，资本在虚假需求信息引导下不断增加是市场经济过热的根本原因。当资本增长速度超过市场实际所需要的周期量后，一定周期阶段内就出现相应的资源短缺与资源过剩的矛盾。在一定时期，其会表现为经济高速发展与物价指数波动现象。根据经济学的定义，当经济实际增长率超过了潜在增长率就叫经济过热，它的基本特征表现为经济要素总供给超过总需求，由此引发物价指数下行。经济过热时期的政府调控需要收缩货币发行量，减少无效供给，稳定物价，促使经济发展进入供求基本平衡

状态。

(二)经济过冷的调控

经济过冷与过热的表现特征正好相反,通过经济增长率和失业率能够评估经济过冷的程度。当实际经济增长率大大低于其潜在增长率,就业状况恶化、失业率持续上升时,可以断定经济发展进入过冷的萧条状态。经济过冷时期,政府一般采取增加流动性,增加市场货币供给,扩大有效投资和内需的办法。但是,在面临经济下行的背景下,最核心的手段还是新旧动力的转换、挖掘民众的潜在需求、提高居民收入水平,从而使经济恢复到正常状态。

(三)经济周期及其调控

改革开放以来,我国共经历了四轮经济周期,基本上每个周期持续的时间在10年左右,最后一个周期的上升期开始于1999—2000年,在2007年左右达到最高水平,然后开始下滑(图3-1)。

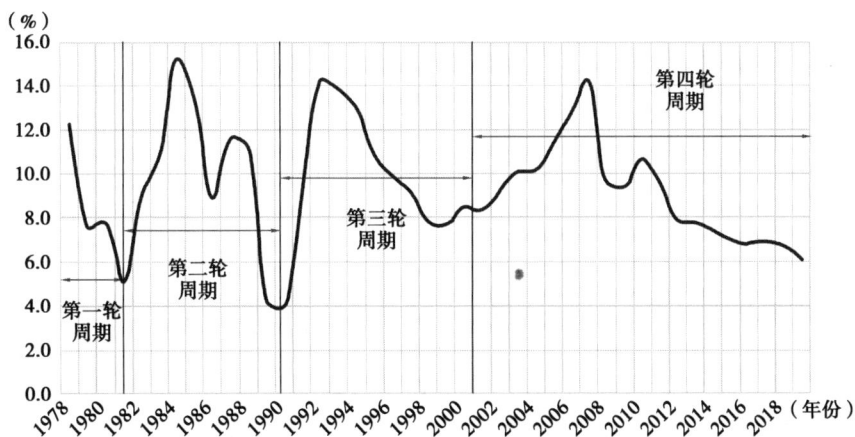

图3-1　1978—2018年中国GDP增速

第一个周期:1978—1981年。改革开放初期,十一届三中全会提出"调整、改革、整顿、提高"措施,经济开始进入调整阶段,之后GDP增速开始放缓,在1981年左右完成了第一个周期(图3-2)。

121

（%）

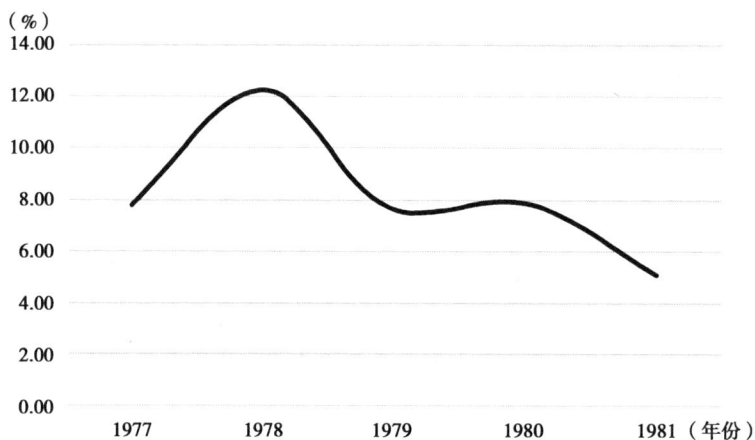

图3-2　第一个经济周期的GDP增速

第二个经济周期：1982—1990年。经济在1981年进入发展低谷期，市场出清导致GDP增速大幅反弹，一路飙升到1984年的15.2%。1984央行发布《信贷资金管理试行办法》，直接使社会信用膨胀，货币发行失控。在此情况下，我国投资规模特别是预算外投资不断膨胀，使得原材料、能源等处于收紧状态。1986年国家实行了"双紧"的调控政策，经济增速回调到低点。之后，由于居民消费习惯的转变，社会消费品零售额急剧增加，到1988年GDP增速达到27.8%，物价快速上涨，国家再次进行调控，1990年再次进入低谷期（图3-3、图3-4）。

（%）

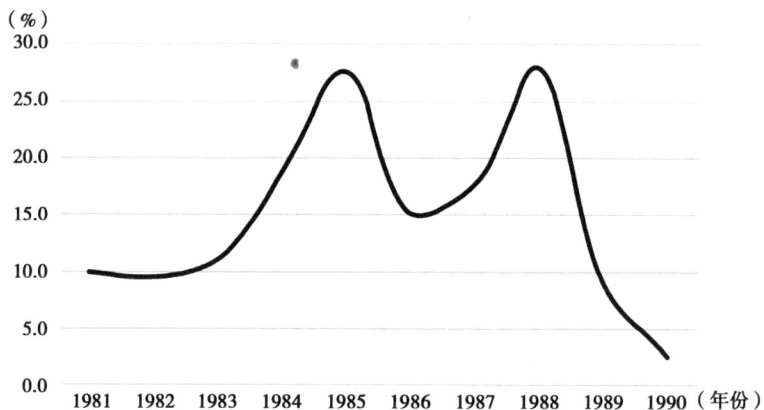

图3-3　第二个经济周期的社会消费品零售额增长率

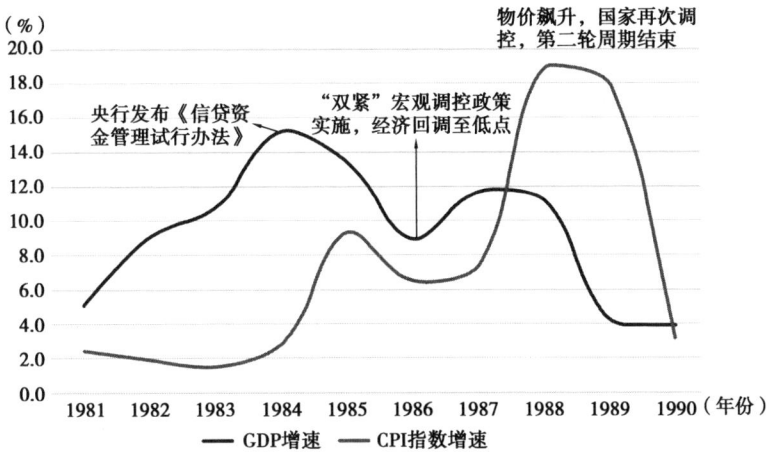

图3-4　第二个经济周期的相关数据

第三个经济周期：1991—2001年。我国经济波动的特点是"过热降温、过冷加热"，在第二个周期末，1990年国家就采取扩大投资刺激经济措施，一年后经济回暖，1992年CPI增速达到14.2%，之后又开始回落，在2001年达到最低点（表3-3）。

表3-3　第三个经济周期的主要事件

序号	时间（年）	事件
1	1992	邓小平同志南方谈话
2	1992—1994	房地产市场火爆
3	1994	改革开放以来最严重的通货膨胀
4	1998—1999	连续两年CPI低于100,首次面对金融危机冲击和通货紧缩

第四个经济周期：2002年至今。2002年又进入新一轮经济增长，GDP增速在2007年达到峰值。2008年由于全球金融危机，GDP增速开始放缓。但由于国家强刺激投资计划，经济周期得以延长，GDP增速小幅回升，之后又进入漫长的产能收缩期，GDP增速再次放缓（图3-5）。

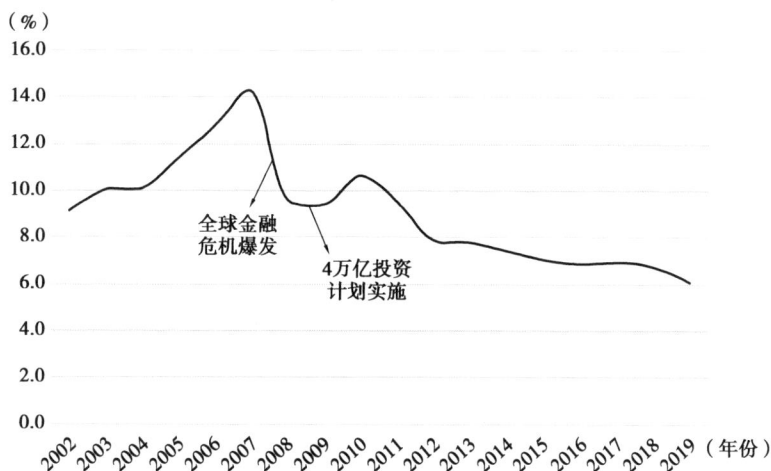

图3-5　第四个经济周期的GDP增速

四、重大事件对省级政府经济调控的影响

重大的正面事件有助于经济发展,但同时有很大可能出现经济过热;而负面事件则不利于经济发展,为防止经济滑坡,政府需要出台相应的调控措施。

(一)正面事件

以北京奥运会、上海世博会的举办为例,政府出台一系列推动基础设施建设、城市建设、民生改善的政策,促进了经济的增长。

1.北京奥运会

2001年北京申奥成功,针对奥运会的配套接待硬软件,当时北京还存在三大问题:交通无法满足奥运会期间大量国内外游客和体育代表团的出行需求;大型赛事场馆要求高、需求数量多,而北京体育场馆还无法达到要求;由于存在环境污染严重的企业,北京空气、水体环境还需要大幅度改进。

要解决这些问题,必须从多方面发力。北京用了6年多的时间主要加强奥运赛事场馆建设,推进城市基础设施建设,完善交通基础设施网络,治理城市环境污染。为了有效解决这三大问题,北京投入2 930亿元人民币,其中新建改扩建场馆、临时性场馆、独立训练馆130亿元等,城市交通投资1 782亿元,能源基础设施投资685亿元,水资源建设投资161亿元,城市环境建设累计投资172亿元。

一系列重大工程项目,构建了完善的奥运会场馆体系,使得城市现代化建设提速;建设机场改善铁路枢纽和轨道交通,大大提高了首都自身和其与周边的通勤能力;通过水厂、河道治理、污水处理厂和垃圾填埋厂、焚烧厂的建设,提升了城市供水能力、污水处理率、垃圾无害化处理率;实施首钢搬迁工程,淘汰落后产能,直接推动建筑业、通信设备、交通运输、体育运动、旅游会展等相关行业的发展,有力促进了金融保险、信息传输、商务服务、文化创意等方面的发展,北京成功举办的奥运会,使得北京的服务业对经济的贡献率超过70%,通过结构优化,北京经济增长模式已实现由投资拉动向需求拉动转变,奥运经济的发展使北京成为国内外投资最具活力的城市之一,进一步增强了发展的内在动力。

2.上海世博会

2002年上海获得2010年世博会的举办权。2002—2010年,上海加快推动场馆设施、城市基础设施等重大项目建设,世博会财政总预算为3 000亿~4 000亿元。举办世博会有力地推动了上海的经济发展;使得基础设施改善和城市建设提升;让京沪高速铁路、浦东机场、城市轨道交通等一批重大项目建成投用。这有力地促进了上海经济的发展,其对上海经济的贡献额超过4 500亿元,其中,世博会举办期间,消费总量为1 500亿元左右,同时世博会带来大量就业机会。后世博会时期的经济效应又把商业地产、旅游行业推上了一个新高度。世博会还推动城市品牌价值大大提升,上海在全球城市体系中的地位大幅提升,进入了世界级城市行列。

(二)负面事件

1.汶川地震

2008年5月,四川汶川发生特大地震,受灾面积约50万平方千米,受灾人口4 600多万,造成的直接经济损失超过8 000亿元。汶川大地震是中华人民共和国成立以来破坏性强、波及范围广、灾害损失重、救灾难度最大的一次强烈地震。

汶川大地震发生后,中央当即把抗震救灾确定为全党全国最重要最紧迫的任务。时任国家总书记胡锦涛同志连续主持政治局常委会议和政治局会议,全面部署抗震救灾工作,并亲赴灾区指导抗震救灾。国务院成立抗震救灾总指挥部和四川前方指挥部,周密组织、科学调度,形成上下贯通、军地协调、全民动员、区域协作的工作机制[①]。时任总理温家宝同志赴灾区指导,按照总指挥部的统一部署下,各有关部门紧急拨付救灾资金、调配救灾物品,并组织各方救援力量驰援灾区。四川省各级党委、政府担当工作主体责任,省委、省政府立即成立"5·12"抗震救灾指挥部,震后3小时内,省、市、县、乡四级抗震救灾组织指挥体系基本形成,干部群众根据该体系科学应对地震灾害。

为了让灾区早日恢复正常的生产生活秩序,2008年6月国务院出台了《国务院关于支持汶川地震灾后恢复重建政策措施的意见》,政策措施支持范围覆盖灾后恢复生产和重建的各方面,随后国务院印发了《汶川地震灾后恢复重建总体规划的通知》,规划了灾区重建的空间布局,围绕城镇建设、农村建设、公共服务、社会管理、基础设施、产业重建、防灾减灾、生态环境、精神家园等领域提出了一系列重大任务。2009年3月,四川省出台了《四川省人民政府关于支持汶川地震灾后恢复重建政策措施的意见》,涉及财政、税收、金融、国土资源、产业扶持、工商管理、就业援助、社会保障、粮食等多领域;并鼓励社会资金参与恢复重建、下放项目审核权限。

通过实施相关政策,灾区重建工作取得重要进展,经济也逐渐恢复。经过十年的努力和全国人民的支持,汶川地区的震后恢复重建工作取得了重大成绩,汶川城镇居民可支配收入到2020年基本赶上了四川省的水平(图3-6、图3-7)。

---

①四川省灾后恢复重建委员会.抗击汶川地震灾害的"四川实践"与启示[J].四川行政学院学报,2010(3):5-10.

（元）

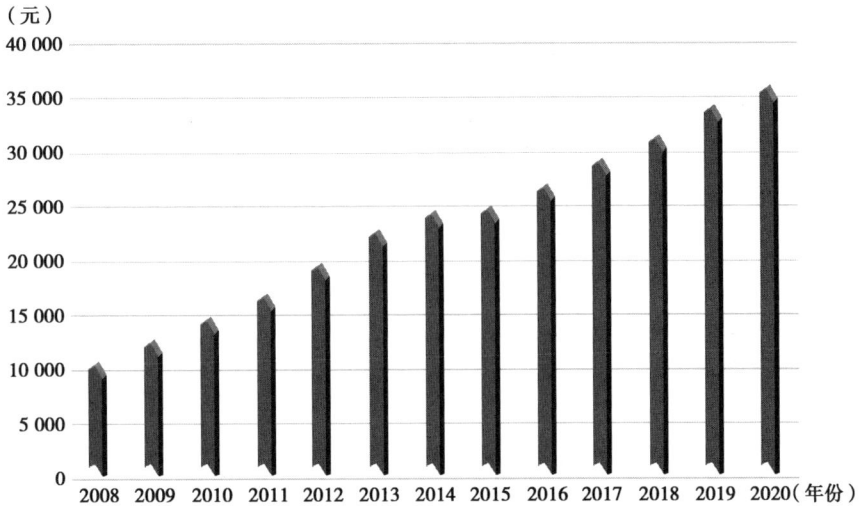

图 3-6　汶川县 2008—2020 年城镇居民可支配收入情况

（元）

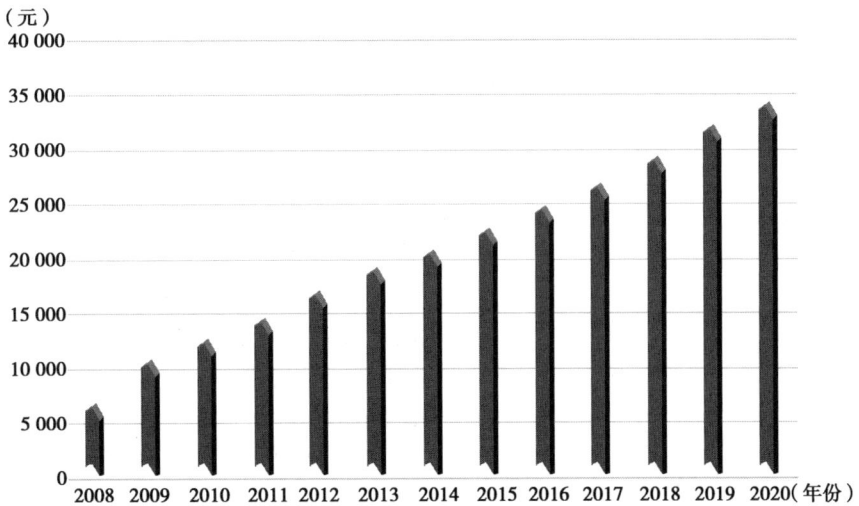

图 3-7　北川县 2008—2020 年城镇居民可支配收入情况

2.新冠疫情

2020年初,新冠疫情突然爆发,湖北尤其是武汉市的经济社会遭受严重影响。在中央的统一调控下,其集中全国资源物质、人力和医疗队伍支持武汉,使疫情迅速得到了有效控制。2020年4月武汉解封后,湖北省就立即将工作重心放到统筹经济社会发展和疫情防控两大工作方面,发挥有效投资在非常时期对经济稳增长的关键作用,推动湖北经济重振和高质量发展。2020年8月,湖北省启动了疫情后经济重振"十大工程"(表3-4)。计划用三年时间实施一批打基础、补短板、强功能、利长远、惠民生的重大项目,"十大工程"注重实施公共卫生体系短板项目,建设华中区域应急救援中心、华中区域应急物资供应链与集配中心。有力地提升了湖北省的公共卫生水平。

表3-4　湖北疫情后经济重振之补短板强功能的"十大工程"

工程名称	主要任务	重大项目及投资测算	三年目标
公共卫生体系补短板工程	加强疾病预防控制体系建设、加强医疗救治体系建设、加强院前急救体系建设、加强基层防控体系建设、加强重大疫情信息平台建设	全省三年拟实施项目1 216个,估算总投资1 783亿元,2020年估算投资624亿元	二级及以上综合医院和乡镇卫生院设置规范的发热门诊,社区卫生服务中心设置规范的发热门诊或诊室;各级疾病预防控制中心具备传染病检验检测能力;承担传染病收治任务的医疗机构具备核酸检测能力;每个县(市)至少要有2家核酸检测实验室。完成医疗机构可转换病区、重症监护病区(ICU)和重大疫情救治基地建设,完善疾控中心和基层医疗卫生机构设备配置。完成院前急救体系建设和卫生健康信息化建设。
交通补短板工程	水运发展、多式联运、干线公路、四好农村路、旅游交通、高速公路、民航机场	全省三年拟实施项目435个,估算总投资约3 777亿元,2020年估算投资884亿元	新增高等级航道110公里,到2022年,全省高等级航道里程达2 150公里。完善水港、铁港、路港、机场集疏运体系,建成16条疏港公路,打造多式联运物流园,建成5个以上国家多式联运枢纽。建成一级公路1 800公里、二级公路2 700公里,全省二级及以上公路里程突破40 000公里,国省干道二级及以上公路比重超90%。新改建农村公路3万公里,完成农村公路生命安全防护工程3万公里、危桥改造6 108座。建成高速公路665公里,全省高速公路里程达7 525公里。全力构建运输机场"双枢纽、多支线"、通航服务广覆盖的机场布局体系,全省民航运输机场达到8个,通用机场达到8个。

工程名称	主要任务	重大项目及投资测算	三年目标
水利补短板工程	防洪提升工程、骨干水源工程、灌排提升工程、农村供水工程	全省三年拟实施项目127个,估算总投资1 731亿元,2020年估算投资485亿元	围绕全省防汛抗旱、农村饮水安全方面存在的短板,启动新一轮水利补短板工程,加固堤防3 100公里,治理崩岸268公里,进一步完善长江、汉江防洪工程体系,确保重点中小河流防洪标准10~30年一遇,主要湖泊防洪标准达到10~50年一遇;新增供水能力9.7亿立方米,不断优化全省水资源配置格局;增加排涝流量1 215立方米每秒,进一步增强重点易涝地区排涝能力,改善、新增和恢复灌溉面积500万亩,提高灌区现代化水平;新增或改善农村供水人口1 000万人,提高农村供水保障水平。
能源提升工程	加快电源点建设、推进"两线一点"实施、城市供电能力提升、油气基础设施建设、煤炭储配基地建设	全省三年拟实施项目共29个,估算总投资1 176亿元,2020年估算投资260亿元	武汉市城市电网初步达到国际领先水平,襄阳、宜昌城市电网向国内同等城市先进水平迈进,其他城市电网供电水平明显提升;构建"四纵三横"天然气输送通道,储气设施能力迈上新台阶,新增油气管道里程378公里、储气能力1.6亿立方米;建成"两湖一江"煤炭物流枢纽,新增煤炭储备能力658万吨。全省能源基础设施和保障能力显著提升,能源瓶颈制约得到有效缓解。
新基建工程	推进信息基础设施建设、推进融合基础设施建设、推进创新基础设施建设、高速铁路和城市轨道交通建设、交通新基建、智慧城市建设	全省三年拟实施项目595个,估算总投资7 731亿元,2020年估算投资2 165亿元	全省建成6万个5G基站,市(州)主城区5G网络全覆盖,5G网络覆盖率和建设水平领先中部。力争新增1~2个国家重点实验室、5个湖北省重点实验室。加快推进全省"四纵四横四斜"高铁骨架网和武汉通达10个方向的高铁通道项目谋划建设,全省高铁新增运营里程440公里,达到2 060公里。武汉市城市轨道交通新增运营里程167公里,达到500公里(包括有轨电车)。新型基础设施规模进入全国第一方阵,提供数字转型、智能升级、融合创新等服务的新型基础设施体系初步形成。

129

续表

工程名称	主要任务	重大项目及投资测算	三年目标
冷链物流和应急储备设施补短板工程	打造国家骨干冷链物流基地、推进储备一批国家骨干冷链物流基地、补齐县域冷链物流设施短板、加强应急物资储备体系建设	全省三年拟实施项目132个,估算总投资330亿元,2020年估算投资92亿元	打造3个国家级骨干冷链物流基地;有序推进骨干冷链物流基地储备建设工程;补齐县域冷链物流设施短板,逐步建成布局合理、设施先进、功能完善、管理规范的农产品冷链物流服务体系。提升应急物资储备能力,优化区域布局,构建满足突发事件应对需要、统一高效协同的应急物资保障体系。
城市补短板工程	补老旧城区短板、补排水防涝短板、补污水收集处理短板、补齐生活垃圾收集处理短板、补供水供气短板、补地下综合管廊短板、补道路交通短板、补公共体育设施短板	全省三年拟实施项目1 423个,估算总投资2 296亿元,2020年估算投资643亿元	全省县以上城市生活污水处理厂全面达到一级A排放标准,污泥无害化处理处置率超过99%;设区城市建成区基本无生活污水直排口,基本消除城中村、老旧城区和城乡结合部生活污水收集处理设施空白区,基本消除黑臭水体。县以上城市建成区黑臭水体整治完成率超过60%。全省城市生活垃圾无害化处理率达到100%;生活垃圾焚烧比例超过70%;县以上城市全部具备厨余(餐厨)垃圾资源化处理能力;设区城市具备建筑垃圾资源化处理能力,建成区公共机构和相关企业生活垃圾分类全覆盖,至少1个区实现生活垃圾分类全覆盖;武汉、襄阳、宜昌建成区基本建成生活垃圾分类处理系统。县以上城市建成区平均道路密度达到8公里/平方公里。开工建设城市地下综合管廊150公里以上。全省设区城市建成区40%以上的面积达到海绵城市建设目标要求,其他城市30%以上的面积达到海绵城市建设要求,易涝点整治全部完成。老旧小区改造开工7 500个以上,完工5 000个以上。城市建成区人均公园绿地面积达到12平方米,城市建成区绿地率超过40%。全省城市供水普及率、燃气普及率分别超过99%和98%,城市供水管网漏损率控制在10%以下。

工程名称	主要任务	重大项目及投资测算	三年目标
产业园区提升工程	改造提升园区各类基础设施、着力打造智慧科技生态园区、提档升级乡村产业园	全省三年拟实施项目195个,估算总投资2 513亿元,2020年估算投资704亿元	建设园区基础设施及配套设施改造升级项目13个、科技和双创园区项目9个、生态园区项目6个、园区智慧化改造项目32个;完成80个省级现代农业产业园、44家省级农产品加工(农业产业化)园区、14个农业产业强镇基础设施提档升级等一批重点项目,产业园区基础设施、智慧化水平、创新能力得到较大提升,产业发展、整体实力得到明显提高。
新一轮高标准农田建设	田、土、水、路、林、电、技、管工程	估算总投资204亿元,2020年估算投资68亿元	建设集中连片、旱涝保收、节水高效、稳产高产、生态友好的高标准农田1 020万亩,每年建设340万亩,亩均粮食综合生产能力增加100公斤以上。
生态环境补短板工程	医疗废物、危险废物收集处理补短板,沿江化工企业关改搬转,农村人居环境整治,长江经济带生态环境保护修复,重点流域水环境综合治理	全省三年拟实施项目419个,估算总投资1 744亿元,2020年估算投资488亿元	实现全省各县(市)建成医疗废物、危险废物收集转运处置体系,收运能力延伸到农村,健全全省医疗废物和危险废物的收集、转运、处置和利用体系。每年推进1 000个村开展农村人居环境整治,加快补齐全省农村人居环境短板。完成沿江1公里范围内化工企业关改搬转,推进沿江1~15公里范围内的化工企业关改搬转。从生态系统的整体性和流域性着眼,系统开展生态环境保护修复治理,推进重点流域水环境综合治理。

第三节　调控体系实现的路径
——全面深化改革

一、省级政府调控要力促客观经济规律决策

(一)坚持高质量发展

推动高质量发展是省级调控的根本要求。加快建立与高质量发展相适应的宏观调控体系,围绕稳增长、促改革、调结构、惠民生、防风险、保稳定等重点方面,加强预调微调、强化政策协同。研究形成推动高质量发展的指标体系,如重庆先后出台了《重庆市经济高质量发展的评价指标体系研究》《国家级新区高质量发展指标体系课题研究》等,引导经济向高质量发展转变,构建高质量发展的政策体系,构建高质量发展的标准体系,瞄准国际先进水平,聚焦创新引领,突出问题导向,不断完善适应高质量动态发展要求的新标准体系。

(二)坚持稳中求进

采取逆周期跨周期调控手段,遏制经济下行压力,实现"六稳",落实"六保"。面对极其复杂的国内外经济形势和地域政治的调整,多重因素使我国经济增速放缓,稳增长首先需要遏制这一趋势,这需要有力有效的调控政策,为稳定经济创造增长基础。省级政府的调控在稳的问题上,需要积极、有力、有效,其核心是保证稳健的货币政策能在本地区落地。如人民银行重庆营管部,按照"稳健的货币政策要灵活精准、合理适度"的要求,坚持"稳"字当头,精准利用再贷款再贴现和直达实体经济政策工具,引导金融资本重点扶持先进制造业、科技创新、小微企业等,保主体、保就业,持续推进金融支持稳企业保就业,推动全市融资总量适度增长、融资结构不断优化、综合融资成本稳中有降、金融服务进一步改善,为重庆经济稳定恢复增长营造合理适度的金融环境。"稳"中求"进",重点是要加快构建新发展格局,畅通经济大循环,打通市场各个环节,为经济又稳又快发展奠定基础。

(三)坚持系统观念

系统观念就是要把事物与事物之间的关系看作一个相互联系、相互作用、相互影响的整体,而不是一些孤立的个体。省级政府的经济调控坚持系统观念,就是要统筹各领域经济政策,实现各政策间的协调,形成政策的活力。在微观政策上,激活市场主体活力,努力维护良好的营商环境,为各类市场主体提供良好、稳定的竞争秩序。在结构政策上,打通市场循环各个环节,解决流通过程中难点、堵点,努力形成国内国际"双循环"。在改革开放政策上,持续深化要素改革,统筹推进国有企业、民营企业改革,同时,加快深层次开放,扩大高水平开放。在科技政策上,除了打造有利于产业集群科研的"硬环境",还要创造有利于科技创新和成果转化的"软环境";既要发挥市场对资源分配的决定性作用,又要把政策制度的优势充分发挥出来。在区域协调政策上,要结合当前及未来城市群(圈)的发展趋势,使区域重大战略和区域协调战略有机衔接、相互促进。在社会政策上,坚持"以人民为中心",补齐基本公共服务短板,兜住民生底线,支持实体经济充分解决就业问题,在基本公共服务、养老保险、社会保障政策等各方面协调推进。

二、调控要坚持深化经济体制改革

(一)加快推进政府自身改革

加快建设人民满意的服务型政府,深化"证照分离"改革,推进跨行业、多业态服务企业注册登记审批试点,积极推行"照后减证",优化经营许可事项清单化管理机制。优化行政管理模式,加快推进"互联网+政务服务",不断提升网上办事效率,推动区域政务联网互认。推行"一件事一次办",加快实现政务服务标准化、规范化、便利化,通过互联网、大数据等新一代信息技术手段优化行政管理。优化投资项目审批制度,加快完善并联审批、超期默认制、告知承诺制等制度,提升经济调控整体管理水平。

(二)加快推进投融资体制改革

加快构建投、融、建、产、运为一体的市场化运作模式,在控制省级政府债务在合理区间范围的前提下,加强各方资金的融合筹措,合理使用PPP融资方式,整合中央专项资金、地方政府专项债券、特别国债等资金渠道,减小省级政府财政支出压力。提升国有资本配置效率,加快推动国有投融资平台公司转型,建立多元化投资机制,构建各类"项目池""资金池""资源要素池"衔接机制,促进财政资金、国有资产、金融资源协同,提高资本服务实体经济的能力。优化投融资模式,推进保险资金、社会保障基金、公募基金等,运用债权、股权、资产证券化、不动产投资信托基金等多种方式,参与重大基础设施项目建设。

(三)加快推进财税制度改革

高标准、严要求对标对表中央关于财税改革要求,加快建立全面规范透明、标准科学、约束有力的预算制度,构建权责清晰、合理有序的财力格局,形成结构优化征管高效的现代财税体系。如重庆市以"开源、节流、保重、增效、风控"为基本原则,优化市与区县财政事权与支出责任,健全市对区县的转移支付制度,加快建立权责清晰、财力协调、区域均衡的市与区县财政关系,形成科学合理的各级政府财政事权、支出责任和财力相适应的制度。统筹推进预算管理流程优化和信息化建设,把预算管理流程优化和信息化建设作为财政改革的支撑和保障,推进预算管理一体化系统建设,推进财政大数据建设,加快建立现代预算管理制度。深化非税收入收缴管理改革,巩固和拓展减税降费成效,持续推动企业降本减负。

(四)加快推进创新驱动发展体制改革

加强科技项目管理,实现政策、项目、基地、人才、资金一体化配置。深化科研经费管理改革,推进项目经费跨省跨市使用。如成渝加快建设全国有影响力的科技创新中心,共同谋划成渝科技创新中心,以综合性科学中心为重点,共同出资打造一批产业孵化平台和共性技术研发平台,健全产业项目发展扶持体系、人才服务保障体系及技术创新服务体系,推动新科学新技术、新产业融合发展。创新科技成果转化机制,推进职务科技成果所有权或长期使用权改革,完善科技成果使用、处置和收益管理制度。建立健全科技投融资体系,构建政府投入为主、社会多渠道投入机制,引导银行、天使投资、私募投资等金融资本聚焦科技创新,形成科技金融体系,助力重大项目加快实施。营造良好的创新创业生态,推进大孵化器发展,创新"专业机构+风险投资"综合孵化模式,提升孵化成效。

专栏:

成渝科技创新中心科技体制改革

2021年10月,中共中央、国务院印发了《成渝地区双城经济圈建设规划纲要》,提出成渝两地要共建具有全国影响力的科技创新中心,并对两地深化科技创新体制改革提出了一系列要求。

一是深入推进职务科技成果所有权或长期使用权改革试点,探索高校和科研院所职务科技成果国有资产管理新模式。科技成果只有转化才能真正实现创新价值、不转化是最大损失,通过赋予科研人员职务科技成果所有权或长期使用权实施产权激励,完善科技成果转化激励政策,激发科研人员创新创业的积极性,才能促进科技与经济深度融合,推动经济高质量发展,加快建设创新型国家[1]。

二是创新政府部门和科研机构资金管理模式,加快推动科研资金跨区域流动,形成科技创新合力。在科技投入的总量和强度都大幅提高的情况下,成渝地区科技管理方式与快速增长的科研资金还不能完全适应,资源配置的效率有待进一步提高,通过资金管理制度改革,优化科研项目和资

---

[1]中共中央、国务院.成渝地区双城经济圈建设规划纲要[N].四川日报,2021-10-21(06).

金管理流程,同时加强两地在资源配置方面的统筹协调,有利于切实解决科技资源重复分散、碎片化等问题,推进财政科研项目和资金的合理配置,提升经费使用的安全性、有效性。

三是探索建立两省市改革举措和支持政策异地同享机制。制度、政策的地区差异性,严重阻碍创新要素自由流动,推进两省市改革举措和支持政策异地同享,有利于优化创新要素市场化配置,促进创新要素自主有序流动和深度融合,加快促进成渝地区科技创新要素市场一体化,全力推动成渝地区双城经济圈增强协同创新发展能力。

(五)加快推进生态文明制度改革

创新绿色发展机制,推进生态环境保护管理制度改革,完善生态环境监测网络,推动形成政府主导、部门协同、社会参与、公众监督的监察格局。落实自然资源有偿使用制度,探索建立生态系统价值核算和指标体系,按照"谁受益、谁补偿,谁保护、谁受偿"的原则,建立健全市场、多元化有偿使用与生态补偿机制。建立健全自然资源产权制度,推进自然资源统一确权登记,加快建立自然资源统一调查、评价、监测制度。健全资源有偿使用机制,探索建立生态产品价值实现机制,加快推动相关政策举措和制度创新,完善排污权、碳排放权交易机制,深化拓展地票生态功能,探索用水权、用能权交易。如成渝地区坚持一张负面清单管川渝两地,制定修订统一的大气、水、土壤领域环保标准,严格执行长江经济带发展负面清单管理制度体系,建立健全生态环境硬约束机制[1]。

(六)加快推进开放型体制改革

加快落实国家战略部署,积极应对新的国际地缘政治的变化,拓展全球视野和发展空间,支持外向型企业主动融入经济全球化。对内要

---

[1]重庆市人民政府办公厅.重庆市人民政府办公厅关于加快实施重庆市国民经济和社会发展第十四个五年规划和二〇三五年远景目标纲要重大项目的通知[J].重庆市人民政府公报,2021(4):10-42.

融入大区域经济圈,如要加强我国西部各省份的开发区与长江经济带和东部经开区的交流合作;深化成渝地区双城经济圈建设中国家级经开区的合作和协同发展,共同打造战略新兴产业链。完善"走出去公共服务平台""企业走出去服务港"。落实国家战略部署,推动一般制造业和服务业扩大开放,执行新的外商投资产业指导目录。如重庆积极争取市场采购贸易试点,大力发展保税研发、检测维修、文化贸易等"保税+"业务,在主城都市区全面深化服务贸易创新发展试点。

三、坚持供需同向发力

(一)深化供给侧结构性改革

省级政府要围绕"五大任务",加快提升供给体系质量和效率。

一是有效化解过剩产能。坚决淘汰落后产能、有序退出过剩产能、严禁新增过剩产能、禁止审批过剩产能;全面厘清"僵尸企业"现状,有针对性地采取兼并重组、债务重组或破产清算等措施积极稳妥处置"僵尸企业";推动产业转移与国际产能合作,通过国际产能合作转移优势富余产能;同时加快培育产业发展新增长点,围绕大数据、人工智能等新增长点,打造一批战略性新兴产业集群;加强现代服务业与制造业融合发展,加快推进服务型制造;推进文化、旅游、健康等产业向高品质、高品位转变。

二是多措并举化解房产库存。全面放开城市落户限制,建立以人口集聚为导向的要素资源配置机制,加快农民市民化进程,满足进城农民住房需求,建立购租并举的住房制度;加大合理住房消费支持力度,大力发展住房租赁市场,支持房地产企业将闲置的商业办公用房转售为租。

三是稳妥有序推进去杠杆。提升股权融资比重,支持多层次资本市场建设,大力发展私募股权融资,加大对实体经济金融资本投入,减小企业资本负担;严格实施政府债务额度管理制度,优化管理模式,降低政府债务风险;进一步优化地方金融监管协调机制,增强各类债务风险监测预警,提升地方政府防范化解债务风险能力。

四是切实降低企业成本。落实国家相关政策,加大对企业优惠政策支持力度,降低企业用工成本;规范港口、机场、铁路经营服务性收费,落实城市配送车辆进城、通行、停靠便利化等政策,降低企业物流成本;支持对工业用地创新用地模式,推行长期租赁、先租后让、租让结合、弹性出让等方式供应,减小企业用地成本;加大商业银行对符合条件的小微企业贷款支持力度,进一步充实政策性担保、再担保机构资本金,严厉禁止"套路贷款"现象出现,有效降低企业融资成本。

五是补齐发展短板。加快完善交通、水利、能源、电力等基础设施水平,积极推进新型基础设施建设,推动传统基础设施与新型基础设施融合发展;加快推动无废城市、海绵城市、枢纽城市等建设,进一步提高城市居民生活宜居水平;围绕教育、医疗、卫生、养老等公共服务领域,加快补齐民生短板,提升民生服务保障水平。

(二)构建现代化流通体系

流通是生产与消费的重要纽带,是强化国内国际"双循环"支撑的关键环节。面对复杂严峻的国内外形势,省级政府调控在流通体系上亟需针对产业结构、规模、增长速度、绩效和安全等,按照"双循环"发展格局的目标要求,在以下方面发力。

一是提高对现代流通体系建设的认识,打造良好环境。创新符合流通体系建设的金融财税政策,形成良好的物流投融资体系,采取政府购买、PPP等方式,引导社会资金进入公益性、公共性流通基础设施的建设和运营;培育壮大中小型流通企业,在税收减免、低息贷款、奖励补贴等方面加以支持。

二是推进"放管服"改革,围绕构建符合市场发展的现代流通体系管理机制及法律体系进行调控;建立流通领域权力清单和负面清单,放宽外资进入物流领域的准入限制;加快完善重点领域流通标准体系,包括物流设施、农产品流通、商品交易市场等,推动不同层次的各类标准相互统一,促进标准之间有效衔接。

三是提升创新水平,推进流通体系提档升级。进一步深化互联网、物联网、云计算、大数据等新技术在流通领域的普及应用,促进流通基础设施改造升级,促进流通体系业态与生产制造、研发设计和金融服务等行业深度融合;搭建跨省市流通信息平台,完善流通体系运行监测、安全监管、数据共享等多种功能,降低流通企业成本,提升政府对流通流域等的有效监管。

(三)推动内外贸融合发展

建立内外贸融合发展的制度体系。建立内外贸融合发展协调管理机制,加强职能部门、内外贸相关行业协会对接,建立常态化制度型的内外贸对接机制和推动工作机制,降低企业制度交易成本。建立内外贸统一的制度规则。健全市场准入、质量保障、交易风险警示和投诉受理等管理制度,推动内外贸经营行为、企业竞争的统一规范。打造内外贸融合发展的服务体系,通过展会、电商、政务服务等方式,搭建有利于内外贸对接、市场监测分析的服务体系。完善促进内外贸融合发展的政策体系,加快转内销市场准入,实施鼓励内外贸对接的扶持政策。

创新内外贸融合发展的渠道方式。畅通融合发展渠道平台;组建同行业或跨行业营销联盟;完善进口商品分销体系;鼓励内贸企业开拓国际市场;培育各类综合性和专业性展会平台;鼓励外贸企业对接电商平台;培育一批内外贸结合的商品交易市场;完善融合发展产业链条,推动产业链条向国内外双向延伸和拓展,构建涵盖本地、区域和全球的多层次、立体化的产业链体系。

拓展内外贸融合发展的市场空间。推动两个市场有机融合,畅通要素在区域间的自由流动,打通不同区域之间的经济循环;深化投融资体制改革,完善各类市场主体平等参与投资的营商环境;推动产品创新,以市场需求为导向,引导内外贸企业研发适销对路产品,促进"同线同标同质"发展。

(四)构建国际一流的商务环境

要营造高效透明的政务环境。优化政府管理模式,加快简政放权、放管结合;深化"证照分离"全覆盖试点改革,深化"多证合一"改革,推进工业产品生产许可证制度改革,推行企业简易注销登记;加强事中事后监管探索,积极构建适合各类主体的综合监管体系;建设优质高效的出入境制度,积极助力引才引智引资。

营造公平正义的法治环境。遵循国际化商事制度法则,依法保护投资者的投资、收益和其他合法权益;加强知识产权管理,建立知识产权审判"刑事、行政、民事"三审合一机制,探索商业模式等新形态创新成果知识产权保护办法,创新知识产权质押融资模式,加大侵权损害赔偿力度;加强社会信用体系建设,出台信用法规,强化信用核心利益,强化"互联网+信用+监管"。

营造自由便利的市场环境。全面实施市场准入负面清单制度,实行公平竞争审查制度,推动破除各种形式的市场准入不合理限制和隐性壁垒;扩大外资市场准入,推进外商投资和对外投资管理体制改革,实行高水平的投资便利化政策,提升投资自由化水平;加强海关特殊监管区域和保税监管场所监管,出台商品备案等政策措施,简化备案手续。

四、形成区域经济协调发展的局面

(一)构建统筹协调机制

区域协调往往受行政区划掣肘,需要全力构建高效运转的协调机制,充分发挥中心城市作用,形成区域发展合力。

一是建立高效有力的组织架构体系。从区域长远发展来看,提高政府合作的组织化程度是推动区域合作集约高效的重要手段。如为推动长三角生态绿色一体化发展示范区建设,上海、江苏、浙江"两省一市"成立了代表跨区域共同责任、共同利益的决策和执行机构,即示范区理事会和执委会,该实体机构的设立起到了"1+1+1>3"的催化剂作用。又如川渝毗邻地区合作共建区域的功能平台中,高竹新区率先建立了"领导小组+管委会+国有公司"三级管理体系,形成"决策层+协调层+执行层"的组织架构,指导与监督各功能平台的建设工作,强化毗邻区域共建区域功能平台实效性。

二是建立共编共研、共推共议的规划管理制度。实现区域经济协调发展,必须加强统一规划,特别是根据区域发展比较优势,确定各城市发展目标与产业布局定位,形成合理的分工格局,实现不同城市的错位发展。长三角就建立了统一的规划管理机制,省级职能部门共同牵头编制空间规划和专项规划,联合组建工作专班,通过召开规划协调专题会、多家同步审批等方式,实现区域发展统一规划,加强产业规划、国土空间规划等有效衔接,实行多规合一,确保规划协调一致。

(二)构建区域一体化的要素流动环境

跨区域合作,尤其是省际间合作,一体化的要素市场极其重要。全国各省(区、市)在构建要素流动环境中形成了一些案例,在理论框架上值得参考。

一是土地高效配置机制。土地是重要的基础性资源,在区域合作中尤为重要。以川渝为例,重庆是国家的永久基本农田转为建设用地审批事项权的试点,而四川地市级可审批乡镇一级规划编制,重庆主城区规划须报市政府审批。这种交叉的审批权限,使川渝毗邻地区在土地管理资源利用上具有探索突破的价值,因为功能平台涉及的行政主体既有区县级,也有县市级,毗邻区县可以利用相应的权限,重点保障重大基础设施建设用地,构建"统一概念、统一标准、统一成果"的技术路线,率先探索出统一绩效标准和资源利用效率标准的土地利用周期管理机制。

二是协调推进金融和产权交易市场一体化。加强金融合作,能够使有限的资金加快流动起来,为区域协调发展提供基础。例如,长三角地区为建设生态绿色一体化发展,G60科创走廊、沪宁产业创新带、淮河生态经济带等,长三角地区的各省份合力形成金融服务体制,在推进跨区域信用信息共享、绿色金融服务、一体化科技金融服务等方面达成了共识。川渝毗邻区域在此方面也加快开展跨区域联合授信,协调政策性银行对合作领域的信贷支持,支持合作区域利用多元金融贷款建设社会治理、生态保护、乡村振兴与公共服务类项目;支持共同组建的企业发行企业债、项目收益债券和资产证券化等方式进行市场化融资；支持保险资金投资跨两省市的基础设施和重点产业项目。

三是协调促进人才相互流动。区域经济的整体发展，必然伴随着区域人才协作。例如，长三角地区在人力资源制度创新上实行了外国人工作许可证跨区域互认、海外人才居住证制度一体化、专业技术人才资格和继续教育学时互认等。川渝毗邻区域也在此方面有所创新，正在研究外国高端人才工作许可证互认方案、优化人才居住证管理办法、跨区域人才可按规定同等享受各种特殊待遇，以及专业技术人才职业资格、专业技术职务任职资格跨区域互认互准。

四是协调建立跨区域产权交易市场。2020年由西南联合产权交易所、重庆联合产权交易所集团承办的川渝共同产权市场互联网平台正式上线运行，为加强产权领域合作提供了坚实基础。下一步就可以在此基础上全方位扩大领域，逐步拓展到知识产权、乡村产权、环境产权等权属交易和跨区域互认。并可依托共同产权交易市场，建立土地使用权、排污权、用能权、产权、技术等要素综合交易平台。建立跨区域交易制度，实现标准互认、服务联动、政策共商，为全国提供产权交易的"成渝范本"。

(三)健全成本共担利益共享机制

区域合作过程中所创造的经济利益是一把双刃剑，既可以成为推动区域开发建设的黏合剂，也会由于分配不当，合作破裂。建立健全跨区域合作的利益共享机制，特别是财税利益分配机制，形成一体化发展的内在动力。

一是企业跨区域迁建财税分享政策。政策设计的出发点是考虑企业迁出地既得财税利益和就业机会减少，而迁入地会有要素投入和配套服务成本增加等客观因素，权衡后赋予相应权重，合理分配企业迁建投产后产生的税收及附加收入。例如，迁出企业完成工商和税务登记变更并达产后，三年内缴纳的"三税"，由迁入地区和迁出地区按对半比例共享，在共享达到企业迁移前三年缴纳的"三税"总和后，迁出地区不再分享,若三年仍未达到分享上限,分享期限再延长。随着区域间经济联系的密切,我们会面临类似问题,因此可以在平台建设中,借鉴财税分享经验,综合考虑承接地与迁出地的成本投入问题,构建形成科学公平的财税分享机制。

二是共资园区财税分享政策。两个及两个以上地区共同投资共建产业园区,需要协调形成税收分享制度;综合考虑多方在资金、技术、土地、基础设施、管理服务等方面的投入,实现利益分享机制。在区域合作中,特别是毗邻地区,其可以根据发展实际,协商新区建设前几年所获得的财政收入与分红全部用于设立新区发展基金,所获收益也可按照出资比例进行分红。

(四)建立共同治理的政策保障机制

"分灶吃饭"的财政体制,决定了各省(区、市)政策保障的差异性。要实现跨区域的协调发展,其需要通过调控在政策体系、监督评估和创新激励等方面形成协同机制。

一是政策支撑和法治保障。区域合作需要政策法律保障,因此,其可以成立跨区域间共同责任、共同利益的决策和执行机构,搭建以企业联盟为主的政企对话平台,出台共同支持一体化发展的政策;并针对改革赋权、财政金融、用地保障、新基建、要素流动、组织保障等重点领域促进各项政策落实。

二是加强监督评估。科学公平的监测评估机制,能对推动合作有效实施起到有力的保障作用。实施督导评估,各省份在区域合作过程中,需要建立"实施—监测—评估—维护"机制,健全政策实施监管和考核问责制度,强化对政策实施的监督,确保政策有序落地;建立定期调度评价机制,对重大事项、重点项目定期通报机制等绩效评估和激励机制。

三是建立社会参与激励机制。积极开通公众参与的各种渠道,特别是利用互联网广泛收集社会公众意见,探索制度创新,推动区域合作的相关规划、政策与社会各界意见相结合,确保规划、政策等反映民意,形成良好的社会遵循基础,自觉接受社会监督、回应社会关切。

第四节　经济调控目标偏差
——影响因素的分析

一、外部环境

外部环境是省级经济调控目标的重要外生变量,良好的外部环境有利于稳定投资、吸引外资、加快产业集聚、推动经济发展;相反的环境则不利于经济的发展,经济调控的目的主要在于维护经济安全、稳定经济增长。改革开放以来,我国外部环境的变化大致可以划分为以下阶段:

(一)1978—2008年:较为稳定的国际和平环境,推动工业化,促进经济建设

20世纪70年代以来,我国加强与西方国家关系的调整,加之"文化大革命"结束,抓住机遇,1978年党中央作出了改革开放的重大决策。各省(区、市)乘势而上,全力加强经济建设,省级政府经济调控的主要目标基本集中在吸引资本、推进产业发展、推动城镇化建设、提高居民收入上。这30年,我国坚持以经济建设为中心,全身心投入发展中,虽然期间也出现过一些坎坷,但是党中央因势利导,保持在宏观上的良好态势,各省都积极进行调控,使我国经济得到了长期的加速发展。

(二)2008—2012年:应对全球金融危机,稳定经济增长

2008年,美国次贷危机引发金融危机,并迅速影响了全球经济。在此背景下,我国各省(区、市)经济调控的主要目标是积极扩大投资,稳定出口,刺激扩大内需,保经济稳步增长,稳居民收入水平。

(三)2013—2019年:推动经济高质量发展

2012年党的十八大召开,中央提出依托科技创新引领效率变革、质量变革、动力变革,改变传统依赖资源能源消耗的发展方式,推动经济社会高质量发展。此后,各省(区、市)经济调控的目标主要为严格淘汰落后产能、大力推动创新驱动发展,加快提出高质量发展方式,依托共建"一带一路"、京津冀协同发展、长江经济带建设、粤港澳大湾区建设、新时代西部大开发、西部陆海新通道等重大战略，推动区域协调发展并构建发展体制机制。

（四）2019—2022年：中美贸易摩擦、新冠疫情流行、国际形势大变局

2019年以来，美国制造中美贸易摩擦，并对中国进行严格的高技术产品进口限制。2020年初，新冠疫情在很多国家流行，其加剧了对各国经济发展的影响；美国在亚太地区进行了一系列针对中国的军事、经济和政治活动，在美国的影响下，俄罗斯对乌克兰采取了"特别军事行动"，国际政治经济开始分化重组。在此背景下，各省（区、市）经济社会调控的主要目标为防范新冠疫情蔓延、保障出口增长、积极扩大有效投资和刺激内需，加快优化产业结构，加紧攻克一批被"卡脖子"的技术，提高科技综合竞争力。

二、投融资环境

投融资规模决定市场上货币的流动性，投融资环境对经济发展有重要影响，宽松的投融资环境将推动投资规模扩大，促进经济增长，但也存在经济风险；严格收缩的投融资环境又会影响投融资规模。

（一）1978—2012年

改革开放至党的十八大以前，国家和各省（区、市）都把主要精力放在释放经济发展潜力，大力吸引外资，参与国际经济循环，有效调整经济和产业结构，加大投入，扩大建设规模上。由于这样的良好投融资环境，有效促进了经济的发展，使中国经济规模一跃成为世界第二。此间，经济也出现了波动和政府多种形式的调控，中国经济在地域上也逐渐形成了东部、中部、西部的差距和分工。国家层面，党中央、国务院积极应对投资过热、经济下行、结构性矛盾、极差分化等重大经济问题，不断提高经济社会的调控水平，在总体上保持了良好的投融资环境。

由于各省（区、市）的发展水平参差不齐，经济规模、技术经济、经济基础都出现了阶梯性的特征,同时形成了不同的投融资环境,于是,其在经济调控上各显身手。我们在总体上认为,其调控水平在不断提高,但是复杂经济社会环境下的调控,其认识深度和调控手段的科学性、预见性、及时性、有效性是远远不够的,突出表现在对投融资结构和质量的问题上。

(二)2013年以来

党的十八大召开后,国际经济政治局面变化较大,尤其是中美关系的变化,使我国的外部发展环境逐渐恶劣,投融资环境也开始发生变化。国内长期经济的高速度发展积累的问题也逐渐显现,其中,在投融资上最突出的问题是地方债务。中央提出要加强地方政府债务监管和制度建设,加快建立各级政府财务报告制度,让公众更好地了解政府资产、负债、收入、费用情况,使地方政府举债公开透明,风险防范措施到位。2014年,国务院要求地方政府加快出台举债融资机制,实施规模控制和预算管理,控制和化解地方政府性债务风险。至此,各省(区、市)政府投资规模的不断缩小。

三、产业结构

现代化产业结构以政府宏观调控为主导,以大众创业、万众创新为基础,以现代产业体系为核心,通过产业融合实现产业升级和经济可持续发展的智慧经济理论体系与形态。以新兴产业形态为核心的现代化产业结构,不仅在经济增长方式上发生转变、在经济发展模式发生转轨,而且在经济学范式上发生转换。

(一)坚持推动产业结构高级化

党的十九大报告指出,"必须坚持质量第一、效益优先,以供给侧结构性改革为主线,推动经济发展质量变革、效率变革、动力变革,提高全要素生产率,着力加快建设实体经济、科技创新、现代金融、人力资源协同发展的产业体系,着力构建市场机制有效、微观主体有活力、宏观调控有度的经济体制,不断增强我国经济创新力和竞争力"①。在《中共中央关于制定国民经济和社会发展第十四个五年规划和二〇三五年远景目标的建议》中,提出了"坚持把发展经济着力点放在实体经济上,坚定不移建设制造强国、质量强国、网络强国、数字中国,推进产业基础高级化、产业链现代化,提高经济质量效益和核心竞争力"。产业是国民经济可持续发展的支撑力量和社会和谐稳定的重要基石。产业结构优化升级是国家和各省份提升经济综合竞争力的关键举措。产业结构优化升级一要加快改造传统产业,深入推进信息化与工业化深度融合;二要着力培育战略性新兴产业,发展服务业特别是现代服务业,积极培育新业态和新商业模式,构建现代产业发展新体系;三要依托新技术赋能制造业和新产业,以核心技术和专业服务跻身于全球价值链的高端环节。

(二)坚持提升资源要素能力现代化

现代化经济体的发展历程,都必须顺应消费和技术发展趋势,通过不断调整产业结构实现转型升级,这需要以产业集聚、交通改善所形成的金融、信息和技术等重要资源要素集散能力为基础。以重庆为例,其作为"一带一路"和长江经济带的联结点、西部大开发的战略支点,需要在国家战略指导下参与国际竞争,率先建立现代化产业体系,一方面大力发展现代先进制造业、交通物流运输业、大数据等现代信息产业、金融服务业和文化创意产业等潜在支柱产业。另一方面,需要整合长江航运、中欧班列(重庆)、西部陆海新通道和国际航运中转枢纽等,构建西部对外综合交通物流大通道,成为国家对外贸易和联系的枢纽与运营中心。

四、资源要素

推进资源要素市场化改革进程,完善资源要素市场化配置体制机

---

① 马骥,庞靖民.贯彻习近平经济思想 构建现代产业体系:基于广东省产业结构演变的分析[J].商业研究,2018(9):8-13.

制,是加快构建社会主义市场经济体制的内在要求;建立符合中国国情的市场经济体系,发挥市场在资源配置中的决定性作用。2020年4月,党中央、国务院印发《关于构建更加完善的要素市场化配置体制机制的意见》,就扩大要素市场化配置范围、促进要素自主有序流动、加快要素价格市场化改革、健全要素市场运行机制等方面进行部署。这对推进要素市场制度建设、提高资源配置效率、推动省级政府经济高质量发展具有十分重大的意义[1]。

在实践过程中,省级政府对要素市场的调控在要素流动、配置范围以及价格机制等方面存在着很多短板,这和政府行政配置手段有着很大关系。由于我国各级政府财政转移支付制度的存在,地方政府对要素配置存在较大的自由裁量权,其积极方面是加强了地方政府为实现经济社会发展目标的调控手段,消极方面是简单的行政手段存在违反市场规律的配置之嫌,甚至导致腐败行为,这就会破坏竞争机制和市场的公平性,降低要素使用效率。充分发挥市场配置资源的功能,必须深化要素市场化配置改革,推进要素市场制度建设,省级政府在调控中应充分遵循市场经济规律的要求,完善市场化约束制度。

第五节　调控目标的实现
——寻求有效途径和改革的必要性

建立省级经济调控体系,不只是落实国家调控意图,更重要的是结合本地区的实际情况搞好自己的工作。改革开放使各省(区、市)的经济高速发展,其出现了"唯GDP、唯高速、唯增长"的倾向,不太重视国家大局和经济规律的要求,创新、结构、质量和可持续等问题都开始显现。"十四五"时期,按照社会主义市场经济体制的要求,我国全面深化改革,推动经济高质量发展,总体上健全完善省级调控体系,努力应对复

---

[1]王一鸣.深化要素市场化配置改革 推动经济高质量发展[J].中国经贸导刊,2020(9):8-9.

杂多变的国内外形势,力求经济稳中向好。

一、准确把握国家宏观调控要求

纵观我国的经济发展史,以五年规划为标准,我国历经了恢复发展时期的经济调控(1949—1957年);动荡发展时期的宏观调控(1958—1976年);经济体制转型初期的宏观调控(1977—1990年)和全面建立社会主义市场经济体制时期的宏观调控(1991年至今)。

从大的脉络分析,"八五"计划将改革开放和经济发展结合起来,重点调整优化产业结构,"持续、稳定、协调"是经济转轨的基调;"九五"计划针对经济过热和经济全球化的趋势,努力实现国民经济"软着陆",强调转变经济增长方式,把可持续发展作为宏观调控的核心要务;"十五"计划是中华人民共和国成立以来经济发展相对稳定的时期,这个阶段改变了追求经济高速增长的一贯思路,把经济增长的质量和效益放到同等重要的位置,更加注重生态环境和区域协调发展。"十一五"是我国五年规划的起始期,国家宏观调控更加重视经济发展规律,更加重视发挥市场对资源的配置作用,更加重视科学发展观,更加重视对扩大内需的调控,也更加注意防范对金融危机等各类经济风险;"十二五""十三五"期间,改革持续深化,宏观调控注重创新发展、新型城镇化和农业现代化,强调绿色发展、民生福祉和扩大就业,灵活运用货币政策和财政政策,增强了中国经济的韧性。

梳理国家五年计划和规划的脉络,贯穿于经济协调过程的有三个重点,一是针对"增长—过热—衰退"的循环,制定有效的调控措施;二是针对生产资料所有制的问题如何解放思想、改革创新;三是针对计划与市场的关系如何做好"看得见的手"和"看不见的手"之间的平衡。这是个长期探索的过程,通过一轮轮计划规划,在不断深化对国情认识的基础上,并参考借鉴国外宏观调控经验,我们逐渐形成了具有中国特色的调控体系,在宏观调控的"工具箱"中,我们既有利率、汇率等国际通行的调控工具,也有自身创新的一系列调控手段。

除了五年发展计划、规划,中央经济工作会议作为党治国理政的重要制度安排,是每年最高级别的经济工作会议,也是判断当下经济形势和定调第二年宏观经济政策最权威的风向标。如果说计划、规划是"看长远、定战略",中央经济工作会议就是"判形势、做决策",两者相辅相成、互为补充,推动宏观调控目标朝着预期方向发展。近年来的中央经济工作会议,从"房是来住的,不是用来炒的"、以人为核心的城镇化、供给侧结构性改革、经济发展新常态,到稳增长、促改革、调结构、惠民生、防风险、保稳定,再到加快构建新发展格局、全面深化改革开放、坚持创新驱动发展、推动高质量发展,对中国经济产生了深远影响。

省级层面,经济调控目标能否实现,取决于省级政府是否在国家大战略背景下对国家宏观调控进行准确把握。第一,在制定省级经济调控目标时,充分对接国家发展规划。因为国家规划是全局性的综合考量,而各省(区、市)要分析自身实际和发展条件,合理制定目标,以发挥局部支撑配合作用。第二,对国家分解到省(区、市)的约束性指标,应坚决执行,比如生态环境保护、永久粮田耕地、开发强度等,这些都是国家大政方针和宏观调控的刚性要求,各省(区、市)必须认真落实,然后国家才得以健康发展。第三,认真贯彻落实中央经济会议精神。党的十九大以来,稳中求进是历年中央经济工作会议的总基调,各省(区、市)政府应充分理解"稳"字内涵,吸取以往"冒进"和"过热"的教训,在各项经济社会发展目标设置上尊重规律,从重视发展速度规模转移到质量效益和结构上来,从一般性发展转移到高质量发展上来。第四,对中央政府提出的经济风险警示予以高度重视。特别是"十四五"时期,在新冠疫情的冲击下,外部环境日趋复杂严峻,以美国为首的西方势力加强对我国的高技术制裁,各种不确定性因素明显增大,扩大国内需求难度增大,产业供应链遭受冲击,失业率也不断升高,各种预期指数下降,全国经济发展面临多重压力。对于中央的判断,省级政府必须认真研究本地区的实际情况,主动适应经济社会发展的新情况,调整发展战略,加强风险防范,积极应对挑战,确保调控目标的顺利实现。

二、实现规划纲要与年度计划的有效衔接

(一)省级规划纲要与年度计划的关系

省级规划纲要具有战略性、纲领性、指导性和综合性特征,其在规划体系中发挥着牵头作用,规划既定的各项发展目标是本地区未来一段时期的发展蓝图,要实现这张蓝图,政府、企业、公民等多元主体参与,具体的需要通过政府年度计划来实施。第一,省级年度计划必须与规划有机衔接,部门的年度计划又必须与政府的年度计划有效衔接,以确保规划逐年实施。第二,汇报年度计划就需要较好地回答执行规划的动态情况,及时发现规划与现实经济运行走向间的问题。第三,将规划工作细化落实到年度计划,并非是年度计划对规划进行机械分解,而是根据年度实际情况,突出解决当年存在的重大问题。在杨庆育教授团队对西部某省"十二五"规划目标任务和年度计划结合程度进行问卷调查的基础上,我们对该省"十三五"时期面临的同样问题进行问卷调查。通过对比,67.6%的受访者认为省级部门的目标任务和年度计划结合程度好,56.2%的受访者认为省级部门以下的政府部门的目标任务和年度计划结合程度好,比"十二五"期间仅仅提高2~3个百分点。由此可见,省级规划纲要与年度工作计划的结合需要进一步优化(表3-5、表3-6)。

表3-5　单位牵头(或参与)编制"十二五"规划目标任务和年度计划结合程度

	省级部门	地市县
不好	1.0%	0
不太好	10.2%	15.4%
好	65.3%	53.8%
很好	12.2%	23.1%
不确定	8.2%	7.7%
缺失	3.1%	0

表3-6 单位牵头（或参与）编制"十三五"规划目标任务和年度计划结合程度

	省级部门	地市县
不好	0.8%	0
不太好	8.9%	13.1%
好	67.6%	56.2%
很好	12.7%	23.2%
不确定	7.6%	7.4%
缺失	2.4%	0.1%

（二）有机衔接省级规划纲要与年度计划

省级规划纲要主要体现在战略层面，年度计划重点是在战术层面，二者不是孤立存在的，而是紧密结合的，通过发挥年度计划的分解、反馈和评价功能，优化经济调控政策和手段，促使规划目标分步实施、逐步达成，推动省级规划纲要与年度计划有机衔接，做到"科学分解、部门协同、常态反馈、动态监测。

一是科学分解目标。确定了规划纲要目标，也就大致确定了省级政府调控的总体方向。目标的年度分解不是机械摊派任务、层层加码、层层抬高。对于规划预期性指标，采用经验总结法，对前一阶段的调控目标实现情况进行分析，更重要的是结合急剧变化的形势，确定年度目标。对于约束性指标，则主要是按国家要求确定。规划和计划目标体系是涉及多部门、各行业的系统，因此，进行年度分解要讲究科学性、规范性和现实性。

二是开展多部门联动协同。与五年规划相比，地方政府及其部门更聚焦于年度计划的制定和实施，往往忽略中长期调控目标要求。然而，规划纲要是经过了认真的研究和科学的论证，经过反复的磋商修改的，可以说我国国家和省级五年规划是集各方面的信息和智慧，分析了国内外、省内外的发展趋势所形成的成果。历次的五年规划（计划）的执行，基本上说明了我国国家和省级规划（计划）反映了经济社会的发展规律。所以，全国各级各部门需要处理好规划纲要和年度计划的关系,加强部门联动,相互协同,形成合力,共同推动长远目标的落实。

三是形成常态化反馈机制。年度计划的实施必然遇到许多新问题,尤其是在当前复杂多变的国内外形势下,调控必须适应新形势的变化,新形势是省级政府调控的基本依据,也是调控手段不断优化的依据。目前,多省(区、市)采取的是由政府主要领导召开定期调度会、部门联席会等,动态掌握调控目标的实现情况,适时调整政策措施。

四是进行动态监测预警。年度计划的实施能发现经济运行过程中出现的较大波动和异常情况,进而为调控提供预警。计划监测体系对重点领域开展监测,筛选经济运行敏感数据,运用信息化工具,采取模型、统计分析等多种方法,实现对重点领域的监测,做到对经济运行的波动及时预判警示;对已发生的异常情况,进行评价分析,并对后期发展趋势做出预测。相较于常态化反馈,动态监测更注重数据收集、论证和分析,为调控制定预案提供依据。

三、推进重大项目建设

(一)将重大项目纳入五年规划

与传统的五年计划相比,五年发展规划应以重大项目为载体推进规划的实施,其必须树立以项目抓机遇、以项目促发展的观念,按照集中力量办大事的原则,组织实施一批战略性、前瞻性、全局性和带动性强的重大项目,确保规划目标的实现[①]。"九五"以来,各省(区、市)陆续把重大项目纳入规划体系,其既成为推进相关工作的抓手,又是确保规划目标任务完成的重要支撑。重庆市从"十五"开始,就将重大在建项目和重大前期项目纳入规划管理,年年对其进行调整,为推动经济和社会发展发挥了重要作用。

---

①杨伟民.发展规划的理论与实践[M].北京:清华大学出版社,2010:173.

(二)做好项目前期策划工作

由于经济处于上升阶段,项目推进比较容易。但经济增速放缓期间,重大项目的推进会出现两个问题,一方面重大项目才是拉动投资和需求的关键,才能保持经济社会的平稳发展;另一方面受制于融资困难、发展环境等因素,加之发展动力的转换问题,项目质量的结构性要求越来越高,如果缺乏充足的准备,项目就很难推动。所以做好重大项目的前期策划十分重要。重大项目的前期策划要立足于与国家、省级规划和行业规划,从宏观战略高度,将其与经济社会发展、行业发展全局、行业发展时间结合。我们要立足于项目全过程、全生命周期质量角度,从产业链、区域统筹、需求分析、资源禀赋等方面,论证项目的必要性、可行性;立足于区域整体投融资的良性运行,综合考虑民生和其他建设项目合理结构,吸引社会资本,增加总量、优化结构、消化债务,保证项目融资风险可控;立足于项目投融资的改革创新,发挥货币、财政、投资相互支撑、放大效应,拓宽重大项目融资渠道。

(三)建立重大项目规划的新模式

把握"三个结合",即专业机构与一线部门结合,专业咨询团队与行业专家结合,国家和省级层面相关政策结合。

坚持国家、区域、规划和问题短板"四个导向",把本地区一批重大战略项目纳入国家规划;落实区域发展战略,推动区域一体化发展;体现国家和省级五年规划、发展战略的基本要求和基本需要,使项目具有前瞻性、标志性、引领性和全局性;针对问题短板,特别是市场失灵的公共服务领域,实施一批重大民生工程和具有引领性的重大创新工程。

具备"五大基本功",即具备分析数据信息的基本功,能够敏锐地洞察、了解和把握国家、行业最前沿的政策动向、规划部署、发展趋势;具备战略思维、国际视野的基本功,能够立足于宏观战略高度和国际视野,富于远见谋划本地区的重大项目;具备资源整合的基本功,能够在更大范围进行资源、政策的整合,系统整体全局谋划重大项目;具备深度调研的基本功,广泛听取、专题论证、悉心征求专家意见,形成重大项目的发展思路;具备项目分析的基本功,能够对项目的前期条件进行综合分析和评价。

同时,坚持"六个同步",即规划与项目同步;土地同步;空间同步;资源、资金、水、电、气、人才信息等要素同步;政策同步;投融资和招商引资同步。

(四)做好项目库、决策、智慧"三大系统"建设

建设项目库系统,由总库、子库、基础库构成。其中,总库是按照项目库建设原则和标准,通过科学筛选、归集分类、上下衔接后形成的整个重大项目的总集,是指导和确定固定资产投资的主要依据。子库是总库的重要分支,根据各地实际情况确定。一般而言,其可由产业库、基础设施库、社会民生库等构成,以现代产业体系、基础设施、城乡建设、区域发展、公共服务等为主要内容,滚动实施重大项目。基础库涵盖省级各部门各行业所有专项规划和项目库,是构建总库和子库的基础资料和主要数据来源。

建设整合各部门资源的决策系统,省政府领导统帅,综合部门牵头,主要部门参与,确保任务逐级落实、层层负责,让重大项目从包装策划到落地实施。

借助现代信息技术,利用大数据、云计算等工具,整合成适用于PC端和移动端的智慧系统,随时掌握项目的进展情况,及时解决存在的问题。

(五)做好三大方面保障

在资金保障方面,尤其是在经济增速放缓的趋势下,各省(区、市)项目出现资金缺口就成为常态,中西部地区就更为明显,与"十二五"和"十三五"初期相比,"十三五"后期和进入"十四五"后重大项目开工率降幅明显;一些项目为抢进度、抢时间,在建设资金尚未落实到位情况下仓促"上马",导致资金链断裂,严重影响项目建设。破解重大项目投

融资问题,是政府调控的重要内容,需要在综合中央预算内的资金、省级财政资金、金融和基金以及社会资本总量的基础上,科学合理地确定重大项目,重点解决重大民生和涉及经济社会发展的重大短板项目,突出项目的有效性和创新性,坚持图新不图多。在要素保障方面,功能性国土空间约束成为重大项目落地的瓶颈,国土空间调控是硬约束,合理地确定主体功能发展空间是实现可持续发展的重要保障,应把重点发展需求和用地约束科学的统筹起来,盘活存量用地资源,开展低效用地腾挪,打通重大项目选地用地的堵点、断点。在服务保障方面,我国不少地区的做法值得借鉴和推广,如积极制定考核机制,营造良好服务环境。

专栏:

推进重大项目落地案例

1.产业链法策划包装项目

工业产业链。从构建先进制造业产业链的角度,重庆永川中德智能产业园确定"2+2"产业集群(高端数控机床及机器人、智能汽车与新能源汽车、智能医疗器械、传感驱动与电子信息),为了完善高端数控机床及机器人产业集群,提出了重点发展高精尖数控机床、配套发展机床零部件、创新机床服务新模式三大发展方向,锁定吉特迈、通快、斯来福临等德国领先企业,策划了高精尖复合加工机床和智能柔性车床系统项目,新型超硬材料、纤维及复合材料机床配套零部件项目,既有补链成群,又凸显时代发展趋势。最终中德智能产业园得到国家的大力支持。案例启示:现代产业项目一定要把握发展方向和趋势,从产业集群和完善上下游链条的角度去策划包装项目。现代产业项目一定要找到未来的投资方和有实力的企业,明确目标、主动招商。要结合区域产业发展方向,找准自身优势,不断提升营商环境,定向包装、精准突破。

农业产业链。从构建现代农业产业链的角度,重庆潼南柠檬全产业链项目包装成功实施,该产业园结合潼南柠檬产业基础优势,主动适应农业供给侧结构性改革,抢抓重庆市百亿级柠檬产业核心区建设的契机,按照"产供加销研学旅"全产业链的理念,策划包装一大批项目,成功申报国家级产业融合示范园,推动了柠檬种植、精深加工、线上线下营销、科技研发等全产业链格局,促进了一二三产业联动,柠檬产业年产值达30亿元,帮助5万余农民脱贫增收致富。案例启示:牢牢把握住现代农业全产业链的要求不断补链、拓链、延链,体系化包装策划项目。紧密结合市场发展趋势,抓住加工、科研、市场三大关键环节策划项目,整体提升产业水准,把生态和资源优势转化为特色经济优势。各方面整合,把现代农业产业园、融合示范园、农业综合开发、高标准农田建设等政策用活,配套施策,打造体系助推产业链得到持续投入和完善。

2.按照区域统筹协作策划包装项目

围绕区域间大型工程策划。以区域间大型工程项目为核心,构建区域间基础设施网络。结合重庆巫山机场建设,为推动巫山县与奉节县旅游产业发展,奉节县根据机场位于两县交界处区位情况,策划了奉节县白帝镇石庙村至巫山县曲尺乡哨路村公路改造工程,进一步发挥巫山机场的辐射能力,该项目也得到两地的认可和共同推进。

围绕区域重大平台策划。以区域间海关口岸、国家级新区、国家级园区为核心,构建物流大通道、原材料供应通道、能源输送通道。为了打开四川东向开放通道,重庆万州和四川达州共同建设高速直达万州新田港。为了推动广安经开区、前锋区工业园区、邻水县工业园区与重庆长寿经济技术开发区、两江新区建立产业合作平台,提出广忠黔、广涪柳铁路、镇巴至广安至重庆高速公路等建设。

围绕区域产业群带发展需要策划。以区域间业已形成的产业集群、产业带,构建毗邻区域连片成网的基础设施。抓住成渝地区双城经济圈建设重大机遇,重庆荣昌和四川内江、泸州合作,潼遂合作、渝广合作,针对彼此邻近边界区域,梳理了一批重要的国省道改造项目,共同规划、一体设计,策划了一批产业路、旅游路、物流路,按照统一标准建设区县之间、园区之间、乡镇之间的便捷交通路网。

四、加强产业政策宏观引导作用

产业是经济发展的脊梁,推动省级经济高质量发展,必须建立在产业高质量发展的基础上。我国省级产业政策作为地方推动经济发展和调控经济的手段是逐渐形成的。早期国家产业政策直接替代了省级产业政策,但各省(区、市)在贯彻政策过程中,往往存在差异。同时,地方经济发展成就是中央考核地方的一个重要因素,所以,当国家产业政策难以兼顾本地区的具体情况时,地方政府官员就会考虑制定更加符合当地情况或更有利于本省发展的产业政策①。

(一)改革开放省级产业政策的阶段性

省级产业政策会调动财政、金融、土地等省级资源,是省级经济调控的主要手段和综合施策的主要抓手。我国省级产业政策大致分两个阶段。改革开放初期,在学习日本等发达国家先进经验的基础上,我国引入了产业政策的概念,在1989年发布《国务院关于当前产业政策要点的决定》后,省级政府利用中央给予的一定的产业发展主导权,开始尝试和应用产业政策发展本地区产业。1993年以后,社会主义市场经济体制逐步建立,改革开放加速推进,各省(区、市)推出了各类产业政策,利用这一调控手段加快本地区产业体系的构建。这期间,针对产业政策制定过程中出现的一系列问题,各省(区、市)不断丰富其内涵,推动产业转型升级和产业结构优化。

(二)省级产业政策存在的问题

一是产业政策作为省级政府的主要调控手段,在制定过程中往往以政府为主导,虽然市场机制的作用有所增强,其在资源配置上培育了

---

①杨庆育,尚海燕,等.中国省级产业政策发展研究[M].北京:中国计划出版社,2020:5.

一批具有战略性意义的骨干产业,但是政府的导向性依然明显,部分省(区、市)之间仍然存在产业同构现象,这就导致产能过剩。二是各省(区、市)优势特色产业挖掘不够,受以往经济高速增长的影响,部分省级政府长期追求经济规模效应,在产业政策制定上贪大求全,以招商为指导,不考虑优势和资源条件以及配套条件,忽略市场在资源配置中的决定性作用,导致重复投资并形成不合理的产业布局。三是对产业发展规律把握不够,不分析自身条件,跟风发展高投入、高回报、高风险的产业,盲目追求产值和回报,极易因条件不成熟造成产业停摆。四是省级产业政策和招商引资政策错位,有些省份为确保招商在短时间内收获成效、实现项目落地,对一些与产业政策不相符的招商项目把关不严,短时间看其拉动了投资并形成一定产值,但长远来看并不能形成具有全国优势的现代产业体系。

(三)制定科学合理的省级产业政策

产业政策必须有利于产业结构优化和高质量发展,契合未来产业变革的趋势。一方面,要有新定位,把握新时代世界科技革命机遇,顺应历史潮流,以强化产业融合与产业链为主要取向,以提高产业自主核心技术为基本要求,以实现综合经济效益为主要目标,因地制宜发挥各省(区、市)比较优势,强化区域协作,让产业发展符合市场经济规律和产业发展规律。另一方面,制定科学合理的省级产业政策,必须遵循国家产业发展总布局,强化省级产业政策和中央大政方针的协调性,将本地区的产业置于国家发展全局中进行谋划;遵循国家的宏观指导,让产业政策更多以引领、引导为主,在严格把关淘汰类、限制类产业的基础上,把决定权充分交给市场;遵循通过产业政策激活存量、做优增量,让产业基于自身优势和资源禀赋做大、做强、做优;遵循招商引资的科学性,让产业政策和招商引资充分结合,杜绝任务式招商、摊派式招商,强化招商引资团队的宏观思维,用产业政策引领高质量的招商引资,实现省级经济调控战略意图。

五、创新省级经济调控手段

省级经济调控手段是为调控目标服务的,相对于我国经济高增长时代的调控,今天我国所面临的省级经济调控形势已经有了根本变化,从高增长变为中高增长,从大规模变为高质量,从追求速度变为优化结构,从单一发展产业变为产业链条的培育等。面对这样的变化,传统的经济调控手段迫切需要适应新形势而进行创新和改革。

(一)关于土地调控制度改革

土地是项目建设的基础,又是项目建设的"金箍"。随着项目建设前期管理的日益规范,政府对项目的前期审查十分严格。尤其是用地审批,涵盖国土空间规划、地质灾害评估、永久基本农田、征占用林地等多个方面,相关规范性文件数量多、变化快,导致重大项目在用地环节上往往耗时长、流程多、成本高。对此,要破解项目"用地难"的问题,我们需要在法理学框架下加大改革力度。一要强化规划引领,在国土空间开发保护格局下,优化国土空间结构和功能布局,合理布局产业发展、基础设施和公共服务设施,为重大项目用地预留规划空间。二要纵深推进建设用地审批制度改革,完善配套政策体系,对重大项目实施分类分项细化管理,制定针对性强且突出实效的精准供地方案,精简建设用地审批前置审查要素,开辟前期用地"绿色通道",提高审批效率。三要对闲置土地、低效用地等进行清查整顿,盘活存量土地资源,节约集约利用土地。四要探索规划、用地等审批制度改革,推行"多规合一、多审合一",构建完善国土空间用途管制体系。[①]

(二)关于财税调控制度改革

我国实行"分税制"后,省级的财税权力减弱,但是,由于"土地财政"的出现,省级财税调控的空间也日益扩大,包括一些税费的变化,财税就成为省级经济调控的重要手段。财税政策是把"双刃剑",积极的财政政策能提高经济效率,提升经济发展预期,为经济增长提供有力的

---

①朱珠.重大项目自然资源要素保障的困境与对策[J].中国土地,2021(6):23-25.

保障；但面对经济增速放缓的现状，实施一些有针对性的税费政策，也可能反过来成为制约经济发展的因素。因此，省级财税政策的制度改革，必须要科学、合理，以及把握出台的时机，使之成为有效的经济调控手段。党的十八大以来，全面深化改革中的财税体制改革始终是"重头戏"，省级财政部门在中央的统一部署下，持续开展财税体制改革，完善省级经济调控体系，创新调控手段措施。结合近年来省级财政部门的改革经验，我们下一阶段要进一步梳理并清晰中央和地方财权事权的划分，优化财税分权水平，给予省级政府更大的财税政策空间；优化省级财政投入方向，重视服务行业、公共服务、乡村振兴等领域，对科技创新、人才引进、教育养老等给予倾斜支持；进一步巩固预算管理制度改革成果，明确公开责任主体，进而监督、约束政府财政支出行为；进一步推动税制改革，通过提升完善征管质量和能力，强化税收支出管理，提升省级政府财政收入质量。

(三)关于金融供给侧结构性改革

随着我国"一行两会"的调整，全国性金融机构的垂直管理，赋予了省级政府参与金融管理，监管好地方金融机构，利用好金融工具的权力，这有利于强化省级经济调控手段。地方开展金融供给侧结构性改革，要结合规划纲要，以规划引领和制定融资规划，大系统、高效率地开放培育融资项目。要创新金融产品和服务，还是要提高直接融资尤其是股权融资比重，发挥多种产品的直接融资功能；发挥政府基金的引导协调作用，吸引更多社会资本。改善间接融资结构，贯彻"构建多层次、广覆盖、有差异的银行体系"要求，打造"政银企命运共同体"，以市场为导向，坚持法治原则，完善金融信用体系建设，搭建金融供给和需求间的"信息桥梁"，提高金融需求侧的"信用等级"。

(四)关于调控技术化升级

当前，新一代信息技术的快速发展，以大数据为例，全国有19个省份设立了大数据局，各地区纷纷建立智慧平台、数据中心，如政务大数据中心、各类数据交易平台等，以汇集数据，打破"数据孤岛"，推进数据共享,实现政府管理与公共服务的精细化、智能化和社会化。可以预见,在新一代技术的支撑下,智慧政府的建设将迈上新台阶。基于各省(区、市)已经或逐步完善的数据平台和计算中心,省级经济调控的数字化、智慧化将逐渐具备条件。其通过建立经济调控分析系统,对涉及本地区经济运行的相关数据、监测和预警数据进行整合共享,优化经济调控决策智能分析流程,实现对经济运行的动态掌握,推动政府、市场、社会、企业多方协同,实现政府和市场的双向互动,进一步提高省级经济调控的综合能力。

六、针对区域差异科学施策

(一)推动区域协调发展是宏观调控的重要内容

党的十八大以来,京津冀协同、长江经济带发展、粤港澳大湾区建设、长三角一体化等区域发展战略逐个推进,内涵不断被丰富,政策日趋完善。为进一步推动西部大开发,形成优势互补的区域经济战略布局,2021年10月,党中央、国务院印发了《成渝地区双城经济圈建设规划纲要》,标志着我国西部也将产生全国高质量发展的新动力源。针对不同区域的发展,国家在深化区域合作机制、健全区际利益补偿机制、完善基本公共服务均等方面出台了一系列政策和举措。各地在贯彻落实中央政策的基础上,积极探索省际合作模式,积累了很多好的区域发展经验。通过"十三五"规划的实施,多数省份在区域协同、产业协作等方面渐渐达成共识。区别于改革开放初期,各省(区、市)为了经济快速发展,单兵突进,出现产业同质化、产能过剩等一系列问题。新时期的宏观调控,注重区域间的协调性,推动省际之间的合作共赢,是必由之路,更是省际经济调控的重要手段。

(二)省(区、市)内部也存在协同协调的问题

各省(区、市)内部,经济发展不平衡不充分的情况也存在,西部省份不同区域的发展差异更大,重庆就是一个典型的大城市、大农村并存的地区,重庆主城区年地区生产总值超过2 000亿元,而发展相对落后

的县城仅仅为60亿元。所以,各省(区、市)也要坚持从全局谋划一域、以一域服务全局,高度重视内部区域的协调发展,统筹省内各区域板块经济发展、产业布局、城镇空间和公共服务,强化区域间的分类施策、精准发力,推动形成优势互补、高质量发展的区域经济布局。"十四五"期间部分省份的区域协调发展内容如表3-7所示。

表3-7　"十四五"期间部分省份的区域协调发展内容

地区		区域协调发展内容
东部地区	北京市	提升中心城区空间品质。进一步完善分散集团式空间布局,提升北中轴奥林匹克中心区环境品质,强化南中轴地区发展统筹,围绕重点功能区拓展高端要素聚集空间。 增强新城综合承载能力。系统构建平原新城城市框架,建设中心城和平原新城"半小时轨道交通圈",建设站城融合的城市支点,增强基础设施承载能力,延伸覆盖生态涵养区新城。制定公共服务资源补短板项目清单,有序引导教育、医疗等中心城区优质资源向新城精准转移。加强产业准入管理,承接适宜的功能和产业。
	上海市	"中心辐射、两翼齐飞、新城发力、南北转型": 推动主城区综合功能升级。聚焦提升城市活力和品质,突出中央活动区核心功能,提升城市副中心和主城片区的综合服务与特色功能,不断增强集聚配置和服务辐射国内外高端资源要素的能力。东西联动建设国家战略承载区。以临港新片区、张江科学城为核心加快东部开放创新功能板块建设,以虹桥商务区、长三角一体化示范区为核心加快西部绿色开放板块建设,依托轨道交通以及虹桥浦东两大枢纽强化东西联系,延伸深化延安路-世纪大道发展轴,拓展"两翼齐飞"空间格局。 新城发力建设独立综合性节点城市。实施新城发展战略,承接主城核心功能,按照产城融合、功能完备、职住平衡、生态宜居、交通便利的新一轮新城建设要求,把五大新城建设为长三角城市群中具有辐射带动作用的独立综合性节点城市,融入长三角区域城市网络。 南北转型提升沿江沿湾发展动能。把握国家沿海沿江铁路大通道建设机遇,加快南北功能布局调整升级,通过产业结构调整、土地更新利用为区域转型发展植入新功能、培育新产业、打造新的增长极。

163

续表

地区		区域协调发展内容
中部地区	湖北省	"一主引领、两翼驱动、全域协同"： 突出"一主引领"。提升武汉城市发展能级，发挥武汉龙头引领作用，加快武汉城市圈同城化发展，辐射带动全省高质量发展。 强化"两翼驱动"。强化规划引领，推动"襄十随神""宜荆荆恩"城市群由点轴式向扇面式发展，推进群内基础设施互联互通、产业发展互促互补、生态环境共保联治、公共服务共建共享、开放合作携手共赢，加快一体化发展，加强"两翼"互动，打造支撑全省高质量发展的南北"两翼"。 促进"全域协同"。支持全省各地立足资源环境承载能力，发挥比较优势竞相发展，打造更多高质量发展增长极增长点，形成全域协同发展格局。
	湖南省	"一核两副三带四区"： 加快推进长株潭一体化。壮大长株潭核心增长极，创建长沙国际中心城市，建设长株潭现代化都市圈，增强长株潭辐射带动能力。 建设两大省域副中心城市。岳阳市，用好用足通江达海优势，建设长江经济带绿色发展示范区。衡阳市，发挥老工业基地和交通枢纽优势，当好承接产业转移领头雁。 打造三条高铁经济带。打造京广高铁经济带、沪昆高铁经济带、渝长厦高铁经济带。 推动四大板块协调发展。推进长株潭地区一体化发展（强化长沙龙头带动作用，发挥株洲、湘潭比较优势，加快推进一体化步伐，促进基础设施互联互通、成环成网，产业互补互助、成链成群）、促进洞庭湖生态经济区绿色发展（发挥临江临湖区位优势，建立湖区特有的生态产业和合理的经济结构，大力发展绿色品牌农业、滨水产业、港口经济，积极发展与长株潭相衔接的电子信息和机械装备制造）、加快湘南地区开放发展（充分发挥承接产业转移示范区平台功能，以衡阳副中心建设为引领，加强与粤港澳大湾区、北部湾、东盟等区域合作，建成中西部地区内陆开放合作示范区）、提升大湘西地区开发水平（落实湘西地区开发各项优惠政策，以生态产业为导向，承接产业转移，大力发展特色材料、文化旅游、商贸物流、食品医药等产业，将大湘西地区建成脱贫地区高质量发展先行区、承接产业转移和特色优势产业发展集聚区、生态安全保障区）。

地区		区域协调发展内容
西部地区	重庆市	"一区两群"： 提升主城都市区发展能级和综合竞争力。实施"强核提能级、扩容提品质"，梯次推动主城新区与中心城区功能互补和同城化发展，全面提升核心带动功能，打造产业升级引领区、科技创新策源地、改革开放试验田、高品质生活宜居区。 推动渝东北三峡库区城镇群生态优先绿色发展。坚持一体化规划、组团式发展、协同性建设，打好"三峡牌"，建好"城镇群"，强化在三峡库区生态保护、"江城"特色城镇化发展、生态产业体系建设上的示范作用。 推进渝东南武陵山区城镇群文旅融合发展。立足山地特点、生态资源和民族特色，整合资源要素、协同联动发展，加快建设国家文化产业和旅游产业融合发展示范区，打造文旅融合发展新标杆、绿色创新发展新高地、人与自然和谐宜居新典范。
	四川省	"一轴两翼三带"： 做强成渝发展主轴。增强成都极核和主干功能，推进成都、德阳、眉山、资阳同城化发展，加快生产力一体布局，促进基础设施同网、公共服务共享、政务事务通办、开放门户共建，创建成德眉资同城化综合试验区，构建形成中心城市引领型、组团式多层次网络化空间结构。 带动两翼协同发展。发展壮大泸州、宜宾区域中心城市，做强泸州—宜宾组团，促进内江自贡同城化，加快川南经济区一体化进程。积极培育南充、达州区域中心城市，发挥广安、广元、巴中重要节点作用，做强南充—达州组团，加快阆苍南一体化进程，促进川东北经济区振兴。 辐射三带联动发展。高质量构建成德绵眉乐雅广西攀经济带、培育壮大成遂南达经济带、优化提升攀乐宜泸沿江经济带。 促进区域协调发展。深化五区协同，充分发挥成都平原经济区、川南、川东北、攀西、川西北五大片区的比较优势，突出功能定位，推动差异化协同发展，强化片区间功能协作和产业配套。

续表

地区		区域协调发展内容
东北地区	黑龙江省	培育发展哈尔滨现代化都市圈。加快哈长城市群建设,在一小时圈层内,推进哈尔滨大庆绥化一体化发展,在两小时圈层内,依托骨干高速铁路等大通道,推动哈尔滨、大庆、齐齐哈尔、牡丹江创新协同发展,构建优越交通圈、优势经济圈、优美商旅圈,推动绿色发展,培育新经济新业态。以佳木斯为枢纽推动四煤城组团发展。以佳木斯为枢纽城市,以四煤城为节点城市,佳木斯强化城市功能,增强人口和生产要素集聚能力,鸡西、双鸭山、七台河、鹤岗推动精明发展,促进优势产业提质升级,发展绿色产业,打造东部石墨产业集群,加快市域经济高质量转型。推动大小兴安岭生态地区可持续发展。推动伊春、黑河、大兴安岭地区深化林区体制机制改革,坚持生态产业化、产业生态化,加快完善基础设施和公共服务设施,合理有序推进林场所和自然村屯撤并,促进人口集聚。
	吉林省	推进中东西"三大板块"建设。加快中部创新转型发展,开展高能级创新平台、高水平"双创"服务、高校院所创新、高层次人才引培、"十百千万"企业培育五大技术创新行动,推动智能制造、数字经济、人工智能、航天航空、光电信息、生物医药等高新技术产业和创新创业资源要素布局集聚。推进东部绿色转型发展,巩固提升长白山森林生态系统功能,增强水源涵养能力,保障国家生态安全。推进西部生态经济发展,实施河湖连通、防沙治碱、草原保护、湿地修复等重大工程,提升防风固沙能力,构筑西部生态屏障。建设长春现代化都市圈。推进长吉、长平一体化发展,构建长吉"新双极"格局,辐射带动松原、辽源等周边城市协同发展,增强就业吸纳能力,带动人口和经济集聚。推进公主岭市成为长春新城区,加快吉永、四梨、松前、辽泉同城化协同发展。发展壮大重要节点城市。支持梅河口市、敦化市、珲春市、前郭县、大安市等节点城市整合各类平台,提升发展能级。

本章小结:省级政府的经济调控作为国家宏观调控的重要组成部分,相对中观,而且要指导微观。省级经济调控体系在注重贯彻落实的前提下,具有很强的灵活性和可操作性,可由"规划、目标、运行、政策、

项目、监测"等六大子系统构成。

　　各省(区、市)经济发展情况差异较大,省级经济调控方式也不尽相同。在现代化经济和高质量发展的调控体系的支撑下,把握不同经济发展阶段对省级经济调控的影响,按照经济发展规律实施经济调控的最佳途径依然是全面深化改革。

　　建立省级经济调控体系,就是要把国家宏观调控落实到各个地方,把国家宏观调控的各项目标传达到基层。省级政府的调控目标按照预期实现,也意味着国家宏观调控目标达成能够得到保证。影响省级经济调控目标的因素较多,既有来自外部环境的影响,也有自身内部诸如产业结构、资源禀赋等因素的影响,省级经济调控需要分析判断这些影响因素,找到实现调控目标的有效途径并持续改革创新。

第四章　省级专项经济调控分类研究

　　四川省和重庆市是中西部地区的相对发达的地区,经济总量大,人口众多,科研力量相对雄厚,在全国区域经济板块中特征明显。以川渝两地为典型,研究省级经济调控,对推动长江经济带发展、推进西部大开发形成新格局、打造新的对外开放支点和区域发展引擎具有十分重要的现实意义。

　　川渝地区的发展聚焦于成渝两大中心城市,两者有内在的联系和分工,成渝中轴线上分布着数个大中小城市,具有鲜明的产业发展特色和互补性,拥有丰富的水电、天然气、煤和森林等资源。2011年国家颁发了《成渝经济区区域规划》,2016年又印发了《成渝城市群发展规划》,2021年中共中央、国务院印发《成渝地区双城经济圈建设规划纲要》,作出推动成渝地区双城经济圈建设、打造高质量发展重要增长极的重大决策部署。经济区到城市群再到双城经济圈,阶段能级跃升,成渝地区已经成为川渝两地发展的关键,也是两地未来实施经济调控的核心环节。

第一节　省级财政收支——调控与改革

　　财政是地方治理和经济建设的基础和重要支柱,地方财政运用预算和税收手段,优化经济结构以及发展方向、合理分配社会资源,在社会主义市场经济运行中发挥着重要的作用。川渝两地整体的财政能力在全国处于较高水平,建设双城经济圈需要管好用好财政资金,利用有限财力产生更大"乘数效应"。

一、成渝地区财政调控面临的主要挑战

(一)财政自给率较低

受复杂的国内外环境影响,我国各省(区、市)的财政收入有所下降。近年来,财政自给率超过50%的省份仅有九个,其中,上海、北京、广东、浙江等地,财政自给率超过75%;而重庆市为47.26%,四川省为42.56%,差距十分明显。由此可见,川渝两地的财政能力有限,财政收入低,推动经济发展的资金缺口较大(表4-1、图4-1)。

表4-1　2020—2021年各地财政自给率

地区	2021年财政自给率/%	2020/年财政自给率%	变动/%
上海	92.18	86.97	5.21
北京	86.44	80.93	5.51
广东	77.39	73.90	3.49
浙江	75.00	71.89	3.11
江苏	68.66	58.83	9.83
天津	67.96	61.02	6.94
福建	64.93	59.04	5.89
山东	62.21	58.41	3.80
山西	56.15	44.93	11.22
重庆	47.26	42.8	4.46
河北	47.07	42.4	4.67
辽宁	46.85	44.24	2.61
海南	46.46	41.34	5.12
安徽	46.07	43.05	3.02
陕西	45.73	38.04	7.69
内蒙古	44.84	38.94	5.90

续表

地区	2021年财政自给率/%	2020/年财政自给率%	变动/%
四川	42.56	38.02	4.54
河南	41.72	40.02	1.70
江西	41.49	37.62	3.87
湖南	38.86	35.81	3.05
贵州	35.23	31.22	4.01
云南	34.34	30.35	3.99
宁夏	32.21	28.28	3.93
广西	30.98	27.89	3.09
吉林	30.87	26.29	4.58
新疆	29.96	27.09	2.87
黑龙江	25.48	21.15	4.33
甘肃	24.88	21.05	3.83
青海	17.74	15.42	2.32
西藏	10.34	10.01	0.33

数据来源:各地财政部门(湖北数据暂无)

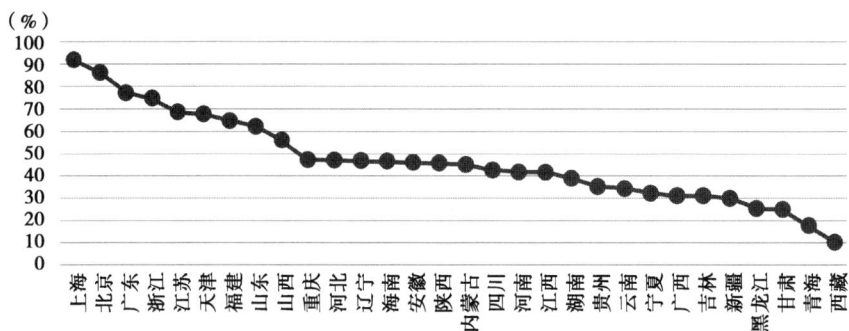

图4-1 2021年各地财政自给率

(二)地方财政存在"三大依赖"

第一,对"土地财政"的依赖。地方财政收入主要由一般预算收入、政府性基金收入和转移支付构成,其中一般预算收入和政府性基金收入由本地创造;而政府性基金收入主要是土地出让金收入,也就是说卖地收入占比越高,土地财政依赖性就越强。2020年各省(区、市)基金收入超过一般预算收入的省份中,四川和重庆均榜上有名。特别是重庆,2020年房地产开发投资4 351.96亿元,与同属内陆地区且人口结构相似的山西相比,后者仅为1 830.4亿元,两者的土地财政依赖度相差甚远,山西仅为33.4%,重庆则高达54%。

第二,对"债务"的依赖。2019年起,财政部对各地隐性债务和法定限额内政府债务的风险情况进行评估,并分为红(债务率≥300%)、橙(200%≤债务率<300%)、黄(120%≤债务率<200%)、绿(债务率<120%)4个等级。基于此,经调整债务率,2020年四川为280%、重庆为332%,且债务主要集中在城市建设投资。

第三,中央转移支付依赖。以我国东部部分地区为例,从各省(区、市)财政收入质量情况看,2021年税收比率超过80%的有浙江、上海、苏州、北京、陕西等6个地区。而我国西部地区,税收比率大多处于70%左右,四川、重庆分别为69.86%、67.53%,虽然在西部地区排在前列,但财政收入质量一般,依然需要中央转移支付的支持。

总体来看,地方财政"三大依赖"的特征,西部地区普遍存在,然而川渝两地作为西部地区的经济增长极,需要科学实施财政调控,加快摆脱对土地财政和地方债务的依赖,利用好中央转移支付资金,为经济高质量发展提供强有力的支撑(表4-2、图4-2)。

表4-2　2020年各省(区、市)财政收入情况

地区	一般公共预算收入/亿元	税收收入/亿元	税收比率/%
北京	5 483.89	4 643.87	84.68
天津	1 923.11	1 500.14	78.01
河北	3 826.46	2 527.28	66.05
山西	2 296.57	1 625.99	70.80
内蒙古	2 051.20	1 457.76	71.07

续表

地区	一般公共预算收入/亿元	税收收入/亿元	税收比率/%
辽宁	2 655.75	1 879.06	70.75
吉林	1 085.02	771.95	71.15
黑龙江	1 152.51	811.92	70.45
上海	7 046.30	5 841.88	82.91
江苏	9 058.99	7 413.86	81.84
浙江	7 248.24	6 261.75	86.39
安徽	3 216.01	2 199.52	68.39
福建	3 079.04	2 184.72	70.95
江西	2 504.54	1 701.92	67.95
山东	6 559.93	4 757.62	72.53
河南	4 168.84	2 764.73	66.32
湖北	2 511.54	1 923.45	76.58
湖南	3 008.66	2 057.98	68.40
广东	12 923.85	9 881.95	76.46
广西	1 716.94	1 113.22	64.84
海南	816.06	559.82	68.60
重庆	2 094.85	1 430.72	68.30
四川	4 260.89	2 967.2	69.64
贵州	1 786.8	1 086.04	60.78
云南	2 116.69	1 453.07	68.65
西藏	220.99	143.24	64.82
陕西	2 257.31	1 752.14	77.62
甘肃	874.55	567.93	64.94
青海	297.99	213.27	71.57

续表

地区	一般公共预算收入/亿元	税收收入/亿元	税收比率/%
宁夏	419.44	263.87	62.91
新疆	1 477.22	910.19	61.62

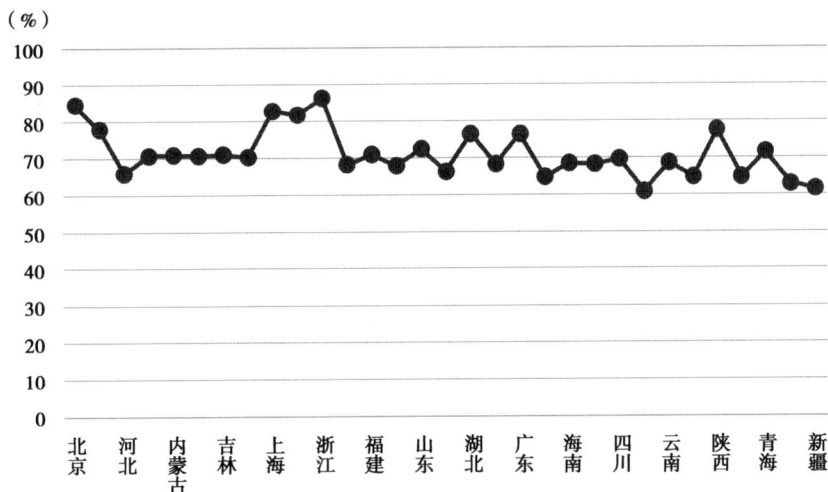

图4-2　2020年部分省(区)税收比率

(三)县本级财政"造血"功能较弱

四川的土地面积在全国排名第五,广阔的省级区域内分布着大小121个县;2021年全省所有县地方一般公共预算收入为4 773.3亿元,占全省总收入的比例不到9%,地方一般公共预算收入占一般公共预算支出的42.56%,平均县级财政支出缺口为53.24亿元,平均县级财政自给率为42.56%,总体处于全国中等偏下水平。重庆有12个县,2021年全市所有县地方一般公共预算收入为2 285.4亿元,占全市总收入不到9%,地方一般公共预算收入占一般公共预算支出的47.27%,平均县级财政支出缺口为67亿元,平均县级财政自给率为47.27%。这表明,2个地区内部发展不平衡不充分矛盾突出,平衡省级层面和县级层面的财力分配的压力大,基层财政调控水平有待提高,横向分布格局有待优化(表4-3、图4-3)。

表4-3　2021年四川、重庆两地财政收支状况

地区	地方一般公共预算收入/亿元	同比增速/%	地方一般公共预算支出/亿元	同比增速/%	财政自给率/%
四川	4 773.3	12	11 215.6	9	42.56
重庆	2 285.4	9.1	4 835.1	−2.1	47.27

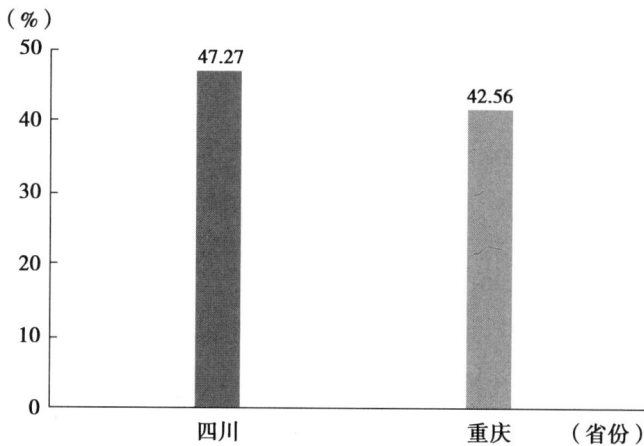

图4-3　2021年四川、重庆两地财政自给率对比

(四)对中小企业的扶持力度有待加强

改革开放以来,川渝两地中小企业迅猛发展,规模不断扩大,是保障地方税收、增加就业、促进创新的生力军,已成为经济发展的重要组成部分。近年来,两地政府也出台了很多配套政策措施,在促进公平竞争、减税降费、推动企业发展方面做了努力,但仍然存在较多问题。从财税的支持上,现有政策还不能有效促进中小企业发展。一方面,地方财政投入大量专项资金,但总体效益不高,例如:四川促进中小企业发展的两大类专项财政资金,一类是用于支持提升发展能力、完善服务体系方面,另一类是用于支持科技创新,支持范围较窄,其中2020年专项资金名单仅有8家机构,且申报方向均为公共服务体系方向,这就导致专项资金覆盖度不够,可以享受专项资金支持的中小企业减少。另一

方面,在财政资金扶持政策制定上不够精准,较为单一,其中奖励方面的设置与东部省份相比仍有较大不足。财政税收优惠政策,大多以补充规定和通知的形式出现,分散在各种税收法规和文件规章中,这容易导致税收政策执行效率低,真正在中小企业进行落实的政策较少。一个地方的中小企业越活跃,其发展指数就越高,其经济活力就越好,也意味着该地的经济越有保障。像川渝这样的西部地区,在发展过程中,应该高度重视强化财政调控的有效性,注重财税政策对中小企业的支撑效果,培育和壮大中小企业,配置地方财政。

二、成渝地区财政调控路径选择

当前面对严峻复杂的内外部环境,中央明确了继续实施积极的财政政策,更加强调提升财政效能,更加注重精准和可持续性。川渝两地应以"稳"字当头,把握财政收支"紧平衡",继续做好"六稳""六保"工作,实施提质增效、更可持续的积极财政政策,缓解地方财政收支矛盾,合理降低财政赤字规模,保持经济合理增速。

(一)抓好开源,加强财政资源统筹

要以建立权责清晰、财力协调、区域均衡的央地财政关系为出发点,进一步完善央地转移支付制度,以激励相容为核心机制,积极争取中央对川渝两地的财力支持,确保中央政府战略决策和政策意图在两地得到落实,同时支持川渝两地根据自身实施和发展特征,优化配置财政资源。积极争取开展中央可能进行的央地财政改革试点工作。

加大产业结构转型,对现有发展基础好的产业,如汽车、电子信息、装备制造等产业,实施产业基础再造,提升产业链供应链的稳定性和竞争力,做大做强主体税源,增强财政收入的稳定性;针对新一代网络技术、新能源及智能网联汽车,新材料、生物技术等战略性新兴产业,努力争取中央专项支持和地方财政扶持力度,集中优势资源培育一批产业集群、产业链和产业基地,开辟新财源。

融入新发展格局,发展现代服务业,加快建设国际消费中心城市,

结合川渝两地的资源禀赋,其可在全域旅游、现代金融、文化创意、大健康、养老等新型产业上下功夫,积极培育和完善大宗商品流通市场、数字交易市场、知识产业交易市场等,大幅提高第三产业在国民生产总值中的比重,拓展财源。

进一步完善项目管理制度,大幅提高拨付效率,做好协调,给予被拨付单位充足的执行时间,挖掘沉淀闲置的财政存量资金,进一步减少财政存量资金的产生。加快建立结转结余资金清理收回和整合使用的长效机制,统筹使用各类收入及资金,清理规范财政暂付性款项,加大国有资本经营收益调入公共预算力度;积极创新投入方式,发挥杠杆作用,以财政资金引导撬动更多社会资本。

(二)提升质效,完善财政政策体系

加强财政资源统筹调控,强化财政中期管理,完善各类预算衔接机制,加强对两地重大战略任务实施的支撑保障。推动以绩效为导向的财政预算制度改革,持续深化零基预算改革,打破基数概念和支出固化格局,建立并完善在预算安排上"能增能减"、在预算支出上"有保有压"、在预算执行上"能上能下"的管理机制,加快推进财政支出标准化,完善预算支出标准体系,建设预算管理一体化系统,不断强化财政对重点支出的资金保障。

健全预算绩效和管理机制调控,强化预算和绩效管理的相互协调。进一步完善直达资金专项国库对账机制,强化评估,保证直达资金安全有效到位。优化两地与区县财政事权与支出责任,健全两地对区县转移支付的制度,完善财力分配机制,逐步建立责权清晰、财力协调、区域均衡的政府间财政关系;对转移支付实施定期评估,对效率不高的项目进行整合归并,对纳入清单的项目实施退出机制,集中财力办大事要事。按照中央统一部署,加快地方税体系建设,调整完善地方税税制,健全直接税体系,完善个人所得税制度,优化消费税征收范围和税率,培育壮大地方税税源;深化非税收入收缴管理改革,巩固和拓展减税降

费成效,持续推动企业降本减负;深化税收征管制度改革,建设智慧税务,推动税收征管现代化,加快实现法人税费信息"一户式"、自然人税费信息"一人式"智能归集,税务机关信息"一局式"、税务人员信息"一员式"智能归集。

(三)遏制隐性债务,提升基层县级财力

加强县级政府债务管理,科学确定债务限额,建立规范可控的政府举债机制;强化债券项目管理,加强对项目的前期条件论证,强化项目生命周期管理,严格债券资金使用。对县级政府债务进行常态化监测,完善风险评估预警,推进债务信息公开机制。加强信息共享和协同监管,实行统一监管,形成监管合力。积极稳妥化解隐性债务存量,坚决遏制隐性债务增量,切实防范县级债务风险;促使融资平台公司转型发展,强化融资规范化管理,剥离平台公司的政府融资职能;防止国有企业和事业单位演化为政府融资平台;推动出台终身问责、倒查责任制度办法,加大对违法违规举债融资行为的责任追究力度。县级政府要持续加大项目引进力度,做长产业链条,做强产品优势,创新招商方式,为企业提供全方位扶持,进一步夯实县级财源税基。

(四)加大调控力度,扶持中小企业发展

地方财政设置专项对中小企业进行扶持,重点在绿色发展、科技创新、促进就业等方面;探索设立专项基金,发挥好财政资金的引导作用;不断减轻中小企业负担,不合理的收费要坚决清理整顿,规范收费行为;试行预付款制度,逐步取消政府采购投标保证金;营造公平公正市场环境,加强对政府采购的监管。

(五)做好重大项目策划和前期工作

一是系统推进重大项目的前期工作。地方政府的重大项目前期工作普遍是求大、求多,项目要素考虑不全,论证不充分,碎片化无特色,带来同质化、技术含量低级化等问题。重大项目的前期工作必须与国家、省级战略和高新技术紧密对接。两地政府要系统考虑、系统谋划,

准确把握国家投资方向,充实完善重大项目储备库。二是建立重大项目协同推进机制,两地政府共商共谋,探索共同推进重大项目库建设,在项目谋划储备、遴选入库、数据共享、信息平台搭建等方面实现共建共享。三是拓宽项目投融资渠道。综合运用政府、平台公司、社会资本、金融机构等主体资源,理顺财政投资、地方政府债券、平台公司融资及各种融资模式的适用边界,建立多元化、多渠道的投融资体系。四是科学论证政府财政承受能力。根据年度财政决算报表,分析研究川渝两地政府财政支出情况,科学预判财政支出预期能力。结合能落地实施的重大项目类型和融资渠道,根据项目建设紧迫性和时序,提出地方政府重大项目方案和投融资方案。

三、加大对成渝地区双城经济圈建设的财政支持力度

(一)充分用好转移支付推动经济圈协调发展

随着区域协调发展战略的深入实施,党中央、国务院针对全国区域发展不平衡的实际,从财政、产业、土地、环保等方面,更加注重结合区域特征和比较优势,制定精准有效的政策,因地制宜培育和激发区域发展动能。财政方面,中央预算内投资和中央财政专项继续向中西部等欠发达地区倾斜。成渝地区双城经济圈地位特殊且重要,其战略定位是成为具有全国影响力的重要经济中心、科技创新中心、改革开放新高地、高品质生活宜居地,这是中央交办给川渝两地的重要任务,涉及面很广。而要建设具有全国影响力"两中心、两高地"绝非易事,从财力支持方面讲,单靠地方财政支持是非常困难的。因此,要充分利用中央政府对我国西部地区加大转移支付力度的条件,优化转移支付结构,完善转移支付制度,探索分类转移支付,对成渝中轴线经济体量大、带动作用强、公共服务辐射广的区县级地方给予激励引导,加强对基础设施、公共服务、生态环境、产业发展的财政支持,为成渝地区中小城市的发展提速。

(二)完善成渝地区跨区域合作财税利益分配机制

区域合作的主要目标是实现区域经济一体化,要冲破生产要素在地区间流动的体制和机制障碍,以市场机制为导向,强化区际经济分工和经济联系,建立优势互补、互利共赢、互惠互助的合作方式,逐步实现生产要素一体化、政策一体化。这个过程中,不仅高层要达成共识,更重要的是其要制定一系列配套制度来保障,其中财税制度是区域经济一体化的基石。在区域间特别是省际合作中,建立双方都认可并共同执行的财税利益分配机制是关键。如果这个机制不健全,那么各方基于自身利益的考量会形成"合而不作"或"做而不合"的博弈局面。成渝双城经济圈建设尚在起步阶段,尽管之前也有一定的基础设施互联互通、产业配套协作等基础,但在财税利益分配上还没有一套有利于双城一体化发展的体系。借鉴京津冀协同发展、长三角一体化、粤港澳大湾区的实践经验,川渝地区可以通过三个方面建立成渝双城经济圈跨区域合作财税利益分配机制:一是制度顶层设计,基于已签订的框架协议,由两地政府联合制定关于区域合作的利益分享指导意见,建立考核评价制度,完善不同合作模式下各类项目的财税利益分配关系,分类规范合作各方财税利益分享,确保合作"蛋糕"切好分好。二是在现行财税管理体制下,设置成渝地区双城经济圈统一的财税利益协调机构,明确相关职能,负责资金统筹、使用、收益等财政管理事务。三是分步骤分阶段,循序渐进推进财税利益分配机制逐步实现,分三大步入手,第一步是建立统一的试验区财税管理体系,第二步重在建立统一的试验区财税支持体系,第三步是建立统一的试验区财税利益分配体系。

(三)加强成渝地区跨区域债务共同管理

加快建立债务管理合作机制,针对合作平台、合作项目、合作领域,构建管理规范、责任清晰、公开透明、风险可控的举债融资机制,建立统一的债务风险评估指标体系,实施常态化的监控机制;建立跨区域项目申报联动机制,合理确定双方合作区域的债务规模,确保基础设施互联互通、公共服务共建共享等重点领域的需求;推进成渝经济圈专项债券发行,共同推动设立成渝地区双城经济圈政府债券交易型开放式指数基金(ETF),设立成渝地区双城经济圈内重大项目专项债,为成渝双城经济圈及产业"建圈强链"建设夯实资金保障。

第二节　省级金融——风险调控与体制改革

金融工具是经济调控的重要手段,经济面临下行压力,促进融资便利化,增强金融服务实体经济能力,对稳经济具有更重要作用。成渝地区要共建我国西部金融中心,增强金融资源配置能力,构建辐射周边的金融市场体系,建立内陆金融开放服务体系和创新体系,发挥金融调控的综合效能,促进经济高质量发展。

一、成渝地区金融调控存在的问题

与东部沿海都市群(圈)相比,成渝地区的金融发展基础条件较差,特别在金融要素集聚、金融产品创新、资源分布优化、金融协同发展等方面还相对落后。

(一)金融要素集聚能力

成渝地区金融要素集聚能力远不及东部发达地区。首先,成渝地区多功能金融机构集聚发展格局尚未形成,缺少竞争力强、创新水平高的龙头金融机构带动,主要机构仍然以银行为主,证券、基金、期货等机构以及外资金融机构在数量、资产规模等方面仍显不足。以重庆为例,2020年全市金融资产为6.67万亿元,金融机构总数1 872家,其中银行(含资管)103家,银行业资产5.9万亿元,但证券业、保险业资产仅为1 029亿元、2 124亿元。其次,缺少全国性金融交易平台,区域性交易市场起步较晚、成熟度低,目前重庆要素市场有14家,仅有7家交易规模超10亿元。国内上市公司数量、直接融资规模远落后于我国沿海地区,到2020年末,四川有国内上市公司136家,资本市场实现直接融资

4 206.6亿元。其中,股权融资294.9亿元,交易所债券融资3 564.9亿元。重庆市有国内上市公司仅57家,资本市场实现直接融资不足3 000亿元,股权融资仅255.6亿元。此外,高端金融人才供给不足,专业财经类知名院校仅有西南财经大学,消费金融、供应链金融、科技金融、国际金融等高端人才培养平台缺乏。

(二)金融资源空间分布

成渝地区金融资源空间分布不均衡。该地区既有大城市,也有中小城市,在金融市场培育、金融体系构建、金融产品供给、金融服务能力等方面,重庆主城都市区、成都市与其他地区存在很大差距,金融资源的空间分布表现出明显的极度非均衡现象。例如,2020年成都市金融机构本外币各项存款余额4.4万亿元,环成都经济圈经济虽然实现了12.4%的增速,但其金融机构本外币各项存款余额仍不足2万亿元。位于环成都经济圈的遂宁市,2020年末金融机构人民币各项存款、贷款余额分别为1 873.72亿元、1 308.89亿元,分别为成都市的4.43%和3.29%,保险行业实现保费收入40.23亿元,仅为重庆市的4.03%,川南、川东北地区金融机构本外币各项存款余额更是不足1.5万亿元。

(三)区域金融一体化情况

受历史发展、地理区位、资源禀赋等因素影响,成都和重庆的金融机构跨区域统筹合作一直存在障碍。一方面,作为西部地区的两大中心城市,在金融领域,两地竞争激烈,如"十四五"时期,成都和重庆均对"金融法院"予以极大期待,并同时展开了竞争式的争取。另一方面,两地金融监管机构未形成合作机制,在金融市场统一监督、金融信息共享、联合授信、一体化征信等领域合作进度缓慢,这使得金融机构在双城经济圈内统筹布局,提供同城化、便捷化服务存在困难。

二、成渝地区金融调控路径选择

(一)构建高质量的金融机构和金融市场体系

金融服务机构和金融市场是现代金融体系的两大运营载体,通过金融服务机构在金融市场的活动,各种金融工具连接资金的供给者和资金的需求者,才能实现货币资金的有效配置。对于四川和重庆而言,缺乏有影响力的金融机构、要素市场带动,已成为限制两地金融业发展的重大阻力,需要加快完善金融市场,加大对各类金融机构、专业配套服务机构的引进和培育力度。

一是集聚总部型金融机构。总部型、功能性金融机构对地区金融发展的带动作用面广有力,两地需要进一步推动境内外银行、证券、保险、金融控股集团等金融机构设立资产管理、后台服务、产品研发、数据管理等功能性中心,布局服务"一带一路"、长江经济带和西部大开发的区域性总部,提升分支机构权限和层级。以共建"一带一路"为引领,积极争取国际多边开发金融机构在川渝设立服务"一带一路"业务拓展中心和运营管理中心。

二是做强地方金融机构。增强地方金融机构服务实体经济的能力,是省级金融调控的重要内容。一方面,地方金融机构要成长壮大,通过资本金补充、并购整合等扩大经营规模,加快数字化转型,引导重点商业银行对标行业先进,提高内生发展动力,打造具有全国影响力的城市商业银行。另一方面,加强国有金融资本管理,优化国有金融资本布局,做强做优做大国有金融资本,探索地方金融机构协同发展新路径,鼓励支持一批金融控股企业集团进一步提升实力,发挥国有金融资本投资和运营平台作用。

三是发展地方其他金融机构。地方其他金融机构也是服务地方经济、服务小微企业的有生力量,要不断完善融资担保体系,探索设立省级、市级融资担保集团,构建以市级担保和再担保公司为龙头、区县全覆盖的政府性融资担保体系;推动小额贷款公司、典当行等对"三农"、小微企业、个体工商户的金融服务能力;充分发挥融资租赁、商业保险的作用,引导其开展供应链金融服务、支持制造业企业设备更新改造和技术升级等。

四是优化专业配套服务。完善的信用体系是优化金融体系的基础,川渝在社会信用体系建设上起步晚、基础保障不足,对经济发展的助力作用不强,信用规模偏小,其需要探索并设立具有区域影响力的信用增进公司、信用评级机构、市场化征信机构,借助大数据、智能化手段创新产品服务,打造完善的金融信用体系。积极推动专业服务中介发展,鼓励资产评估、保险经纪、会计审计、法律咨询等金融服务配套机构创新经营模式和服务业态,促进金融业的健康发展。

五是完善金融市场体系。省级金融调控应该通过信贷结构优化、提高直接融资比重、拓宽股权融资渠道等方式,增强金融资源配置能力。一方面,引导银行业机构优化信贷投向,保持信贷供给与经济社会发展需求相适应,围绕重大战略、重点产业、重点项目加大金融支持力度。另一方面,加强直接融资服务,积极争取境内外主要证券交易所设立服务基地,承接交易所上市路演、资源对接等综合功能,培育引进证券公司、投资银行等金融机构,加快发展中介服务机构,促成上市孵化生态圈,鼓励符合条件的企业通过公司债、企业债、可转债、资产支持证券、不动产投资信托基金等方式融资,优化融资结构,降低融资成本。同时,拓宽股权融资渠道,有针对性地支持现有的交易所、交易中心等地方要素市场增强资本实力,提升服务要素市场化配置能力。

(二)探索金融产品创新

稳妥探索金融产品和服务方式创新,只有通过拓宽融资渠道,降低融资成本,构建高效支撑的金融产品体系,才能引导金融机构加大对重点产业、重点项目的支持力度。

1.打造供应链金融

供应链金融是以供应链上的核心企业为依托,以真实交易为前提,通过应收账款质押、货权质押等手段,封闭资金流或者控制物权,对供应链上下游企业提供的综合性金融服务。得益于应收账款、商业票据、融资租赁市场以及"互联网+"的不断发展,供应链金融在我国发展较为迅速,目前国内供应链金融在电子信息、装备制造、汽车、生物医药、农副产品及消费品工业等行业应用较为广泛。成渝地区双城经济圈正重点培育竞争优势突出的现代产业体系,亟待开展供应链金融,创新融资模式。一方面,要积极支持金融机构精准开展"一链一策一方案"服务,鼓励产业核心企业与金融机构整合物流、资金流和信息流等,开展仓单质押贷款、应收账款质押贷款、票据贴现、保理等多种形式的金融业务。另一方面,要大力推进应收账款融资服务平台、供应链票据平台、区域供应链金融科技平台等建设,发展数字化供应链金融产品,提高融资效率。

2.做强科技金融

"具有全国影响力的科技创新中心"是成渝双城经济圈的战略定位之一。在成渝地区抢抓新一轮科技革命机遇过程中,其迫切需要强化金融对科技创新的支持力度。第一,通过发挥政府投资基金的带动作用,加大对创新型企业的投资力度;积极探索推广"政府+保险+担保+银行"风险共担模式,形成风险分散的科技融资担保机制。第二,支持金融机构创新契合科创企业特点的产品工具,创新开展投贷联动、股债联动、投保联动等业务,鼓励银行机构对科技型企业单列信贷计划,出台支持科创专项政策;支持保险业机构创新科技保险产品和服务,开展信用保险、保证保险、专利保险、首台(套)重大技术装备保险等服务,为企业技术创新提供融资便利。第三,鼓励科创企业直接融资,推动科技领域独角兽企业、行业领军企业、专精特新"小巨人"企业在科创板、创业板上市融资;鼓励符合条件的科技企业发行双创孵化专项债券、创业投资基金类债券、创新创业公司债券和双创债务融资工具。

3.扩大消费金融

积极拓展消费金融应用场景,围绕国际消费中心城市、区域消费中心城市培育建设,推动金融机构与大型零售企业联合发行预付卡,探索完善预付卡备付金制度,逐步构建起跨地区、跨行业的预付卡登记结算系统;支持金融机构面向旅游休闲、养老家政、教育文化等新兴服务消费领域,创新开发一批中长期融资产品和保险服务,探索"金融+服务消费"新模式。不断提升消费金融服务能力,支持商业银行适度扩大消费信贷规模,引进培育具有重要影响力的消费金融公司和个人征信机构,规范开展消费金融服务和个人信用信息查询、披露服务。

4.鲜明支持对小微企业的服务金融

小微企业在增加就业岗位、提高居民收入、保持社会和谐稳定方面发挥着重要作用,在全国实有各类市场主体数量中占绝对优势。目前,我国小微企业占比已经超过95%。建立小微企业特色的融资机制至关重要,省级层面需要引导金融机构下沉金融服务,依据监管规则提高普惠型小微企业不良贷款容忍度,增强银行业机构对小微企业"敢贷愿贷"的内生动力;同时,鼓励金融机构创新小微企业特色金融产品,加强小微企业首贷户培育和信用贷款投放,开发"专精特新"小微企业融资专属产品等。小微企业也应该积极配合金融机构,选好项目,专款专用,切实降低小微企业贷款的风险。

5.做好做大文旅金融

受新冠疫情冲击,近几年我国文旅产业特别是旅游产业发展缓慢,在此进程中,提高金融对旅游产业的支撑作用非常关键。重庆、成都作为"网红城市",特色文旅资源丰富,文旅与金融融合发展十分必要。其应该加大对文化和旅游产业融合发展示范区、文化和旅游园区(基地)以及数字文旅等新业态项目的金融支持力度,引导金融机构支持文化和旅游企业抵质押建设用地使用权、林权,探索开展收费权、经营权、在建项目抵质押业务,积极拓展知识产权、应收账款、艺术品等质押融资产品,推动金融资本与文旅资源、文旅产业、文旅消费深度融合。

6.开展乡村金融

川渝两地都具有"大城市带大农村"的特点,农村金融产品的创新对成渝地区深入推进乡村振兴战略,实现城乡协调发展至关重要。一方面,要完善乡村金融组织体系,发挥国家开发银行、农业发展银行等开发性、政策性金融机构在服务"三农"和支持乡村振兴发展中的作用;支持农业银行、邮政储蓄银行、农村商业银行等商业银行结合自身职能定位和业务优势,创新金融产品和服务方式;支持市、区、县以市场化方式设立乡村振兴基金,推进省、市、县三级政策性农业担保体系建设,打造综合化、特色化乡村振兴金融服务体系。另一方面,要优化乡村金融基础设施,持续加强农村支付环境建设,推动移动支付向县域农村地区下沉,打造服务两地的农村金融综合服务平台,优化农村产权交易服务,促进农村产权流转,推动农村金融服务综合改革。此外,鼓励金融机构开发适合成渝地区农业农村发展和农民需求的金融产品,加强对农村集体经济组织和各类经营主体的融资服务,加大对现代农业体系、农村基础设施、农村人居环境整治等重点领域的信贷支持力度;鼓励市、区、县地方政府将专项债券资金用于符合条件的乡村振兴公益性项目,巩固拓展脱贫攻坚成果同乡村振兴有效衔接。

7.开展绿色金融

我国已经进入经济结构调整和发展方式转变的转型时期,碳达峰、碳中和目标要求我国推进绿色产业发展和传统产业绿色改造,推进"绿色金融"成为金融行业未来发展的重点方向。成渝地区生态地位重要,肩负着筑牢长江上游生态屏障的重任。两地在省级金融调控中,要围绕碳达峰、碳中和目标,支持生态环境改善,提升绿色金融发展水平,积极探索绿色金融的内涵和外延。其可出台地方绿色金融相关制度,推动地方金融机构设立绿色金融事业部、绿色支行等专营机构,扩大绿色贷款规模,创新环境权益质押融资、生态补偿质押融资等产品;鼓励金融机构将环保信用等级与信用信息纳入融资评价体系,推动绿色项目库建设,加大对绿色低碳产业和传统企业绿色升级的信贷支持力度;鼓励风险投资基金加大对碳捕获、利用与封存(CCUS)等低碳科技企业投资,促进低碳技术研发和实践应用;鼓励打造绿色保险产品,建立保险理赔与环境风险处理联动机制。此外,省级各相关部门要统筹协调,优化绿色金融信息共享机制,加快构建绿色金融统计监测体系。

(三)引导区域金融一体化发展

随着成渝两地在基础设施、产业发展、公共服务等领域的合作持续深化,以及"万达开川渝"统筹发展示范区、川渝高竹新区、遂宁潼南川渝毗邻地区一体化发展先行区、川南渝西融合发展试验区等跨地区合作平台建设的深入,市场主体迫切需要成渝地区实现金融一体化。

加快推动金融市场一体化。一是促进成渝地区金融基础设施互联互通,夯实联动发展基础,协同推进移动支付体系一体化建设,提升跨区域移动支付服务水平。二是有序推进成渝地区金融统计数据共建共享共用,搭建金融综合统计数据共享平台,畅通数据收集渠道,完善信用信息共享机制,推动地方征信平台互联互通。三是推进成渝区域性资本市场合作,鼓励金融要素市场做大交易规模、丰富交易品种,推进要素的市场化配置和跨区域流动。

加快推动金融服务一体化。一是优化两地金融机构空间分布,鼓励两地金融机构在双城经济圈内统筹布局,提供同城化、便捷化服务。二是强化两地金融机构跨区域合作,比如在项目规划、项目评审评级、授信额度核定、信贷管理及风险化解等方面强化协同发展制度建设,推动成渝毗邻地区金融协作,加快保险承保理赔服务跨区域标准化建设,探索保险理赔通赔通付制度等。

加快推动金融监管与政策一体化。在监管方面,推动成渝地区在金融立法、政策制定等方面的合作,建立健全金融监管协调机制,加强跨区域、跨市场、跨行业监管合作;完善两地金融风险监测体系,搭建金融风险信息共享合作机制,强化金融风险联防联控。在政策方面,建立联合授信和一体化、市场化的征信体系,引导征信机构、评级机构合作和重组,畅通跨区域信贷资源流通渠道。

(四)构建金融安全屏障

压实地方主体责任在防范化解金融风险中处于突出位置,省级金融调控需要切实完善金融监管、风险防范和风险问责机制。

完善央地协同监管机制。2021年,中国人民银行会同有关方面研究起草了《地方金融监督管理条例(草案征求意见稿)》,按照"中央统一规则、地方实施监管,谁审批、谁监管、谁担责"的原则,将地方各类金融业态纳入统一监管框架,强化地方金融风险防范化解和处置。省级金融监管需要发挥国务院金融稳定发展委员会办公室地方协调机制作用,加强央地监管数据、监管报告、行业运行和风险情况等方面的信息共享,提升金融监管透明度和包容性;积极配合中央金融管理部门派出机构做好金融重大风险事项、突发事件沟通协调工作,加强重大金融课题研究、金融知识宣传、金融消费者权益保护、执法检查等方面的央地资源整合,全面提升风险防范的前瞻性、针对性和有效性。

强化重点领域金融风险防范。随着国内金融产品的多元化发展,新型金融产品层出不穷,重点领域金融风险加大,我们需要重点关注省级金融调控。一是要规范整治多层嵌套投资、资金空转等结构复杂的金融产品,加强对监管套利、假创新和伪创新的行为监管。二是要加大违法金融活动打击力度,将非法集资防范宣传、排查工作纳入社区网格化管理,严厉打击高利贷、非法集资、非法证券等违法金融活动,做好反假币、反洗钱工作。三是要完善互联网金融领域规章制度,研究制定互联网金融各类创新业务监管规则,健全覆盖金融科技创新的监管框架,强化以合法合规和消费者保护为主的行为监管,严厉打击打着金融科技的旗号从事非法集资、金融诈骗等违法犯罪活动。

强化金融风险问责机制。省级金融风险管控应根据国家有关规定,研究制定省级金融风险问责实施办法,进一步明确工作责任,督促金融监管部门、地方政府、相关市场主体切实履行好监管责任、属地责任、主体责任,严格执行问责实施办法,及时精准问责,确保问责的严肃性与公信力,强化风险问责警示教育作用。

第三节　省级房地产——调控定位与分级

我国房地产经济经多年"高杠杆"推动快速增长后,目前开始进入"慢时代"。在"房子是用来住的,不是用来炒的"的指导思想下,"保障房""长租房"得到稳定发展,在这样的背景下,省级调控应该支持商品房市场更好满足购房者的合理需求,因城施策促进房地产业良性循环和健康发展。

一、房地产经济和实体经济存在失衡

(一)土地供需和价格

土地供需在宏观层面上是失衡的。我国每年有800万亩耕地被征用为城市建设用地,加之其他各类需求用地,差不多十年要消耗1亿亩耕地,通过占补平衡确保18亿亩耕地红线。从结构上看,我国每年获批的供地中近三成用于水利、高速公路和农村建设用地,城市建设用地不到2/3。我国大城市目前仍然处于用地的高峰期,所以,总体上建设用地指标依然紧张。土地价格也存在失衡。我国内地目前的土地拍卖制度是从我国香港土地批租衍生来的,能够最大限度地保证公平公正,尽量避免滋生腐败和灰色地带。但现实中,拍卖是按高价中标,这客观上提高了土地价格,使土地价格呈上升趋势。尤其是在土地供不应求的情况下,土地价格会越来越高,进而导致房价升高。

(二)房地产行业融资

固定资产投资对经济具有很强的推动作用。长期以来,我国GDP对投资的依赖度较高。在房地产大规模扩张过程中,房地产投资成为固定资产投资的主力军,由于房地产行业在我国一二线城市有旺盛的市场,其增值的速度非常快,在部分城市其投资功能超过了居住功能,所以,大中型房地产公司的融资比较容易,加之按揭规模大,金融资产就大规模地投向房地产,客观上助推了我国房地产的快速发展,在造成房地产产能过剩的同时,助推了固定资产投资的增加。房地产是对金融资本依赖度较高的行业,在人民币贷款余额中,房地产贷款余额顶峰时期占比超过25%,房地产捆绑了太多金融资源,客观上影响了资金对其他领域尤其是实体经济的投入。

(三)房地产税费和房屋租售

房地产税费占地方财力比重过高。全国财政收入中,房地产税费占了2/3,土地财政成为众多城市财政收入的一个基本特点。由于政府的财政投入过于依赖房地产经济,短时期内"土地财政"的困境还很难改变。而在房地产经济自身结构中,房屋销售租赁比失衡,房屋租赁市场还存在较多问题,租房者仍是"弱势群体",业主强行收回房屋的成本较低,随意调整租金的现象时有发生,政府出台相关政策对出租房的收税政策,其费用基本上都转嫁到租房者的身上,同时,租房者也不能享受与购房者相同的教育、医疗等公共服务。

二、省级房地产调控的关键

(一)房地产调控的重点领域

建设完善的保障房体系。公租房主要是为了解决城镇住房和收入双困家庭的住房问题。保障性租赁住房主要是为了解决大中城市新市民(转城农民)和年轻人的住房问题,是调控高房价的重要补充。建立保障房体系,一是不断完善保障性租赁住房制度,增加保障性住房的有效供给,努力实现其保障对象住有所居。二是要围绕其形成一系列政策保障措施,重点包括财税、土地、金融等优惠政策。

构建房地产良性发展长效机制。坚持"房子是用来住的,不是用来炒的"的理念,加强房地产调控,建立"人、房、地、政策"四位一体的联动机制,常态化开展考核检查评价,促进房地产平稳健康发展。

规范房地产市场秩序。房地产市场秩序主要包括房地产开发、房屋买卖、房屋租赁、物业服务等,我们需要综合运用经济、行政、法律等手段进行调控,不断完善体制机制;坚持"一城一策",结合本城的实际情况制定有利于房地产平稳健康发展的政策,防止"大起大落""忽紧忽松"。

实施可持续的城市更新。其一,要合理划清城市更新边界,防止大拆大建,认真保护城市文物,留下城市文脉,形成有特色的城市文化。其二,转变经营模式,多方式推进开发,积极吸引社会资本,按照"双碳"的要求重点补齐基础设施及公共服务短板。其三,推行城市更新试点示范作用,提升城市更新精准性,从城市文化中提炼城市特色,防止城市建设的"千篇一律",科学实施城市更新行动。

着力解决年轻人住房困难。聚焦特殊性人群,尤其是对于新市民、年轻人等群体,有针对性地加强住房保障,在选址、租金、户型上实现合理匹配。赋予城市更多自主权,稳步探索农村集体经营性建设用地、企事业单位自有闲置土地、产业园区配套用地和存量闲置房屋等建设,多渠道、多方式增加房源。

(二)房地产调控的主要措施

加强房地产市场调控。在"房子是用来住的,不是用来炒的"的前提下,不把房地产作为短期刺激经济的工具和手段,除了特殊形势,还要保持调控政策的连续性、稳定性,增强调控政策协调性精准性。金融机构要加强对大型房地产开发公司的资金监管,建设部门要坚决防止个别房地产企业房屋逾期交付风险,切实把握好"销售许可证"的发放,人力资源和社会保障部门要着实解决施工单位对工人工资的拖欠问题,多部门应该联合出台政策,整治规范房地产市场秩序。

推进住房供给侧结构性改革。坚持租购并举,多主体供给、多渠道保障,优化住房供应结构;以人口净流入城市为重点,加大住房保障力度,推动各省(区、市)加快建设保障性租赁住房;完善城镇住房保障体系,做好本地区住房保障制度安排;加快发展长租房市场;健全住房公积金缴存、使用、管理和运行机制。

推进城市高质量发展。推动城市高质量发展有两个比较重要的方面,一是要有科学的重大战略举措,重点是健全体系、优化布局、完善功能、管控底线、提升品质、丰富文化、提高效能和转变方式。这些是一个城市高质量发展的软件系统。二是在建设层面,其主要就是通过改变城市面貌,全面开展城市体检评估,指导各地制定和实施科学的城市发展规划,有计划、有步骤地推进各项重大工程。特别要根据环境和气候的变化,对城市管道老化、低洼地带的淤积疏通、老旧城区改造、电力燃气线路更新等,逐项进行改造建设。与此同时,要在城市历史文化保护传承、绿化和生态保护等方面制定专门的规划并组织实施。

开展乡村振兴行动。我国在全面建成小康社会后,促进农村发展转移到乡村振兴战略上来,这要求我们要以农房和村庄建设现代化为着力点,加快建设美丽宜居乡村。以县为单位选择样本开展乡村建设评价,实现省级全覆盖;实施农房质量安全提升工程,持续实施危房改造和抗震改造,深入推进农村房屋安全隐患排查整治;落实县城建设"营建要点",推动转变县城建设方式。落实乡村建设"营建要点",探索形成符合当地实际的乡村政策机制和建设方式,整治提升农村居民的居住环境;乡村振兴是一项长期工程,我们要进行试点,然后根据符合本地实际情况的形式进行推广,要坚决反对用钱的"堆积"做一些没有推广价值的"看点"。

落实碳达峰、碳中和目标任务。"双碳"是我国向全球的庄严承诺,我们必须要按时按质量完成。省级政府要制定"双碳"规划及其实施方案,并指导所属各地制定细化方案,推动城乡建设绿色发展。研究建立城乡建设碳排放统计监测体系与碳汇的计算,保持碳排碳汇的基本平衡。构建绿色低碳城市、县城、社区、乡村考评指标体系,研究建立考核评价制度和方法。

推动建筑业转型升级。建筑业的转型是城市建设的重要内容,必须通过坚守底线、提高品质、强化秩序来促进转型,提高建筑业发展质量和效益。完善智能建造政策和发展智能产业体系,大力发展装配式建筑;持续开展绿色建筑创建行动,完善工程建设组织模式,加快培育现代建筑产业工人队伍,健全建筑工程质量安全保障体系,完善工程质量评价制度。

专栏:

各省(区、市)的房地产调控举措

房住不炒:总体而言,各地在"十四五"期间延续了当前楼市调控中"房住不炒,因城施策"的总基调。北京坚持"房住不炒"的定位,完善房地产市场平稳健康发展长效机制；上海坚持"房住不炒"的定位；河北因城施策，促进房地产市场平稳健康发展；海南坚持"房住不炒"的定位，因城施策，促进房地产市场平稳健康发展。此外，广东、浙江、江苏、重庆、山东、湖北、安徽、江西、四川、广西、宁夏等地也均明确指出坚持"房住不炒"。

租购并举："十三五"期间，房地产调控长效机制中的关键词"租购并举"，在多地的"十四五"规划中再次被提到。北京、广东等地也均提及"租购并举"。

住房租赁：目前我国的租房人群在2亿人左右，并呈大幅增长态势，住房租赁市场秩序不规范、乱象频发已成为当下的社会性问题。尤其是今年以来长租公寓行业"爆雷"，对住房租赁市场造成了极为严重的影响，同时引起了监管部门的高度重视。我国大部分地区在"十四五"规划中明确指出，规范和发展住房租赁市场，完善长租房政策。比如，北京提出鼓励存量低效商办项目改造，深入推进集体土地租赁住房试点，持续规范和发展住房租赁市场；上海称，要完善租赁住房政策，增加租赁住房供应；山东和江西表示，将大力发展住房租赁市场，完善长租房政策；同时，江西也在探索支持利用集体建设用地按照规划建设租赁住房。

农村集体经营性建设用地入市：集体建设用地除了建设租赁住房，多地的"十四五"规划也提到可以入市流转。如北京将深化农村土地制度改革，稳步推进农村集体经营性建设用地入市，激发农村"三块地"活力；江苏将依法依规开展集体经营性建设用地入市改革，稳步推进农村宅基地制度改革。

保障性住房：多地在"十四五"规划中提到"加大保障性住房供给""扩大保障性租赁住房供给"，这意味着保障性住房在接下来的房地产市场中仍是重要内容之一。部分地区的"十四五"规划还具体指出了如何有效增加保障性住房的供给。北京提出有序均衡供应住宅用地，加大保障性住房供给；上海、重庆、湖南则在保障房体系建设方面发力；海南提出将加快安居型商品住房、公共租赁住房、市场化租赁住房、人才住房等各类住房建设，在具体住房类型上作出明确规定。

城市更新:在"推进以人为核心的新型城镇化"的同时,多地的"十四五"规划也重点提到实施城市更新行动。北京明确实施城市更新行动,制定实施专项行动计划,创新存量空间资源提质增效政策机制,持续推进老旧小区、危旧楼房、棚户区改造,引入社会资本参与;广东支持广州深化城市更新,强化宜居环境建设,全面提升城市品质。

户籍制度改革:"十三五"期间,多地取消了农业户口与非农业户口区分,统一登记为居民户口,同时户籍制度也逐步放宽。中西部地区除省会城市外,基本实现了落户"零门槛"。我国东部地区普遍降低了落户条件,部分大城市取消或降低了参加城镇社会保险年限的要求。"十四五"期间,河北、浙江、山东、安徽、贵州等地的规划表示"深化户籍制度改革"。而吉林除深化户籍制度改革外,还将城镇落户限制全面取消,试行经常居住地登记户口制度。

三、成渝地区房地产调控措施

(一)推动重庆主城与成都房地产高质量发展

2015年以来,成渝地区所属城市的房地产投资,超过全域房地产投资的93%,基本上代表了两地区的房地产经济发展现状。

房地产调控政策方面,在原则方向上,两地与其他地区保持一致。除了贯彻落实国家政策措施,川渝地区需要结合自身特点,以重庆主城和成都为核心,合理应对房地产经济在发展过程中可能出现的一系列问题。一是密切关注房地产市场是否健康平稳,加快建立多主体供应、多渠道保障、租购并举的住房制度。二是采取中性的房地产经济调控政策,既不要采取非常严厉的控购措施,也不要完全放开放任不管,使其稳中有升。三是贴合市场需求,建立房价地价联动机制,结合市场完善住宅用地供应模式,适度控制供应规模,改善供应结构。四是重视闲置土地的综合利用,健全完善土地利用动态巡查制度,依法依规加快闲置土地处置和开发利用。五是注重住房租赁市场的培育壮大,通过制定相关政策,引进培育专业化、机构化住房租赁企业,加大公租房保障力度,构建多主体供给格局。六是注重调整优化信贷结构,通过加强购地资金来源审查,严控加杠杆购地行为。

(二)打造高品质生活宜居地

成渝地区双城经济圈建设的深入推进,打造高品质生活宜居地成为其建设中的一个重要目标。要按照城市化发展的新特点,加快转变住房和城乡建设发展方式,促进住房制度进一步完善,稳步提升城市生态宜居水平,不断夯实镇村建设,提质基础建筑业,确保房地产市场平稳健康发展。一要按照绿色发展理念,以生态建设为主线,发挥文化旅游度假特色优势,促进城乡融合发展,推动公共服务共建共享,优化绿色生活环境、完善生活服务,打造高品质的绿色城市群。二要推动成渝房地产经济协调发展,建立联动机制和信息共享平台,完善互认互信的房地产市场诚信体系,以各自特色定位房地产建设,共同提升成渝房地产行业的发展质量。三要按照《川渝城市管理领域合作框架协议》,实施城市管理协同,在城市供水保障互联互通、市政基础设施共建共享、水域清漂联防联控、绿地系统规划对口衔接、城市管理产业联合发展、智慧城管建设相互融合、城市管理执法联勤联动、法规标准体系协同建设、科研文化合作共建、人才培养互动交流等多个方面开展深度合作,充分发挥成渝两地城市管理合作示范引领作用,推动城市管理领域数据资源协同运作,探索创新数字化、智慧化升级技术规范和应用机制,提升城市公共服务和管理能力。四要加大成渝地区保障性住房的有效供给,实现公租房保障范围常住人口全覆盖,配套各地保障政策和拓展保障性租赁住房申请渠道,推进川渝两地共享互认信用信息,开展异地网上受理申请,尽快实现无差别受理、同标准办理,逐步实现"最多跑一次";加快川渝两地住房公积金转移接续和缴存信息共享互认步伐,确保申请异地贷款职工与所在地职工享有同等权益,实现公积金异地贷款缴存证明无纸化、申请贷款"一地办"。五要共同建设建筑市场信用体系,积极构建统一开放、互利共赢的建筑市场;加快落实建设工程职称互认政策,进一步减少重复评价,促进人才流动;推进川渝工程建设标准一体化发展,制定标准互认政策,研究建立互认清单;依托成渝的博览资源中心,举办住建博览会等,打造西部一流的住建领域科技创新应用平台。

第四节　省级产业政策——政府的指导性调控

中华人民共和国成立后,通过计划、产业政策的扶持调控,中国开始建立并逐渐全面完善工业体系,"中国制造"在全球也开始确立自己的地位。德国政府发布的《国家工业战略2030》(2019年)指出:中国可以说是全球使用产业政策的成功典范,其典型经验在于运用合理的市场经济原则与积极主动的国家政策。作为政府经济治理的重要手段,产业政策可以说是计划经济向市场经济转型过程中的重大理论创新和政策创新,是结构性政策的重要内容,是协调政府与市场关系的重要途径。

一、成渝地区产业政策调控情况

(一)重庆的产业政策调控情况

从1997年成为直辖市以来,中央提出"进一步发挥重庆的区位优势、龙头作用、'窗口'作用和辐射作用,带动西南地区和长江上游地区的经济社会发展",重庆进入快速发展新时期。2000—2021年,重庆总共发布的市级及以上产业政策800多条,产业类型涵盖交通运输、制造、科技服务、商务服务、房地产等(图4-4)。一系列产业政策措施助推了产业结构持续优化升级。"十四五"期间,重庆将继续推动支柱产业转型升级,大幅提升战略性新兴产业规模,大力发展数字经济,着力建设国家重要先进制造业中心、西部金融中心、西部国际综合交通枢纽和国际门户枢纽,基本形成具有全国影响力的重要经济中心、科技创新中心核心功能。

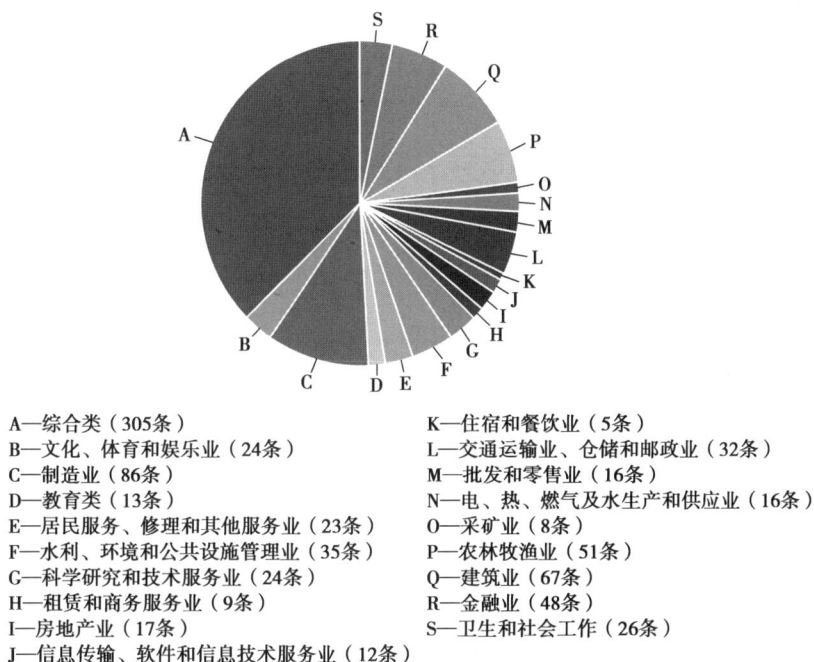

A—综合类（305条）
B—文化、体育和娱乐业（24条）
C—制造业（86条）
D—教育类（13条）
E—居民服务、修理和其他服务业（23条）
F—水利、环境和公共设施管理业（35条）
G—科学研究和技术服务业（24条）
H—租赁和商务服务业（9条）
I—房地产业（17条）
J—信息传输、软件和信息技术服务业（12条）

K—住宿和餐饮业（5条）
L—交通运输业、仓储和邮政业（32条）
M—批发和零售业（16条）
N—电、热、燃气及水生产和供应业（16条）
O—采矿业（8条）
P—农林牧渔业（51条）
Q—建筑业（67条）
R—金融业（48条）
S—卫生和社会工作（26条）

图4-4 重庆2000—2021年产业政策分类

重庆是一个老工业城市,产业政策在坚持发展中起着很重要的作用。多年来,产业政策不断推进和构建特色产业集群,制造业高质量发展不断调整、不断完善。"九五"时期提出"突出重点调整工业结构"的方向,重点聚焦"以汽车摩托车为主体的机械工业、以天然气化工和医药化工为重点的化学工业、以优质钢材与优质铝材为代表的冶金工业";"十五"期间进行调整收缩,"集中力量发展五大支柱产业(其中含旅游业)",推进"汽车摩托车工业、化学医药工业、食品工业、建筑建材业"升级发展;"十一五"期间着力建设现代制造业基地;"十二五"时期提出传统优势产业概念;"十三五"时期,重庆重点发展战略性新型产业,同时对传统产业进行升级改造。从产业政策实施下的产业发展成效来看,通过二十几年的发展,重庆在"十三五"期末逐步形成了新材料、能源、生物医药、装备制造业和消费品行业的支柱产业体系[1],由国家老工业

---

①杨庆育,尚海燕,等.中国省级产业政策发展研究[J].北京:中国计划出版社,2020:79.

基地向国家重要现代制造业基地转型基本完成,拥有国民经济分类中
全部的31个制造业大类行业。

到2020年,重庆规模以上工业企业数量超过6 800家,规模以上工
业增加值年均增长6.4%,数字经济增加值增长超过18%,规模以上工业
企业全员劳动生产率达37.1万元/人,汽车和摩托车、材料、消费品、电子
信息、能源等一大批优势产业规模效应凸显,摩托车、微型计算机等产
业产量占全国的比重均超过20%,制造业规模在我国西部地区位居前
列。"十四五"时期,重庆提出实施新一代信息技术、新能源及智能网联
汽车、高端装备、新材料、生物技术、节能环保等战略性新兴产业集群发
展工程和电子、汽车和摩托车、装备制造、消费品、原材料等支柱产业提
质工程,形成"6+5"现代产业体系总体布局。《重庆市制造业高质量发展
"十四五"规划(2021—2025)》指出,要培育打造具有国际竞争力的产业
集群,增强制造业创新整体效能,促进制造业智能化、绿色化、人文化转
型发展。从传统制造业发展到现代制造业发展,从"重点行业"到"优势
产业"再到"支柱产业",重庆工业发展呈现出做大总量、提高质量、做强
传统产业、做大新兴产业,实现工业经济规模与结构优化共同推进的特
点,这也体现了老工业基地在改造发展过程中,产业政策良好的延续性
和对产业发展的助推作用。重庆市各产业增加值增长率如图4-5所示。

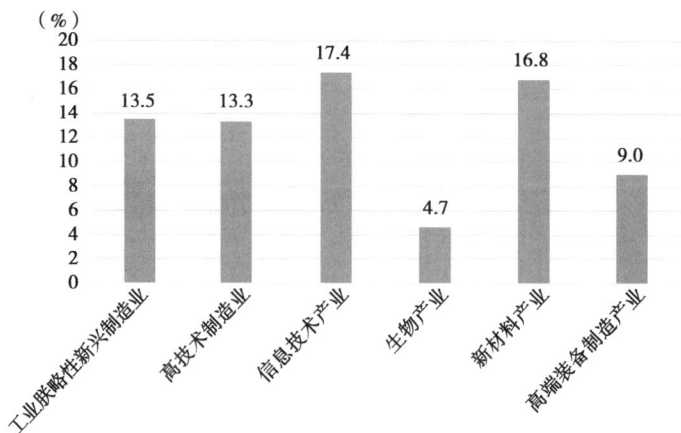

图4-5　重庆市各产业增加值增长率

　　重庆的产业政策与产业发展匹配度较高,在推动制造业健康发展的同时,有效适应了农业和服务业发展的时段性特征。从产业政策特征看,农业和服务业发展政策与产业发展匹配程度较高,适应了产业发展时段性特征。在农业方面,重庆提出了"强化第一产业—提高农业和农村经济整体素质和效益—加快发展现代农业—大力发展现代农业—加快推进农业现代化—建设农业现代化示范区"的发展思路。到"十三五"期末,重庆现代山地特色高效农业综合产值超过4 000亿元,549个农产品被授予"巴味渝珍",农产品加工产值增长了3个百分点,农产品网络零售额增长了21个百分点。在服务业方面,产业政策主要按照"大力发展第三产业—大力发展服务业—加快发展服务业—建设西部地区现代服务业高地—加快发展现代服务业—建成国家级现代服务业经济中心"思路进行,尤其是"十二五"后期,重庆就基本实现了"三二一"的产业格局,现代服务业发展速度更快,"十三五"末,重庆服务业增加值对我国GDP贡献率达到52.8%,生产性服务业专业化水平不断提高,生活性服务业多样化水平大幅提升。

　　重庆的产业政策从规模化到品质化、精细化,从调结构到拓展产业链延伸发展,按照不同阶段调整产业政策,对不同阶段的产业,采用不同的政策引导,使产业能不断适应外部环境的变化。这基本遵循了对不同时期的产业进行不同政策引导的内在要求,实现产业结构的不断优化。但需要看到,重庆产业政策还存在不足,其主要表现在产业政策调控的重心在追求实现短期宏观目标上,整体上缺乏长远考虑,产业政策缺乏可持续性。例如,在重庆现代服务业发展过程中,产业的制定未能很好地结合市场需求,其对资源优势的利用不够,从而导致研发、生产、贸易、物流等链条环节的产业政策有所缺失,且相互间融合度较差。与此同时,在推动成渝地区双城经济圈建设方面,重庆以往的产业政策整体缺乏内外协同,大部分区县各自发展,未能有效做到系统谋划和统筹协调。

(二)成都的产业政策实施情况

四川为顺应产业发展趋势,推动全省经济高质量发展,在产业发展方面制定了以成都市为中心,与联系紧密的德阳市、眉山市、资阳市共同组成的"三带"城市产业发展总体规划,并严格依据该规划进行产业布局。"三带"是指共建成德临港经济产业带,聚焦航空航天、轨道交通、新能源汽车、智能制造、电子信息、先进材料、现代物流、现代商贸、绿色食品、医药健康等产业,共同推进物流枢纽和开放口岸功能提升,建设高端能源装备产业集群和"5G+工业互联网"融合应用先导区;加快建设成眉高新技术产业带,围绕创意经济、总部经济、新一代信息技术、数字经济、都市现代农业等,不断提高现代科技服务发展能级、创新资源集聚转化功能,打造高新技术产业集聚地和现代服务业发展示范区;建成成资临空经济产业带,围绕航空航天、现代物流、医药健康、智能制造、文旅(体育)等产业,积极推进临空经济产业专业化分工合作水平,推进高端要素资源加快聚集,共同建设国家级临空经济示范区。

成都作为传统的电子工业城市,21世纪以来,其产业政策不断强化优化,重点推进先进制造业和战略功能区的建设。"十二五"就提出加快构建现代产业体系,提出了西部第一和全国一流的发展目标,推进国际旅游城市、高新技术、汽车、新能源和先进制造战略功能区的建设。"十三五"时期提出加快产业转型升级,推进以高端制造、创新驱动以及绿色循环为方向的转型升级;重点发展先进制造业,突出发展电子信息、汽车、轨道交通、航天航空和石油化工等产业,加快发展生物医药、精密机械及智能装备制造、节能环保、新材料和新能源等产业,优先发展食品、轻工、建材、冶金等产业。"十四五"时期,成都市产业发展将重点聚焦以先进材料、电子信息、装备制造、医药健康、绿色食品为主的先进制造业,以会展经济、金融服务业、现代物流业、文旅产业、生活服务业为主的现代服务业和新经济重点产业领域,积极构建现代化产业体系。成都市各产业增加值增长率如图4-6。

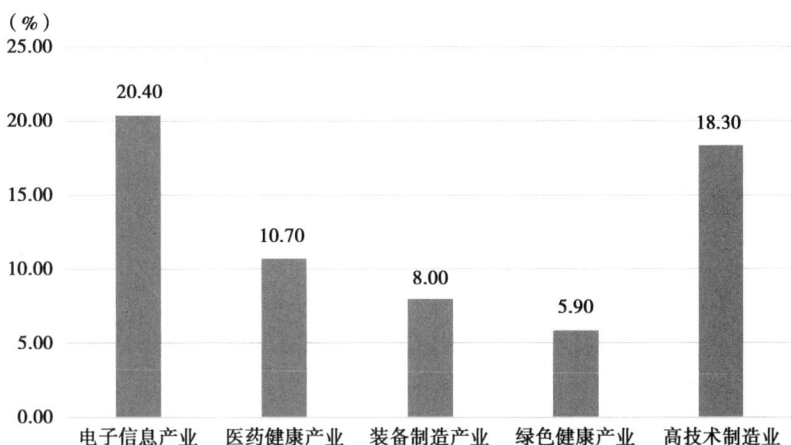

图4-6 成都市各产业增加值增长率

　　成都市产业政策的制定,在遵循产业发展规律的同时,起点较高,从进入21世纪就非常注重培育战略性新兴产业,不断根据科学技术的发展和产业进步调整产业发展重心,适应外部环境挑战,实现产业结构的不断优化和产业升级。

　　纵观成渝地区产业政策调控的实施效果,其都在支柱产业发展上取得了较大进展。但由于历史的原因,成渝地区的产业同质化和产业同构化现象比较突出,主要表现为两地重点产业的相似性过大,产业差异化不明显。成渝地区双城经济圈中间地带的"塌陷"问题,一直是两地发展的短板,在电子信息、医药、航空航天、新能源、生产性服务业和节能环保产业等新兴产业领域,成渝中轴线城市发展较为缓慢,未能形成与成都、重庆都市区协同发展的产业链。

二、成渝地区产业政策路径选择

(一)提升产业布局及管理前瞻性

　　发挥科学规划统筹产业布局的作用。坚持以"政府为引领、高起点规划、高标准建设"为原则,培育提升新兴城区、高新区、产业园区的发展能级;大力提升园区服务水平,按照"宜业、宜产、宜居"要求,在产业园区内加快完善必要的生活配套服务设施,解决企业发展的后顾之忧,

201

为就业人员营造良好的工作生活环境,增强资本集聚和人才吸纳能力。

提升产业政策对于园区的服务能力。按照国家以及两地产业政策特点和发展规划,加强招商引资项目的考察研究,在协调考虑两地差异性和互补性的前提下,必须实现项目投入产出率、税收水平、科技能力、污染水平等指标与园区发展要求相适应;对不符合要求的项目,明确其不入园,对已经入园的项目,加大"腾笼换鸟"力度或者加大惩处力度,同时,对于那些符合国家、地方大发展方向、附加值高的科技项目,政府或者园区应该给予较多政策支持,创造政府引导、社会参与、市场推动良好发展局面,共同推进产业发展。

(二)优化存量与增量的供给平衡

加快汽车产业转型升级。我国的汽车产业已经快速发展了一段时期,目前调控的重点应转移到加大企业创新研发投入力度上,不断退出新产品,提升汽车品牌高端化水平。在"双碳"的背景下,强化汽车企业低碳意识已经是大势所趋,所以,推进新能源汽车的研发生产,扩大新能源汽车应用场景就成为汽车产业调控的重点。尤其是在纯电车的电池、电源原料、充电方式等方面要加大研发的力度;探索在公共交通等特殊领域的示范应用,探索推进汽车产业定制化生产,大力推广汽车共享应用等都是转型升级的重要研究内容;同时,通过转变生产方式,推动汽车企业产业向高质量发展。

推动电子信息产业改造升级。当今电子信息产业的发展速度非常快,所以,必须加快电子信息产业集中片区的技术改造升级,不断采用新材料、新技术、新工艺和新设备,推进产业结构不断优化,产品结构多样化,提升区域经济发展能力;推进电子信息产业相关企业生产结构的改革,大力推进软件、信息、通信等行业的并购重组,发挥比较优势,确保资源集聚;推动同类资源的整合,做好存量盘活,扩大增量、避免行业资源浪费,提升行业整体的竞争力。

加快新兴产业增量供给。以高新技术产业、战略性新兴制造业、现代服务业等产业为发展重点,不断向两端延长产业链,加大研发的政策扶持,培育发展一批新兴产业集群,顺应新时代日益多元的发展需求,不断提高产品和服务的供给能力;紧跟5G时代发展潮流,不断扩大5G应用场景,加快培育软件设施设备、软件服务等与之相关的产业。

大力发展现代供应链。培育数字化、专业化供应链平台,加快将大数据、物联网、区块链、云计算等信息技术应用到供应链管理中,鼓励有实力的企业搭建数字化、专业化的供应链平台,逐步完善网络共享、大数据支撑、智能协作下的智能供应链体系,实现软硬件制造资源与上下游相关支撑企业的全生命周期,全系统、全方位联动发展;推动企业实施绿色供应链管理。

(三)推进产业集群化发展水平

产业集群化能够在特定空间范围,将有着内在技术资本相互关联的企业、各类型供应商、金融机构集合在一起,把相关产业的企业和机构通过共生融合、联结互补,把产业链、供应链、资金链乃至创新链紧密结合。产业集群化水平越高的区域,其所在地区发展水平也就越高。和国内先进城市相比,成渝地区的经济是内陆型经济,因此加强产业集群建设就尤为重要,但目前其大部分产业并没有集群优势,只有少数产业有一定的竞争力,而且从整体上看,成渝地区的集群化发展还处于初级发展阶段。我们的招商引资过程,一般都只是促使企业在区域实现简单的集中落地,这样很难形成完整的上下游产业链,会导致其整体竞争力水平不强。基于此,我们有必要通过经济调控对同质化企业严重的区域进行战略性调整,可以在财政上或政策上对符合地区实际发展的产业给予相关支持;对不符合要求的企业进行优化整合,从而促进地区间产业和企业朝着集群化方向发展。

(四)建立合乎实际的全过程产业政策

明确产业政策的制定。政策的制定过程总体上是动态的,随着时代的进步和发展环境的改变,其始终是一个循环往复且逐渐高级化的过程。因而,产业政策是有周期的,新旧政策的有机衔接就尤为重要,好的全过程产业政策制定机制,不仅能有效保证政策的连续性,确保产业政策与产业发展的匹配性,而且能有效淘汰落后产业,保证地区产业的合理性、科学性和先进性。一般而言,制定产业政策的过程是一个较为复杂的过程,其不仅包括政策的设想和出台,还包括政策制定前的讨论及相关方案的比选。因此,要科学论证两地相关产业情况,结合产业发展实际来制定产业政策,确保政策符合实际需求,并有效推动产业不断高级化。

确保产业政策的执行。产业政策的制定必须符合区域主体功能的基本要求,这是确保产业政策有效执行的前提。制定产业政策,目的是使产业能够不断顺应生产力发展的规律,始终保持高质量的发展。产业政策的执行,首先要求企业对政策有深刻的认识和理解,结合自身的情况找到新的定位。产业政策在企业上落地才是其真正目的,这就要求企业在认同政策的前提下自觉履行政策。其次,产业政策的执行要基于现有的产业基础和资源禀赋,有效保证政策执行的客观性和可行性。有些时候,的确有"无中生有"产业的成功案例,比如,在2010年前后,重庆在几乎没有电子产业基础的条件下,成功地打造了笔记本电脑基地。但是,深入分析后就会发现,重庆是我国传统的机械、化工产业基地,这些与笔记本电脑有着非常紧密的联系。所以,正确贯彻产业政策的基本前提就是深刻地了解自身的基础和条件,并且运用系统的思维将一些看似零散的产业功能有机地结合起来,这就是该案例的实质。

强化产业政策的评估。产业政策是人制定的,效果涉及政策本身的科学性和执行的水平,所以,产业政策效果好坏也需要进行评估,其为产业政策修改和是否连续实施提供依据。一般而言,产业政策的评估,并不简单从经济总量去衡量产业政策的实施是否能达到预期效果,而是基于产业结构、产业组织等多方面的综合考量。产业发展过程中,政策的实施往往与其高度相关,产业发展的结果并非简单地靠单一政策,而是多种因素的影响集合。成渝地区双城经济圈正处于高速推进阶段,产业的发展至关重要,所以建立两地产业政策评估机制非常必要。一是要运用科学的方法,排除明显的干扰因素,将政策与产业发展效果结合起来,科学明确评估的标准。二是在进行具体产业分析时,可以抓住占比高、权重大的产业进行评估,评估要重在结构改变、质量提升以及发展的基本趋势。三是将评估结果作为产业政策分析时的重要依据。评估方案的站位要高,既要战略也要战术,既要考虑行政区也要注重相关经济区域,既要重现实也要分析潜力。

要对产业政策的实施进行协调。在市场经济运行过程中,信息的不完全和不充分、市场主体的非理性以及意外事件等,都有可能导致产业政策被忽视、曲解或者滥用的现象,使产业政策效果不能有效发挥出来。所以需要完善产业政策调控机制,在产业政策的关键环节,加强对产业政策实施的协调,对产业政策明令禁止的投资行为进行惩罚,而对其鼓励发展的产业要尽可能地给予扶持,确保产业政策有效落实,实现既定的产业发展目标。此外,应积极探索建立产业政策的终结机制,结合产业政策的评估,对一些明显不符合产业发展基本趋势的政策、没有效率的产业政策,实施政策终结机制,及时终结,同时,使产业政策不断优化,有效利用各种资源,确保产业能持续的高质量发展。

三、成渝地区产业政策调控重点

(一)构建错位发展、合理分工的产业发展格局

做好两地产业发展规划,大力发展新兴产业集群。积极开展成渝地区产业现状调查,结合地方发展特点,做好既符合地方优势又能推进两地产业结合的专项规划;大力做好招商引资工作,积极引进一批符合本土优势的战略新兴产业,帮助企业解决一些确实存在的困难,为确保企业落地生根创造条件;构建以新能源、新材料、智能装备制造、计算机、大数据等为主的现代产业体系;彻底打破市场壁垒,充分发挥市场在资源配置中的决定性作用,构建要素自由流动的市场环境,确保不同要素在资源空间上的流通和聚集。

推进产业错位发展。在成渝地区中轴线上探索建设以产业集群为一体的生产力发展主轴,加强地区之间的资源整合与错位发展,不断提高各类产业发展的效率;加强成渝地区产业技术交流,鼓励不同企业之

间的技术合作与交流,鼓励设立产业基金进行共同技术研发,协调处理好同质性企业,尽力防止企业间的恶性竞争,推动差异化企业共同发展,促进区域整体产业发展,不断优化两地产业结构。

(二)建立政产学研协同创新机制

加强企业创新能力建设。科技创新是产业发展的原动力,企业是技术的主要载体之一,尤其是处于生产线前沿的高新技术企业,其拥有较强的科研体系、众多优秀的人才和设备资源。成渝双城经济圈要加快发展,就需要积极建设布局重大技术创新平台和技术研发中心,实现核心技术的重大突破,以推动产业进步的新材料、新技术、新方法为标准,贯彻落实国家、地区对创新企业的奖补力度,不断提高产品价值。同时,以成渝地区产业类重大项目建设为依托,以政产学研用为抓手,拓展高新技术市场化应用场景。

放松部分政策限制。鼓励放松对相关高新技术企业的政策限制,鼓励相关企业合作进行重点产品研发和重大技术创新;降低部分管控产业的准入限制,加强政府的引导作用,鼓励社会资本参与,推动传统产业发展转型优化升级;建立市场容错机制,营造更为便利良好的创新创业环境。

加快构建共性技术服务平台。我国的企业主要是由中小微型企业为主,这些企业研发能力相对较低,创新能力相对较差,需要政府牵头,依托高校院所、科研机构、中介机构等不同创新主体,共同发起建设一批共用型的技术新型研发机构,加强应用研究和共性研究;进行创新资源整合建设,按照产业链布局创新链,通过打造产业创新平台,促进产业高质量发展。推动区域内新型研发机构与和企业协同合作,就共性技术难题开展共同研究攻关。

(三)建立成渝地区产业人才自由流动机制

推动成渝地区人才协同发展,依托两大中心城市优势,加大对各个行业优秀人才的吸引力度,以人才为动力,推进产业不断创新;加强对中高层次人才的引进和支持力度,给他们在科研创新上营造良好的环境,尊重人才、关心人才、理解人才,在住房、交通、收入等方面为其提供经济补贴和进行税收减免等,建设人才公寓,共同提升人才市场竞争力水平;探索制定成渝地区相同的人才评价体系,根据区域产业发展特点,以各行业人才学历、年龄、职业经历等多元指标为考虑维度,搭建成渝地区协同一致的人才评价体系;以社会保障体系建设为基础,探索推动成渝地区社会保障体系一体化,结合经济发展实际,加快实现包括福利待遇政策的对接,促进两地人才的自由流动。

第五节　省级经济发展周期
——逆周期与减少波动幅度

　　经济周期指经济运行中周期性出现经济扩张与经济紧缩的现象,是国民总产出、总收入和总就业等一系列反映经济活动变化的波动。经济周期也称商业周期、商业循环、景气循环,它在某种程度上也代表着经济发展的趋势,由复苏、繁荣、衰退和萧条四个阶段组成。传统经济周期理论主要分为四类:英国的基钦提出的"基钦周期",又称之为"短波理论",它关注经济2~4年的变化,特别是厂商"存货"对经济运行趋势的影响;法国经济学家朱格拉提出的"朱格拉周期",以设备更替和资本投资为主要驱动因素,存在9~10年的周期波动;美国经济学家库兹涅兹提出的"库兹涅兹周期",以建筑业的兴旺和衰落这一周期性波动现象为标志对其加以划分,也被称为"建筑周期",周期跨度更长,为15~25年;苏联经济学家康德拉季耶夫提出的"康德拉季耶夫"周期,基于技术进步带来的经济波动,其存在50~60年一个周期,也称为长周期。从经济运行的角度来看,经济周期是客观存在的,是经济规律的体现,无论短期还是长期,经济运行总是在"增长—过热—衰退"中往复循环。只要有经济活动就会有经济周期,受多种因素影响,经济不可能长期保持繁荣,始终会在一个繁荣期后开始衰退。经济危机给人类经济社会带来的影响是巨大的,长期以来,经济社会学家和政策制定者们都致力于周期理论的研究,制定一系列逆周期的经济社会政策对其加以应对,通过短中期的各种调控,尽可能避免经济波动大起大落,确保宏观经济大盘的基本稳定,使经济运行能够保持在潜在增速水平上。

一、经济周期的影响和调控

(一)我国的经济周期

我国经济在经历改革开放初期的较大波动后,1992年后,特别是2000年开始,随着社会主义市场经济体制的逐步建立健全,国内经济开始驶向良性发展的快车道,保持了近十多年的稳定发展期;尽管受2008年的国际金融危机影响,中央提出稳定经济的十项措施,坚持内外均衡发展,着力拉动和扩大内需,释放了巨大的市场潜力和国内需求,经济仍然保持平稳较快发展。当我国经济发展步入新常态,中美不断发生贸易摩擦,同时在新冠疫情的影响下,我们正经历着百年未有之大变局,保持经济平稳运行面临前所未有的挑战,经济增长率下降,经济增速不断放缓,进一步抑制了投资和消费的增长,尤其是在新冠疫情冲击下的2020年,内需收缩十分明显。与此同时,国际经济环境并不乐观,国际货币基金组织已经把全球经济衰退作为大概率事件。在"黑天鹅"事件层出不穷的今天,我国经济在内外部环境的影响下,宏观经济增速预计会继续放缓。然而经济增速放缓,其直接表现是企业营业收入、居民收入和政府财政收入增速持续下降,这势必影响就业率和低收入人群的生存和发展,不符合社会主义市场经济发展的目标要求。因此,中美贸易摩擦和新冠疫情发生以来,我国出台了一系列财政政策和货币政策,其频度、力度和强度均超过历史水平;2021年中央再次明确"稳增长"的政策基调,保持经济基本面的长期向好,强化跨周期和逆周期调控,由此可以看出中央对缓解经济增速放缓的决心和信心。我国的市场经济体制也决定了经济周期的影响,对省级地方政府而言,这种影响是一致的;也意味着国家对经济周期制定的宏观调控政策和措施,省级层面则是在此基础上结合自身情况进行落实并调整。

(二)财政政策的逆周期调控

"十四五"时期,面对复杂多变的国内外经济形势,中央政府明确建立现代财税体制,继续发挥财政总量调控作用,加强中期财政规划管理,完善跨年度预算平衡机制,强化逆周期调节,实现逆周期、跨周期和预期管理的统一,发挥财政政策对预期的引导作用,稳定经济增长。近两年,一系列逆周期调节财政政策陆续出台,一方面,加大防疫经费保障力度,安排财政资金用于患者医疗救治用、一线医务人员临时性工作补助、防控设备和物资采购以及疫苗研发等;另一方面,给予税费优惠,对纳税人在公共服务、生活服务方面获得的收入等免征增值税,对受疫情影响较大的餐饮、住宿、旅游、交通运输等行业和相关企业的亏损结转年限由5年延长至8年,阶段性减免企业养老、失业、工伤保险单位缴费,缓缴住房公积金,减轻疫情对企业尤其是中小微企业的影响。

省级地方政府跟进国家政策要求,一方面同样制定一系列与中央一致的政策调控措施,但由于我国多数省级政府都是"净下拨"地区,所以其制定措施的最大区别在于财力的平衡,省级政府基本上都要中央的转移支付才能实现财政收支平衡。同时,我国的土地财政已经发生了根本性变化,2022年前6个月,全国国有土地出让收入2.36万亿元,比上年同期下降31%,各省(区、市)的国有土地大幅度回落严重影响了经济发展,在这样的情况下,省级政府应该采取积极措施,防止经济硬着陆。政府可以收购适用的滞销房产,转为廉租房和公租房,改革土地制度,政府征地仅限于公益性和必须的基础设施建设,改革土地增值税制度,政府要过紧日子,转向量入为出的理财观念。在促进经济增长方面,长期以来地方政府财政政策总体呈现顺周期特征,这是由于财政分权程度的提高放大了地方财政政策的顺周期性,地方政府债务增发使地方财政政策呈现逆周期特征。为提高地方政府财政政策逆周期调节能力,近年来国家提前下达年度新增地方债限额,加快地方债发行节奏,扩大地方债发行规模,促使地方财政政策逆周期调节。所以,随着我国中央财政转移支付力度的进一步加大,我国省级政府的财政调控能力会越来越弱。

(三)货币政策的逆周期调控

中国人民银行是人民币发行的唯一合法机构,因此,省级政府没有发行人民币的功能,在调控的问题上,其主要是按照中央的要求执行,但由于省级政府拥有一批金融机构,所以其在调控上还有一定自主权。近年来,中央多部门主动作为,通过政策调控扩内需、防疫情、助推复工复产、支持实体经济发展、提供金融服务。为推动金融支持政策更好地满足市场主体的需要,多部门联合发布关于进一步强化中小微企业金融服务的指导意见,进一步疏通内外部传导机制,促进中小微企业融资规模明显扩大、融资结构更加优化,实现"增量、降价、提质、扩面",推动加快恢复正常生产生活秩序,支持实体经济高质量发展。中国人民银行等金融部门对加强逆周期调节、结构调整的改革力度加强。各省级政府要抓住机遇,出台适合本地发展特点的配套措施,使中央的政策都能落实在应保尽保的资金投放领域,催生高质量发展的强大动力。

二、成渝地区逆经济周期调节

(一)双城经济圈是逆经济周期调控主体

我国区域经济周期与国家经济周期,在波动方向和频度上总体一致,但由于区域间的差距,其在局部和幅度上也存在不一致的地方,这既是经济客观性的体现,又给区域调控留下了极大空间。对西部地区来说,其在补短板、强弱项上更具调控优势和条件。随着成渝地区双城经济圈建设不断深化,其独特的战略地位逐渐显现,成为我国经济活力彰显的重点区域。调控是以目标的实现为对象的,在目标设置上,"十四五"期间,通过推动成渝地区全方位一体化进程,能大幅提升区域经济实力、发展活力和国际影响力,辐射带动我国西部地区的发展,支撑全国经济高质量发展。从长远来看,在以县城为重要载体的城镇化建设和东部产业承接,双城经济圈核心城市在经济总量、消费能力、人口集聚、内陆开放等方面将取得快速发展,逐步成为具有国际影响力的增长极和动力源。这意味着,在双循环新发展格局下,成渝地区将成长为中国的新经济增长极。因此,推动成渝地区双城经济圈建设是川渝两地综合协调各种政策工具,实施逆周期调控的主体。

(二)成渝地区的逆周期调控

逆周期调控是指经济周期波动异常,在经济正常发展受影响的情况下所采取的调控措施。成渝地区地处我国西部,独特的经济结构使周期性波动成为常态,开展逆周期调控是重要的经济调控手段。在宏观上,其要贯彻落实积极的财政政策和稳健的货币政策,在配套系列政策上的设计,要适时适度实施宏观政策逆周期调节,在多重目标中寻求动态平衡,更加重视经济增长的健康性和可持续性,如受疫情的影响,经济持续下滑时,就更加要提出积极鼓励经济增长的政策来降低疫情对经济的影响,使其影响降到最低水平;要适度降低财政收支与经济周期的顺同性,改善财政政策的调控效果,实行普惠性减税和结构性减税,适度扩大成渝地区双城经济圈建设的债务规模;对接中央货币政策,抓住量化宽松政策出台的机遇,把支持实体经济恢复发展放到更加突出的位置,继续发挥财政在贷款贴息、担保补贴等方面的作用,加大对实体经济特别是民营、小微企业的支持力度,助力降低企业融资成本,为保持经济平稳健康发展提供支撑;持续推进经济结构优化,提升延长产业链、供应链,加快构建高效分工、错位发展、有序竞争、相互融合的现代产业体系,打造具有全国影响力的科技创新中心、富有地方特色的国际消费目的地,充分挖掘成渝地区市场潜力,扩大内需,拉动消费,促进消费与投资有效结合,引领带动我国西部地区实现供需更高水平的动态平衡。

第六节　域内和毗邻地区
——构成一体化和城市群的发展

随着工业化进程的快速推进,城镇不断集聚非农产业和农村人口,城镇化已经成为现代化的重要标志。在我国城镇化转型发展的新阶段,城市群作为一个庞大的城市化区域,由若干城市通过空间、经济、公共服务、基础设施上的紧密联系,形成高度同城化和一体化的最高空间组织形式,已然成为城镇化发展到高级阶段的主要载体和主体形态。党的十九大报告提出,要"以城市群为主体构建大中小城市和小城镇协调发展的城镇格局"。"十四五"规划也明确:"坚持走中国特色新型城镇化道路,深入推进以人为核心的新型城镇化战略,以城市群、都市圈为依托促进大中小市和小城镇协调联动、特色化发展,使更多人民群众享有更高品质的城市生活。"这充分说明城市群和都市圈在发展全局中的重要作用和战略地位。推动城市群和都市圈高质量发展,打造区域重要经济增长极,一体化是主旋律,只有通过大幅提升城市群的一体化水平,才能发挥中心城市的扩散效应,增强周边城市的承接能力,实现区域协作和共同发展。

一、成渝地区一体化的进程

(一)成渝城市群建设情况

成渝城市群概念是由国家发展和改革委员会、住房和城乡建设部联合印发的《成渝城市群发展规划》提出的。其是基于当时经济全球化的大趋势,从推动区域经济一体化和带动我国西部地区发展的大背景下,结合成渝优越的区位条件、生态环境和良好的资源禀赋,按照国家总体战略部署,在西部地区打造辐射带动强、统筹城乡区域协调发展示范的城市群。经过多年的努力和发展,成渝城市群建设卓有成效,从经济规模效应上看,全国有七大城市群,即京津冀城市群、长三角城市群、粤港澳大湾区、成渝城市群、长江中游城市群、中原城市群、关中平原城市群,2020年其生产总值占我国GDP的六成,其中,成渝城市群的生产总值为68.2亿元,占我国GDP的7%,年均增长8%以上。从产业集聚效应上看,成渝城市群一二三产业得到快速发展,特别是汽车产业、特色消费品产业,已经具备打造世界级产业集群的优势条件,生物医药、现代中药、电子信息、商贸物流、文化旅游、金融等产业也取得进步。从健全城镇体系上,成都市、重庆市主城区核心引领作用明显增强,南充等一批中小城市不断壮大,常住人口规模持续上升,常住人口城镇化率超过60%。

随着《成渝地区双城经济圈建设规划纲要》的公布,成渝城市群进一步升级,其通过提升重庆市主城区和成都市两个核心发展能级,带动周边城市相向发展,构建现代化都市圈。从城市群到都市圈,这标志着成渝地区将以人为本构建更高水平的一体化发展格局,推动双核"瘦身健体"和城市功能升级,让各类资源要素在各级各类城市间科学配置,从而优化成渝地区城镇空间体系,打造功能布局合理、生态宜居宜业、巴蜀文化传承的新型城镇化格局。

(二)成渝地区一体化发展面临的主要挑战

城市群一体化进程是决定城市群高质量发展的关键。一体化程度高的城市群,如长三角城市群、粤港澳大湾区,交通设施互联互通、生态环境共保共治、民生服务共建共享,已经成为推动区域经济发展的增长极和动力源。《长江中游城市群发展"十四五"实施方案》把"一体化"作为主线,更加强化统筹协调、一体推进。与之相比,受地理环境和资源禀赋的影响,成渝城市群在基础设施、产业集群、改革创新等方面就存在着较大差距,成渝地区一体化进程无论是在认知水平还是产业基础设施,都需要加快速度。

成渝地区综合交通联通程度不高。交通网络一体化是促进城市间协调发展的重要基础条件,区域交通网络的便利化和"铁公水空"多式联运体系的构建,让城市群物流、人流、资金流等要素得以加速汇流,更能发挥区域中心城市对周边城市的辐射带动作用,推动区域经济增长。

长三角城市群2021年公路总里程超过50万千米,运营铁路总里程超过1.3万千米,得益于其发达的综合立体交通网络,长三角城市群内各城市货运量占总货运量比重接近70%,而成渝城市群这一数值为50%。同时,成渝地区中小城市城际间高速路网还未形成,毗邻地区"断头路"现象突出。所以,从"十四五"成渝地区各地方规划的重点项目看,高铁、货运铁路、港口码头、高速公路、通用机场等重大交通基础设施依然是重头戏。

成渝地区"中部塌陷"问题依然明显。成都市、重庆市主城区两大城市核心为成渝城市群注入了强大动力,但同时由于中心城市的"虹吸效应",成渝中轴线上的中小城市发展在不同程度上受阻,如成都市2021年的生产总值为19 917亿元,是排名第二位的绵阳市的5.9倍,占全省生产总值的比重高达37.0%。由于较大的综合实力差异,过多资源向两座核心城市集中集聚,成渝地区中间地带缺乏能够支撑引领周边城市发展的次中心城市。"中部塌陷"的现象若不能有效解决,势必影响成渝地区一体化进程,进而影响区域新型城镇化建设,阻碍双核城市由外延扩张向内涵提升的转变。

成渝地区城市间合作机制有待完善。成渝地区经济合作历经多个阶段,从20世纪80年代开始,成渝地区各个城市在全国率先建立起经济协作机制,但合作模式一直都比较松散,大多以联席会议、合作协议、协作会议的方式推进,缺乏具体合作事项清单,有一些体制机制性合作事项也缺乏固定的常态化推进机制,在落实重大决策和重大项目上缺乏行之有效的举措。同时,其存在着行政壁垒对市场的割据,特别是在招商引资、产业引进方面,往往竞争大于合作。成渝两地具有一定的经济互补特性,其互补的实现基本上是基于企业的行为,政府的引导反而见效很小。在布局新产业的问题上,更是相互比拼政策的优惠,其结果是引资项目成本高。成渝地区中小城市之间,同样为了争夺某个产品或项目,更多的是激烈竞争和角逐。

体制改革方面需要创新。实现高度一体化,意味着必须打破体制和机制的障碍,让资本、技术、人才等各类要素能够自由流动。要打破跨地区的制度瓶颈,就需要首先弄清分散、零碎的各类资源,进行分类统筹,充分发挥市场在资源分配中的决定性作用,同时发挥好政府的作用。如在成渝地区跨行政区域的经济区内各区、市和县间,如何实现产业互补、利益共享和成本共担,实现双赢是众多合作机制中最突出的问题。在产业协作领域,如何实现合理分工,科学布局生产力,共同形成产业带、产业集群;在涉及公共重大项目的审批上,由于成渝两地行政体制不同,如何实现联合申报,省略繁琐的程序,推进重大项目高效申报运行;在人才引进方面,特别是中高端人才政策方面,依然存在区域间激烈竞争的现象,不利于成渝地区在宏观意义上的交流和流动。

二、一体化和城市群建设的有效路径

(一)强化规划的引领作用

《成渝地区双城经济圈建设规划纲要》明确了建设经济圈的发展战略、目标定位、重点任务和主要政策举措。在纲要的指导下,国家有关部门出台了一系列文件,在政策、项目、体制机制等方面予以支持,如国家发展和改革委员会、交通运输部联合印发的《成渝地区双城经济圈综合交通运输发展规划》,文化和旅游部、国家发展和改革委员会、重庆市人民政府和四川省人民政府联合印发的《巴蜀文化旅游走廊建设规划》,民航局与重庆市、四川省经认真研究并充分协商印发《民航局关于加快成渝世界级机场群建设的指导意见》等。基于国家的顶层设计,川渝两地积极响应,联合出台了系列规划、方案,如《成渝现代高效特色农业带建设规划》《共建成渝地区双城经济圈口岸物流体系实施方案》《成渝地区双城经济圈碳达峰碳中和联合行动方案》《成渝地区双城经济圈便捷生活行动方案》等。

从规划纲要、国家各部委的文件到川渝两地的专项规划和各类方案,成渝地区双城经济圈建设的规划体系、政策体系逐步建立。但与长三角一体化规划政策体系相比,其还需进一步梳理和完善。长三角一体化已经形成"1+N+X"的规划政策体系,构建了稳健的"四梁八柱"制度框架,特别是"X"项政策措施,紧扣长三角一体化实际,涉及要素流动、财税、国土空间、金融支持等,操作性强、精准化程度高。成渝地区要唱好双城记、建好经济圈,推动城市群和都市圈建设,就需要在顶层设计和政策体系上继续下功夫,在现有基础上,紧扣国家战略和部委指导意见,构建符合地区实际的制度框架体系,以促进成渝地区一体化进程。

(二)统筹域内和毗邻地区的关系

成渝地区双城经济圈建设并未把川渝两地全域纳入,要使川渝地区协调发展,必须兼顾四川省"一干多支、五区协同;四向拓展、全域开放"战略部署和重庆市"一区两群"城镇空间格局,发挥双圈的辐射引领作用,依托渝东北、川东北地区一体化发展,推动万开云同城化、奉巫文旅游协同、城口县川陕革命老区发展;依托川南、渝西地区融合发展,联动黔北地区发展;同时,带动川渝两地周边欠发达地区,如秦巴山区、武陵山区、乌蒙山区等巩固脱贫攻坚成果,加快城乡统筹和城乡协调发展。

(三)构建综合立体交通网络体系

加快构建符合川渝地形特点的多层次轨道交通网络。把城市群和都市圈建立在轨道上,是城镇化发展到高级阶段的重要标志之一。长三角地区提出"轨道上的长三角"以来,在2019年就实现高铁覆盖域内90%以上的地区,"十四五"又提出了地级及以上城市达到全覆盖的发展目标。成渝地区要在空间上实现实质性联系,就必须对标长三角,把高铁干线、城际铁路、市域(郊)铁路、城市轨道等统筹整合起来,着力打造多层级次、衔接顺畅、品质服务的轨道交通系统,为成渝地区提供快速、高效、低成本的通勤服务,缩短时空距离,满足未来成渝城市群和都市圈多样化、高频次、强时效的交通需求。

提升长江黄金水道功能。围绕长江干线主通道,加大重要支流航道整治和梯级渠化,构建干支有效衔接的航道网络。积极推进岷江航道畅通工程,打造高等级航道,联通成都、乐山、宜宾,推动长江黄金水道延伸至成都都市圈;依托嘉陵江、乌江、涪江等航运枢纽工程,构建三峡水运新通道。推动长江沿线港口协同发展,集约利用岸线资源,联动"无水港",优化布局形成港口集群。借助主要港口,统筹货运铁路、高速公路、机场等,打造"铁公水空"无缝衔接、多式联运集疏运体系。

打造世界级机场群。以成都天府机场、重庆江北机场为核心,绵阳机场、南充机场、万州机场、黔江机场等为支撑,科学布局一批中小支线机场,构建布局科学、体系完备、全域协同的机场群,推动东中部地区与西部地区民航事业共同发展,带动形成西南片区航空网络高质量发展。积极参与全球航空运输网络建设,密织国内外航线航班,推动对外航权开放,成为全国机场网和航线网的战略支撑。完善成渝地区通用机场网络,大力开展应急救援、森林防护、旅游观光、空中巡查等飞行作业服务。

打通毗邻地区交通联系。由于行政体制不同,成都市和重庆市主城区临近的乡镇(街道)、景区、村落间,仍然存在许多"断头路""瓶颈路"和"宽窄路",这导致两地公路网中的"毛细血管"堵塞,影响与毗邻地区的互联互通。在完善公路网络过程中,在继续完善现有高速公路、省际公路骨干网的基础上,应逐渐高度重视普通公路网的建设,特别是三、四级道路的联通,以及边贸集镇、旅游景区、现代农业产业带中的产业路、旅游路、农村路,通过密织毗邻地区各类等级公路网络,实现交通运输高效协同,推动成渝地区中小城市间的联系,完善新型城镇体系,加快城乡统筹发展。

(四)推动科技和产业协同发展

加快西部科学城共建步伐。国家从战略层面布局了四大综合性国家科学中心,均位于东中部地区。《成渝地区双城经济圈建设规划纲要》明确提出,以"一城多园"模式合作共建西部科学城。为西部地区建设综合性国家科学中心奠定了良好基础,也为成渝地区努力创造条件,从跟跑国家科学中心向与国家并行迈进。共建西部科学城,需要成都和重庆立足现有创新资源和科技研发优势,着眼于突破共性关键技术,特别是"卡脖子"技术,在中国科学院等科研平台和科学大装置等方面,在西部(成都)科学城、西部(重庆)科学城、重庆两江协同创新区、中国(绵阳)科技城进行合理布局,形成合力,在航空航天、智能制造等方面实现突破。同时,在各板块内部,也要尽快理顺管理体制机制,减少行政壁垒和同质竞争,如西部(重庆)科学城,启动建设时限不足2年,又横跨沙坪坝区、九龙坡区、北碚区、江津区、璧山区5个行政区,其许多政策措施还需要进一步完善和衔接,这样才有助于加快高新区的开发,推动有效研发,使一系列重大科技项目尽快落地。

强化成渝中部地区产业集群建设。成渝中部地区是双城经济圈的脊梁,长期以来,受成都和重庆主城区"虹吸效应"影响,成渝地区的中部城市发展活力不足,产业同质同构现象突出。近年来,渝西永川区、荣昌区、江津区、铜梁区,川南泸州市、宜宾市,渝东北万州区、川东北达州市等大中城市快速崛起,为成渝中部地区崛起打下了坚实基础。成渝地区要加快一体化进程,就需要"双核"都市圈功能向中部地区城市群疏解,支持和培育中部城市发展以装备制造、电子信息、新能源新材料等为主导的产业集群,例如,遂宁市与铜梁区围绕锂电产业布局发展储能产业基础良好,川渝两地应鼓励和支持两地打造国家级的储能产业示范区。其通过成渝中部地区产业带的优化布局,构建在全国有一定影响和地位的产业集群,能让成渝中部地区的脊梁挺起来,让成都和重庆两大都市圈更具国际竞争力。

(五)构建便利共享的公共服务体系

加快推进成渝地区公共服务标准化和便利化建设。在教育医疗资源方面,重点要共建信息共享平台,形成一体化的医疗急救网络体系,推动形成区域性职教同盟、大学联盟。在养老方面,实施一批养老合作共建试点,共同培育一批高端养老机构。在食品药品监管方面,实现信息共享、分类监管。在促进就业方面,构建公共就业创业和人力资源服务联盟,在中高端人才引进方面形成良性竞争机制。积极开展信用合作,探索建立"信用成渝"平台。

三、构建成渝地区合作功能平台示范

(一)推动成渝中部地区功能平台一体化示范

成渝中部地区重要功能平台有四个,包括广安—渝北"高滩茨竹新区",合川—广安—长寿"环重庆主城都市区经济协同发展示范区",遂宁—潼南"一体化发展先行区",资阳、大足"文旅融合发展示范区"。由于成渝中部地区区位优势明显,率先受到重庆都市圈、成都都市圈的辐射,基础设施互联互通水平较高,能够较好承接成渝地区产业转移,同时能给"双核"提供良好的配套服务。因此,针对成渝中部地区的功能平台,各方面应围绕实现其一体化为核心进行谋划,破除行政壁垒和体制机制障碍,注重政策协同效率,探索经济区与行政区适度分离改革成功路径,为成渝地区全域一体化提供示范。

(二)推动川南渝西地区功能平台融合示范

川南渝西地区重要功能平台有两个,包括内江—荣昌"现代农业高新技术产业示范区",泸州—永川—江津"跨行政区组团发展模式建设融合发展示范区"。由于川南渝西地区产业相似度较高,城市经济体量较大,能够形成次级中心城市,把"双核"带动作用向下一级城市和周边省市传导,从而扩大双城经济圈的影响范围。因此,对川南渝西地区,应该注重依托产业园区载体,增强产业协作,培育在全国或区域内具有影响力的产业带或产业集群。同时在区域融合、产城融合、城乡融合方面,积极探索新机制、新模式,形成融合发展示范。

(三)推动川东北渝东北地区统筹示范

川东北渝东北地区重要功能平台有三个,包括万州—达州—开州"万达开川渝统筹发展示范区"、梁平—垫江—达川—大竹—开江—邻水"环明月山绿色发展示范带"、城口—宣汉—万源"革命老区振兴发展示范区"。由于川东北渝东北地区地处三峡库区腹心和秦巴山区,虽与"双核"距离相对较远,但生态地位显著;同时万州区是重庆第二大城区、达州市是川东北中心城市,它们有一定的区位优势。因此,川东北渝东北地区要坚持以生态建设为主线,把握"统筹"要义,着眼于整体,厘清产业发展和生态保护、巩固拓展脱贫攻坚成果和乡村振兴、城市发展和城乡融合等一系列关系,做好系统安排和协同推进,在生态价值实现、资源利用、巩固脱贫攻坚成果与乡村振兴有效衔接等方面形成示范。成渝地区重点功能平台示范内容如表4-4所示。

表4-4　成渝地区重点功能平台示范内容

区域	重点功能平台	涉及区市县	示范内容
成渝中部地区	高滩茨竹新区	四川省广安市,重庆市渝北区	五个同城一体化,即以规划一体化推进同城共圈;以基础设施一体化推进同城共建;以开发建设一体化推进同城共赢;以公共服务一体化推进同城共享;以运行管理一体化推进同城共管。
	环重庆主城都市区经济协同发展示范区	四川省广安市,重庆市合川区、长寿区	以一体化为主题,围绕三个关键词展开:一是"配套",为成都重庆双核做好配套;二是"协作",聚焦装备制造开展高水平产业协作;三是"疏解",承接双核城市瘦身和产业转移功能,与双核同城化发展。
	一体化发展先行区	四川省遂宁市,重庆市潼南区	以"一体化"为核心,树立"一盘棋"思维,着力推进五化,即注重机制化,探索创新跨省跨行政区合作机制模式;注重政策化,制定完善推动一体化的政策体系;注重项目化,共同实施一批重大项目;注重事项化,把遂潼合作逐一形成事项清单精细推进。
	文旅融合发展示范区	四川省资阳市,重庆市大足区	构建一体化发展格局,依托两地世界级文化旅游资源优势,以巴蜀文化为魂,以"旅游+"为主线,在推进文旅、工旅、农旅、康旅等融合发展过程中,切入基础设施、公共服务一体化等内容,实现共建共享、共商共赢。

区域	重点功能平台	涉及区市县	示范内容
川南渝西地区	现代农业高新技术产业示范区	四川省内江市，重庆市荣昌区	依托两地现代农业种质资源优势、科研优势、数字优势，以农村一二三产业融合为切入点，以国家畜牧科技城、现代农业产业示范园、省级产业合作园区和农产品生产示范基地为载体，走现代高效特色农业先进路子，探索特色产业带动下的跨行政区融合发展示范。
	跨行政区组团发展模式建设融合发展示范区	四川省泸州市，重庆市永川区、江津区	突出融合发展、协同发展，其中，打造融合发展核心区，在融合发展上进行示范；构建沿江绿色发展带和沿高铁创新发展，在协同发展上进行示范；联动"三组团"，即泸州组团、永川组团、江津组团，探索行政区与经济区适度分离改革示范路径。
川东北渝东北地区	万达开川渝统筹发展示范区	四川省达州市，重庆市万州区、开州区	坚持绿色发展理念，统筹三地各类资源要素，率先在川东北渝东北推进基础设施互联互通、产业发展协同协作、公共服务共建共享、生态环保联建联治、改革开放共促进进、毗邻地区合作走深走实等重点工作，在区域协作上打造样板。
	环明月山绿色发展示范带	四川省达州市达川区、大竹县、开江县，四川省广安市邻水县，重庆市梁平区、垫江县	依托明月山良好的生态资源优势，以生态优先、绿色发展为主线，联动明月山周边五个区市县，积极探索基于跨省级行政区的生态产品价值实现机制，打造践行"绿水青山就是金山银山"的新样板。
	革命老区振兴发展示范区	四川省万源市、宣汉县，重庆市城口县	发挥双圈辐射带动作用，聚焦推动革命老区振兴发展，立足城口、宣汉、万源绿色本底，联动川陕革命老区核心区和原秦巴山区集中连片特困地区，在深入践行"两山"理论中作出示范。

221

第七节　综合性调控
——致力于域内主体功能的实现

随着社会主义市场经济体制的不断完善,经过改革开放40多年的摸索和经验积累,国家宏观调控政策不断创新,逐渐形成了具有中国特色的综合性调控体系。近年来,面对国际国内经济运行的复杂形势,我国有针对性的出台调控政策,利用规划、财政、货币、改革等工具,持续保持经济的稳定增长。随着经济发展迈入高质量发展阶段,受经济增速放缓和新冠疫情的影响,面对现实经济形势的变化,单一的调控对促进经济发展的效果并不明显,更多时候应该采取多种调控手段综合施策,解决新问题新矛盾。特别是在实施区域重大战略过程中,更需要结合各区域板块的特征,在经济社会发展各方面制定系列支持政策和措施。例如,近年来中央密集出台的关于推进西部大开发、京津冀协同发展、长江经济带发展、粤港澳大湾区、成渝地区双城经济圈等发展规划纲要和意见等,这些规划充分体现了国家实施综合性调控的目标要求,为省级政府调控提供了全方位保障和基础。

我国各省份经济发展情况差异较大,各大区域间发展阶段和发展特征也不同。川渝两地作为长江上游经济核心区,具有独特的优势和其发展的战略意义,按照国家宏观调控的要求,结合川渝两地实际,特别是成渝地区双城经济圈建设的需要,根据资源环境承载能力、现有开发强度和发展潜力,系统谋划人口分布、经济布局、国土利用和城镇化格局,实现自身在国家层面的主体功能,解决区域发展不平衡不充分的问题。未来一段时间,川渝两地如何开展综合性调控,推动主体功能的实现,目前都在摸索中,除了承接好国家和各部委既定的各项政策和措施,最重要的是抓住重大项目的实施、推动需求侧管理与供给侧改革有效协同、推动经济区和行政区适度分离。

一、加快实施一批支撑性、基础性、战略性重大项目

(一)实施重大项目是推动发展的重要支撑

发展是第一要务,项目是第一支撑。项目体系是省级经济调控体系的重要组成部分,重大项目的实施对于省级经济调控具有十分重要的作用。同样,抓重大项目也是省级经济调控的主要手段。前文已经对此进行了详尽论述。省级政府的重大项目,是从本省各部门、各地区,甚至重点乡镇逐级上报汇总的项目库中,层层遴选、科学判定后确定的。这些重大项目具有战略性、支撑性、基础性特征属性。重大项目的落地实施体现着综合性经济调控开始在微观层面发挥作用。正所谓"抓项目就是抓发展,稳投资就是稳增长",正是考虑到重大项目这种性质,特别是拉动全社会固定资产投资的关键性作用,川渝两地在"十四五"开局之年,纷纷出台抓项目、稳投资、促增长若干措施,对重大项目进行安排部署,千方百计形成策划一批、包装一批、签约一批、开工一批、竣工一批的滚动发展格局,以持续丰富的项目储备为高质量发展蓄足后劲。2021年,四川省全社会固定资产投资比上年增长10.1%,两年平均增长10.0%;重庆市固定资产投资同比增长6.1%、两年平均增长5%,分别高于全国1.2、1.1个百分点,年度实施市级重大项目861个,完成投资4 093亿元,超年度计划15.8个百分点。川渝两地重大项目推进和落地情况总体良好,但与"十三五"开局之年相比,差距较大。2016年四川省完成固定资产投资总额28 229.79亿元,同比增长13.1%;重庆市完成固定资产投资总额17 361.12亿元,同比增长12.1%。

(二)成渝地区实施重大项目的主要调控路径

在复杂严峻的国内外形势下,川渝两地更需要狠抓项目建设不放松,打好稳投资、增后劲攻坚战,从多方面着力,把抓项目、稳投资作为经济工作的重要抓手,为川渝两地经济行稳致远增添动力。

一是围绕科技创新,深入实施创新驱动发展战略,策划储备一批科技创新重大项目,完善以企业为主体的产业链、创新链和价值链深度融

合协同创新体系,增强创新资源集聚转化功能,建设具有全国影响力的科技创新中心。其可以在川渝四大科学城、国家重大科技基础设施、重点实验室、知识产权保护运用等方面实施一批战略性项目,鼓励区县在国家高新区、经济开发区和国家开发开放新区创建创新平台、工业互联网创新中心、国家科技成果转化示范、数字经济与实体经济融合创新示范、物联网集成创新与融合应用等。

二是围绕完善壮大现代产业体系。推动川渝两地产业迈向高级化、现代化,依托优势产业,集聚各类资源要素,促进产业融合,拉长整合产业链。在先进制造业上,以传统产业转型升级为主导,实施产业链供应链稳定性和竞争力提升工程、产业基础再造工程、汽车摩托车关键零部件等一批支撑性项目;以壮大战略性新兴产业为抓手,实施新一代信息技术产业、"上云用数赋智"行动、生物技术、大健康等一批战略性项目,引导战略性新兴产业向集群化、绿色化方向发展。在现代服务业方面,实施西部金融中心、国际消费中心城市、国家物流枢纽建设工程等一批战略性、标志性项目,实施冷链物流服务网络建设工程、城乡配送网络建设工程、商圈扩容升级、社区服务业等一批基础性、支撑性项目。在文化旅游产业方面,打造大九寨、大峨眉、大熊猫、大都市、大三峡、大武陵等文旅精品,共建巴蜀文化旅游走廊。

三是围绕成都都市圈、重庆都市圈,推动双圈相向发展,扶强扶壮成渝中轴线大中小城市,促进渝东北三峡库区城镇群与川东北地区逐步一体化,加快川南地区与渝西地区融合发展,辐射带动川陕、渝黔区域发展。实施城市更新行动、城市品质提升行动、国家城乡融合发展试验区等一批支撑性、基础性项目,实施公园城市、城市会客厅、"两江四岸"核心区整体提升、山城公园等一批标志性项目,实施海绵城市、无废城市、智慧城市等支撑性项目,推动城市规划建设管理现代化,全面提升城市的综合品质,让城市更具魅力。

四是围绕推进农业农村现代化,全面推进乡村振兴,实现农业高质高效、乡村宜居宜业、农民富裕富足。以提高农业质量效益和竞争力为重点,实施千年良田、现代山地特色高效农业、农村一二三产业融合发展等一批战略性、支撑性项目;实施农产品加工提升行动,建设一批农产品加工示范园。强化农业科技和装备支撑,实施现代种业工程、山地农业机械、农田宜机化改造、智慧农业、数字农业等基础性、战略性项目。共建现代高效特色农业带,实施国家重要的生猪生产基地、优质蔬菜生产带、国家农业高新技术产业示范区、区域性畜禽基因库、国际农产品加工产业园等一批战略性、标志性项目。

五是围绕绿水青山,坚持绿色发展理念,实施主体功能区战略,促进经济社会发展全面绿色转型。持续实施山水林田湖草生态保护修复、国土绿化提升、天然林保护工程、湿地保护和修复工程、矿山生态修复工程、水土保持工程等生态项目;聚焦碳达峰、碳中和"3060"发展目标,实施零碳园区、绿色社区、高耗能企业淘汰工程、节能减排等一批支撑性项目。

六是围绕全面提升公共服务水平,聚焦就业、教育、医疗、社保、消费等,不断增强人民群众获得感、幸福感、安全感,促进人的全面发展和社会全面进步。针对人才短缺等问题,实施高等教育、职业教育、职业技能培训基地、人力资源服务产业园、就业见习基地等基础性、支撑性项目;针对医疗卫生体系问题,实施公共卫生防控救治、医疗卫生服务、中医药传承创新等支撑性项目;针对老龄化问题,实施养老服务体系建设、养老产业等支撑性、基础性项目,同时,实施全民健身场地设施建设、应急设施等基础性项目。

七是围绕推进成渝地区双城经济圈建设,协同推进重大项目建设管理。积极下放项目核准权限,除规定由国家核准或明确规定核准权限保留在省级的事项外,争取非跨界项目能放尽放;研究制定统一的企业投资项目核准目录,对目录外的项目实行备案管理;统一政府投资共建项目审批管理事项名称和申请材料,实行区域内一家牵头、联合办理、限时办结;打通两地投资项目在线审批监管平台,实现跨区域合作共建项目信息数据互联互通,依托川渝两地智慧政务平台或大数据平台,建设可视化、易操作、可查询、能调度的大数据平台,推动两地重大项目信息实时共享;建立数据标准统一的合作共建项目储备库,编制储备项目三年滚动计划,协同制定年度重大项目清单和支持政策;建立重大项目优先保障清单和用地审批绿色通道,建立重大项目协同推进机制,推动重大项目共谋共商共论证。

二、抓住供给侧与需求侧结合部关键点持续发力

(一)供给侧与需求侧之间的关系

供给和需求是人类生产生活的重要环节和基本领域,供给属于生产端,需求属于消费端,它们是辩证统一的关系。党的十九届五中全会提出,要"把实施扩大内需战略同深化供给侧结构性改革有机结合起来"。2020年12月,中央政治局会议强调,"要扭住供给侧结构性改革,同时注重需求侧改革";同年,中央经济工作会议指出,"加快构建以国内大循环为主体、国内国际双循环相互促进的新发展格局,要紧紧扭住供给侧结构性改革这条主线,注重需求侧管理,打通堵点,补齐短板,贯通生产、分配、流通、消费各环节,形成需求牵引供给、供给创造需求的更高水平动态平衡,提升国民经济体系整体效能"。2021年中央政治局会议又强调"在构建新发展格局过程中,我们必须有效协同供给侧结构性改革与需求侧管理"。构建国内国际双循环的新发展格局,突出表明了既要深化供给侧结构性改革,又要充分重视需求侧的力量,实现供给侧结构性改革与需求侧管理并肩齐行。这完全符合当前中国经济发展的内生需求,是我国进入新发展阶段后,开启建设社会主义现代化国家新征程的重大战略选择。

(二)推动供给侧与需求侧相结合

川渝两地的发展,通过强化重庆和成都中心城市带动作用,高效集聚人口,促进各类生产要素合理流动,增强动力、激发活力,塑造新优势,推动形成优势互补、高质量发展的区域经济布局。这就需要两地在供给侧提供有效供给,同时能在需求侧持续发力,找到两地供给侧与需求侧结合部关键点,有针对性的综合施策,尽快把成渝地区双城经济圈

打造成带动全国高质量发展的重要增长极和新的动力源。

　　川渝两地供给侧结构性改革与需求侧管理结合的研究思路。结合生产、分配、流通、消费四个环节,供给侧和需求侧则分别对应循环的起点和终点。供给侧结构性改革侧重于生产环节,需求侧管理侧重于消费环节,分配与流通环节对供给侧结构性改革和需求侧管理具有重大影响。两地可以问题为导向,通过基于供需两端的视角,系统梳理总结地方经济社会发展问题,找准结合部关键点,进而研究提出改进措施,打通供需不匹配,阻碍经济循环的瘀点、堵点,有效协同供给侧结构性改革和需求侧管理。供给侧和需求侧理论示意如图4-7。

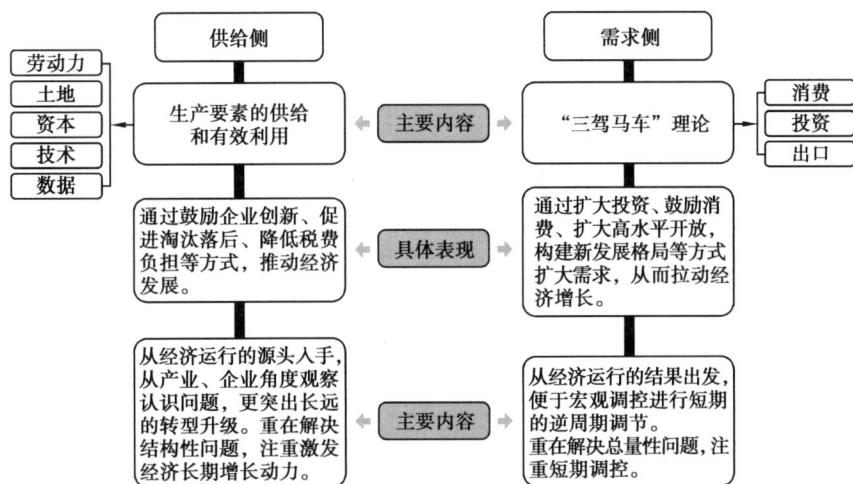

图4-7　供给侧和需求侧理论示意

(三)供给侧与需求侧相结合的重点领域

　　考虑到经济社会发展涉及方方面面,生产环节涉及产业发展、科技创新等;分配环节涉及公平的市场环境、合理的税收制度等;流通环节涉及基础设施完善、信息技术的支撑等;供需平衡须在消费环节结束后才能实现。结合川渝两地实际,以产业结构调整、科技创新供给、市场空间拓展、基础设施支撑、社会民生改善、市场环境优化六大领域为重点进行分析研究。供给侧和需求侧结合分析如图4-8。

227

图4-8 供给侧和需求侧结合分析

产业结构调整方面。从供给端看,钢铁、水泥等传统产业无效低端供给问题突出且产能过剩,在先进制造业方面有效中高端供给不足,现代服务新业态新模式和现代供应链培育不足;从需求端看,两地消费对两地生产总值增长的贡献依旧不高,全国消费支出对GDP增长的贡献率为54.5%,重庆消费支出对重庆地区生产总值增长的贡献率为52.8%,在全国排名靠后。其结合部调控关键点为推动产业结构升级、构建现代产业供应链,通过大数据智能化优化存量供给,紧扣新动能培育做大增量供给,助推产业结构升级,发展现代产业供应链,助推供给侧结构性改革,促进资源优化配置以及经济质量、效率提升,培育新增长点、新动能,推动经济发展质量变革、效率变革、动力变革。

科技创新供给方面。从供给侧看,川渝两地科技型企业普遍规模小、实力弱,缺少带动性强的科创企业,国家大科学装置、国家实验室等国家科创平台缺乏,科技创新投入机制不完善,中低端人才"产能过剩"、川渝两地高端人才流动合作不够。从需求侧看,科技成果转化方面的科研成果与市场需求匹配度不足、高水平科技成果转化服务机构不足,高精尖产业领域人才不够用、不适用问题突出。其结合部调控关键点为建设重大科技创新平台、成果转化孵化平台、科创服务平台,创新人才队伍,用科技创新助推供给。因此,要加快布局重大科技创新平台、构建成果转化孵化平台、建设科创服务平台,提升原始创新能力,加强集成创新;同时,围绕产业链部署创新链,围绕创新链布局产业链,强化企业创新主体地位及创新人才引领地位,以高端智能制造、大数据等新兴产业为重点,充分发挥科技创新支撑供需结合。

市场空间拓展方面。从开放平台来看,平台功能定位趋同化,开放平台规划统筹不够,同质化竞争激烈,主导产业选择过多且特色不鲜明,口岸平台承担过多的内向型产业功能,信息、政策孤岛现象突出。从开放通道来看,在物流运作层面,两地开放的平台大多各自为战,各建各的通道,各用各的口岸,各有各的稳定客户群体,没有一个核心平台可以连通其他通道。此外,通关效率有待提高,如重庆港的水运口岸程序较多,企业通关涉及网络作业复杂。从海外市场来看,对外贸易的商品结构不尽合理,加工业技术含量不高,缺少代表性的高新技术产品,出口商品附加值普遍较低,如在很长一段时间,川渝两地的摩托车出口模式就是典型的"经销产品"模式——产品一旦出口就意味着交易结束。其结合部调控关键点为建设引领性开放平台、国际开放大通道、海外市场拓展，深度融入国家对外开放和区域发展战略，充分发挥开放平台引领辐射功能，不断推进国际开放大通道建设，培育开放产业，壮大开放主体，积极拓展海外市场，加快构建高水平开放型经济新体制。

基础设施支撑方面。与我国东部地区相比，地处西部中心的川渝两地，基础设施建设比较落后，现代立体交通体系不完善，一是交通运输发展不平衡不充分制约了供给质量和供需匹配效率，如重庆城市行政区道路网密度6.7千米/平方千米，远低于深圳的9.5千米/平方千米、厦门的8.5千米/平方千米、成都的8.3千米/平方千米的水平；三峡船闸通过能力不足，实际年过闸运量超过设计能力近50%。二是物流成本相对高且制约了重庆产业发展和对内对外开放，如重庆市全社会物流总费用占GDP约14%，远高于沿海地区的8%和发达国家的4%的水平。三是新型信息化基础设施不足限制了产业生产效率和新型消费需求的潜力。四是城乡基础设施短板限制了生产供给能力和城乡居民消费潜力，特别是川渝的广大农村地区，农村水利、公路、电网等方面欠账现象依然较多，农村住房安全保障渠道较窄，农村供水、燃气、信息基础设施保障总体处于初级阶段。基础设施是影响供给侧与需求侧成功结合的重要影响因素。其结合部调控关键点为建设现代综合交通运输体系、现代物流体系、新型基础设施、城乡基础设施，聚焦补短板，加快构建现代综合交通运输体系，切实提升内联外通水平，强化门户枢纽功能，加强现代物流体系建设，打通物流通道，加快推动新型基础设施建设，带动人流、物流、信息流、资金流加速汇聚，确保供给及时送到、需求及时满足，实施城市提升行动和乡村振兴战略，补足城乡基础设施短板，促进投资稳定和消费升级。

社会民生改善方面。从供给侧看，川渝两地作为全国人口较密集的区域，教育、养老、医疗等优质公共服务不到位，资源配置不均，其满足不了市民多元化、个性化的需求；从需求侧看，居民收入占地区生产总值分配的比率较低，导致中高端消费水平较低，大量农村富余劳动力需要转移就业,规模性失业风险较大,同时人口减少导致有支付能力人群的消费需求减少。其结合部调控关键点为健全社会保障体系、建立合理的市场化机制、保障更充分的高质量就业,紧紧围绕改善民生拓展需求,以高质量发展创造高品质生活为引领,加强供给侧结构性改革和需求侧管理,着力解决制约社会民生发展的痛点、难点问题,探索构建合理的市场化机制,积极引入社会资本,健全社会保障体系,推进更充分更高质量的就业,实现更高水平的供需动态平衡。

市场环境优化方面。从全国省级市场环境优化分析,川渝地区位于全国后列。其主要存在的问题有:一是市场环境和法治环境亟待改善,两地至今未打造统一的知识产权协同保护平台。二是政务服务环境亟待优化,一些政务信息公开、政务服务、政府门户网站建设仍然分属不同主管部门牵头管理,政务公开渠道不集中。三是改革深水区体制机制痛点日益凸显,正向激励机制发挥的作用不充分,容错免责机制不明晰,部门之间的利益壁垒、权责壁垒、信息壁垒依然存在。四是要素市场发育不足。这在一定程度上影响了市场对资源配置决定性作用的发挥,重庆市在2020年全市统战系统开展的"抓'六稳'促'六保'民营企业百日大走访"活动中,企业反映"要素供给不足"问题最为突出,主要表现在生产要素供给不足、招用工结构性型失调、人才引进难等方面。五是投融资体制有待优化完善,对金融产品、金融市场、PPP等创新融资方式有待探索和完善。其结合部调控关键点为营商良好环境、优化要素市场化配置、建立投融资体制、积极进行市场机制改革。因此,其要大力推动市场环境优化,畅通市场准入,规范市场秩序,推进要素市场化配置改革,优化完善政府投融资模式,推进市场机制改革,实现更高水平的供需动态平衡。

(四)基于结合部的调控政策

基于六大重点领域的供给侧和需求侧结合部的关键点,川渝两地可从六个方面综合施策,发挥综合性调控的优势。

第一,聚焦新产业、新业态、新消费,做好产业结构升级,加快完善现代供应链,有效解决供需结构性失衡问题。加快发展新一代信息技术、高端装备等战略性新兴产业,提质发展电子、汽车摩托车、装备制造、消费品等传统支柱产业,提升生产性服务业专业化水平,推动生活性服务业多元化创新。同时大力发展现代供应链,增强生产到消费等各个环节的有效对接,逐步缓解需求侧和供给侧结构性矛盾。

第二,聚焦科技创新平台、载体、主体,发挥创新驱动引领作用,保障创新要素自由流动和高效配置,有效推进高质量发展的供需适配。持续推进改革创新试点,积极探索科技体制改革,在科技审批方面大胆先行先试,特别在科技人才引育和科技金融方面,要拿出真家伙、实政策。鼓励创新容错,鼓励学术探索,建立风险共担机制,打造科技创新良好氛围。围绕构建产学研合作链,建立科技成果转化服务和产业孵化服务保障机制。

第三,聚焦开放平台、开放通道、海外市场拓展,从时间、空间、价值上对经济体系的供需适配和运行产生积极影响,进而促进供给与需求高效耦合和精准对接。加快构建类型齐全、功能完备、布局合理、优势互补的开放平台体系,打造一批国内外知名的开放平台。推动西部陆海新通道、中欧班列(成渝)、长江黄金水道等通道在川渝两地贯通连接。积极推进海外市场拓展,推动国际贸易、国际工程和跨境投融资转型发展,全面提升与沿线区域、国家经贸合作水平。

第四,聚焦基础设施现代化、信息化、智能化,加大基础设施补短板力度,充分发挥基础设施对高水平供需动态平衡的先导性和外部性作用。加强现代综合交通运输体系建设,提速建设铁路大通道,加快完善公路网络,推进多向出川、出渝通道建设,构建内外一体、协同发展的道路交通一体化网络,建设长江上游航运中心,打造国际航空门户枢纽。建设国际化多式联运集疏运体系,构建综合物流服务网络系统,健全城乡冷链设施网络。加强新型基础设施建设,加快布局融合基础设施。推进城乡基础设施一体化。

第五,聚焦公共服务资源配置、供给主体、管理模式,合理引入社会力量和市场机制,着力推动底线民生扩面提标,推进充分就业,有效提升边际消费倾向拉动内需。制定和实施更加完善、更高水平和更加积极的社会保障政策，确保特殊群体最低民生保障，不断提高社会民生福祉水平。高度重视就业问题，确保就业优先战略实施落地。合理引入社会力量参与到民生建设，健全多渠道资金筹集机制，优化民生供给。大力实施结构性减税的政策措施，有效降低企业运营成本。

第六，聚焦营商环境、法治环境、市场环境，保障全面深化改革，激发各类市场主体活力创造有效供给，更好发挥制度的支撑作用。持续营造优质有序的市场环境，公平公正的法治环境。持续优化要素供给机制，建立低效用地盘活机制，完善技术、知识、数据等信息新型要素市场激励机制，深入推进要素市场化配置改革。优化完善投融资机制，建立现代地方财税金融体制，激发各类市场主体活力创造有效供给，推动形成需求牵引供给、供给创造需求的良好态势。加快国资国企改革，着力优化民营经济发展环境，完善市场主体退出制度改革。

三、成渝地区双城经济圈经济与行政区适度分离改革

(一)成渝地区"双区"分离改革探索情况

经济区与行政区作为两类不同性质的空间载体，存在内在的不一致和不协调。当下，探索经济区与行政区适度分离改革是破解经济区与行政区矛盾的有效方式。为了适应市场一体化发展趋势，在行政隶属关系不变的情况下，对部分经济社会管理权限进行让渡，实现利益共享，有利于克服由于经济区与行政区隔离所带来的负面影响。

成渝地区双城经济圈规划范围包括重庆市27个区(县)以及开州、云阳的部分地区;四川省15个市。其总面积18.5万平方千米，2019年常住人口9 600万人，地区生产总值近6.3万亿元。成渝地区双城经济圈涉及范围广，既有毗邻区域的多个平台，如遂宁与潼南、资阳与大足一体化发展示范区，广安市与渝北区的高竹新区;也有天府新区、两江新区、西部科学城等非毗邻的合作区;更有万州、达州、开州这样在行政区域上毗邻但产业园区又分散的合作区。因此，对成渝地区双城经济圈

而言,经济区涵盖高、中、低度全部分离类型,涉及的区域主体多,关系十分复杂。近两年来,双城经济圈建设按下"快进键"、跑出"加速度",2021年成渝地区双城经济圈地区生产总值近6.9万亿元,与2019年相比,占我国GDP的比重提高了0.17个百分点,增长极和动力源特征初步显现。川渝两地虽然在区域合作、规划与配套政策制定、项目合作、公共服务共建共享等方面进行了很多有益探索,但仍然存在诸多亟待解决的问题,其在经济区组织管理运行机制、规划协同管理执行机制、产业发展分工和协作机制、跨省市重大项目管理机制、共建共享利益联结机制等方面尚不完善,区域要素配置管理较为困难。成渝地区双区分离的积极探索和存在的问题见表4-5。

表4-5 成渝地区双区分离的积极探索和存在的问题

双区适度分离改革探索成效	区域规划协同机制加快构建。围绕探索建立统一编制、联合报批、共同实施的规划管理体制,川渝共同编制《成渝地区双城经济圈国土空间规划(2021—2035年)》,编制川渝高竹新区、遂潼川渝毗邻地区一体化发展先行区等国土空间规划,多层次轨道交通体系、西部金融中心建设、科技创新中心建设、巴蜀文化旅游走廊等多个专项规划和实施方案正加紧制定。
	跨省市项目共推机制基本形成。在项目合作方面,建立川渝"1+3"项目工作机制,建立重大工程项目选址协商制度,强化服务前置,共同做好项目选址论证、用地预审和规划许可等服务,促进基础设施、产业发展、社会民生类重点项目提早落地。
	毗邻地区合作机制持续深化。2020年7月,川渝联合出台《川渝毗邻地区合作共建区域发展功能平台推进方案》,以点上集中突破示范带动经济区与行政区适度分离改革是区域发展功能平台的一项重要任务。川渝高竹新区、遂潼一体化发展先行示范区等建设稳步推进。
	区域统一市场建设持续深化。四川省政府政务服务和公共资源交易服务中心与重庆市公共资源交易中心在成都签署战略合作框架协议,推动两地市场资源整合,打破区域分割,推动要素资源市场一体化,提升成渝要素市场集聚辐射能力。两地签署《共同推动成渝地区双城经济圈能源一体化高质量发展合作协议》,从电力一体化等七个方面开展合作。

双区适度分离改革存在的问题	经济区组织管理运行机制尚不健全。不同层级的经济区组织管理及运行机制尚未完全理顺。川渝两地内部经济区运行机制有待完善,如重庆市内,重庆高新区涉及多个行政区,即使签订战略合作协议、建立工作小组来促进经济协同发展,但协调的范围和能力有限,各行政区有长期规划建设的、相对完整的"行政经济区",推进跨行政区的经济一体化的"行政阻力"普遍大于"利益引力"。
	规划协同管理执行机制尚不健全。成渝两地未能从一体化发展需要的角度,对产业发展规划、国土空间规划等进行充分考虑和统筹衔接,出台的各类支持政策也缺乏设计的协同性。
	产业发展分工和协作机制不健全。缺失产业发展规划协调机制,川渝两地资源禀赋相似,比较优势不突出、发展水平相当、产业结构相似、产业发展和招商引资各自为战、产业定位趋同、项目重复建设、同质化竞争问题突出。成渝地区城市间的合作主要是政府间的合作,市场机制未充分发挥作用,区域合作的自组织能力较弱。
	跨省市重大项目管理机制尚不健全。在跨区域项目申报及审批上,项目资金申报流程、受理部门均不明确,如果通过属地政府申报,又存在单方报送还是双方报送以及报送层级、部门、程序、路径等问题,致使多次磋商、反复协调,项目总体推进缓慢。
	区域要素配置管理较为困难。在用地方面,建设用地指标尚不能实现跨区域调剂,受体制、地域限制,部分跨区域的项目,在项目用地、环评等手续办理上较为困难。在能源方面,水电气等要素价格不统一,对区域合作造成影响。
	共建共享利益联结机制尚不健全。由于行政体制的现实分割,以及成渝两地对跨区域利益分享机制的经验不足、模式创新不足等,成渝地区至今没有建立起成规模、影响大、多元化的税收一体征管、成本分担和利益共享合作平台,区域合作中产值分享、利益分配、成本分担等缺乏长效机制,导致成渝两地在一些跨行政区域的重大事项和重大利益上仍存在一定分歧。

　　各个行政区优势互补、紧密联合,是区域合作实现双赢多赢的理想组合。现阶段,推进成渝地区双城经济圈建设在国家和地方顶层设计、省级各部门之间以及相关市、区、县之间达成共识,形成一致认可的规划、实施方案和行动计划。但在实际操作层面,由于以往长期形成的竞

大于合的关系,两地对双城经济圈建设的一系列调控政策和措施并非完全贯彻落实,而是有选择性的落实,什么调控政策对我有利就积极,否则就"束之高阁"。经济区与行政区有着内在不一致和不协调,特别在地方保护主义浓厚和利益格局固化的情况下,经济区与行政区适度分离是良好的制度途径。所以,深入推行经济区和行政区适度分离改革,是一项重要的综合性调控手段,对成渝双城经济圈建设意义重大,有利于引导成渝地区政府之间依托比较优势培育发展优势,促进成渝地区管理更加科学高效,加快推进其要素自由流动,激发区域内各类主体内生动力,不断增强区域整体实力。

(二)成渝"双区"分离改革调控重点

推进成渝地区双城经济圈建设,关键是要打破行政分割,协调经济关系和行政管理矛盾,让规划战略一体实施、管理协同联动、要素自由流动、利益共享共担,形成规划、管理、要素、利益"四管齐下",促进经济区与行政区适度分离,让区域经济能够高质量发展,行政管理更加科学高效,形成不同于一般行政区域的具有特色的管理体制,为全国探索一批可复制、可推广的改革试验经验。

第一,从经济区发展规划入手,打破行政区边界。注重成渝地区双城经济圈相关专项规划与上位规划纵向衔接,实现国家战略与川渝两地发展战略融合,在大的空间尺度上协调好规划布局,共同实现国家战略意图。注重成渝地区双城经济圈内相关区域规划间的横向对接,强化各类区域规划与《成渝地区双城经济圈国土空间规划》的衔接,强化跨行政的区域建设、合作示范,统筹布局生产生活空间,增强川渝两地的经济集聚度、区域连接性、政策协同度以及发展的资源整合能力。注重成渝地区双城经济圈跨区域规划统一编制和管理,围绕川渝合作功能性平台发展,组织编制区域规划、国土空间规划、生态环境保护、公共服务一体化等专项规划,实现联合编制、统一报批、共同实施。

第二,以经济区管理协同为重,行政区协力联动。一要构建协同发展的组织管理机制。发挥成渝地区双城经济圈建设领导小组统筹协调作用,构建川渝两地政府部门共同参与的专项领域协调推进机构,共同研究决定成渝地区双城经济圈相关规划、改革、项目、政策等重大事项,整合行政审批和监管职能,加强省级层面宏观事务管理,积极对上争取各项政策支持。以成立管委会、成立平台公司等多种形式,推动在川渝合作功能性平台组建经济区管理运营主体,推进集中化扁平化管理。二要推进产业协同发展。统筹成渝地区产业布局,联合制定产业引导目录和产业地图,探索制定统一的产业准入标准,推动各类开发区和产业集聚区政策叠加、体制机制共用、服务体系共建,引导各地区产业合理分工和合理布局。合理创新产业协作模式,建立重点优势产业跨省市链长链主合作制,支持有条件的企业开展跨行政区、跨行业、跨所有制并购重组相互参股。三要推动公共服务管理一体化。推进服务项目、事项内容、保障标准的对接和统筹,及时动态调整项目清单,按照统一标准选取试点项目,实现财政支出跨行政区结转,逐渐打破川渝两地户籍壁垒,完善区域公共服务便捷共享机制,创新行政管理和服务方式。四要统筹推进生态环境保护,统筹建立成渝地区"三线一单"生态环境分区管控制度,逐步统一生态环保标准和环境准入政策,完善重大基础设施建设项目环评审批会商机制。

第三,推动经济区要素一体化配置,完善分类制度。一是推进土地统筹管理。加强川渝两地国土空间规划衔接,建立建设用地指标统筹管理机制,支持符合条件的重大项目列入国家重大项目清单、优先配置计划指标,探索重大合作项目跨省统筹使用建设用地计划指标,协同制定项目用地计划。积极开展跨区域地票交易试点,建立川渝两地统一的建设项目土地审批管理制度、土地储备和出让制度及年度土地供应计划等,争取国务院早已批准的重庆成都统筹城乡发展综合发展试验区,开展全域集体经营性建设用地入市和宅基地制度改革试点。二是整合提升金融资源。推动国家金融科技认证中心、知识产权融资服务平台、地方征信平台等相互开放,完善西南联交所、重庆联交所、四川联合环境交易所等跨区域交易功能,支持符合条件的国企相互参股地方法人金融机构,支持地方法人金融机构跨区域设立分支机构,推动重庆、成都区域股权交易市场企业相互挂牌。建立跨区域金融政策协同机制，开展公积金互认互贷试点。推进保险承保理赔服务跨区域标准化建设，形成统一保险理赔受理和认定标准，探索建立保险通赔通付制度。三是促进人才有序流动。共同制定人才协同发展规划，推动高端人才服务互认共享、外国高端人才工作许可互认和资源共享。建立以经济区为单元的人才引进平台，实施更有吸引力的人才政策，持续开展川渝优秀年轻干部互派挂职。四是加强技术联合开发利用。加快科技资源共享服务平台优化升级，推动大科学装置、重大科技基础设施等科技资源开放共享。建立关键核心技术攻关协作机制，建立成渝地区一体化技术交易市场，新增布局一批科技成果转移转化示范区和技术转移示范机构，探索建立科技创新券跨区域通用通兑政策协同机制。五是培育发展跨区域要素市场。建立统一的跨区域产权交易市场，建立同城同价的要素保障机制，培育发展数据要素市场。

第四，做好经济区成本与利益统筹处置，共同分担分享。一是建立共同投入机制。建立项目建设协同投入机制，探索成立川渝毗邻地区先行合作示范财政专项资金，重点支持跨行政区重大基础设施、重大公共服务项目。合理确定跨区域共建项目的资本金比例及分摊比例。创新基金、债券等投融资模式，探索股份合作等市场投资模式。二是建立共建项目跨行政区利益分享机制。建立财税收益分享机制，对总部经济、园区共建、飞地经济、项目合作、企业迁建、招商引资异地流转等跨区域合作产生的税收，及附加收入属地方留存部分，采取一事一议、平等协商方式确定分配比例。探索实施川渝毗邻地区土地出让金、税收、城市建设配套费等收入地区留存部分全额返还经济区。探索实施个人所得税基于居住地和工作地的税收分成机制。三是建立跨行政区税收征管一体化机制。推进电子税务局一体化建设，统一两地税务行政处罚裁量标准，共同制定西部大开发企业所得税优惠税率适用的鼓励类行业名录。对跨区域合作方对产生的税收及附加收入，鼓励协商确定税收解缴地点及方式。四是建立跨行政区经济统计指标分级核算机制。明确经济区合作范围及经济指标分享范围，因地制宜建立独立统计体系,结合前期投入成本和后期利益分配,综合考虑并约定经济指标的分配比例。在以行政区属地为指标统计单位的现行制度下,尽快出台经济区内指标划分,主要用于政府内部的考核细则。

本章小结:川渝两地,"你中有我、我中有你",在全国区域经济发展中特征明显。以川渝两地为典型,研究省级经济调控,对"一带一路"建设、长江经济带发展、新时代推进西部大开发形成新格局、打造新的对外开放支点和区域发展引擎具有十分重要的现实意义。

根据川渝两地的经济发展情况,结合成渝地区双城经济圈建设,从省级财政收支、金融、房地产、产业、经济发展周期、区域协同等方面,分别探讨了川渝两地的经济调控措施和政策。

宏观调控政策既有财政、货币、改革等针对性的调控工具,也采取多种调控手段综合施策。川渝两地人多地广,在实施省级经济调控时,同样需要综合性调控手段,解决新问题、新矛盾。结合川渝两地的经济特征,相对有效的综合调控手段是,加快实施一批支撑性、基础性、标志性、战略性重大项目,抓住供给侧与需求侧结合部关键点持续发力,开展成渝地区双城经济圈经济区与行政区适度分离改革。

后 记

　　作为省级经济发展丛书的最后一集,我们深感要研究好经济调控是件十分艰难的事。由于作者知识和经历有限,本书主要还是根据自己的经验和有限的知识去努力完成的,我们十分感谢中国经济体制改革研究会会长彭森给予的指导和帮助,感谢所参阅文献的作者的思想给我们的启迪,我们深知要把省级经济调控研究清楚,尚需要更多的努力和探索,所以,从这个意义上讲,这本书还不能画上句号。

　　本书由杨庆育进行总体框架设计,并主笔完成第一、二章;余猛主笔第三、四章,全书由杨庆育进行统稿修改完成。

2022 年 9 月 8 日

主要参考文献

[1] 中共中央宣传部理论局.世界社会主义五百年:党员干部读本[M].北京:学习出版社,2014.

[2] 本书编写组.党的十九大报告辅导读本[M].北京:人民出版社,2017.

[3] 中共中央马克思恩格斯列宁斯大林著作编译局.列宁全集:第42卷[M].北京:人民出版社,1987.

[4] 中共中央马克思恩格斯列宁斯大林著作编译局.列宁全集:第43卷[M].北京:人民出版社,1987.

[5] 中共中央文献研究室.建国以来毛泽东文稿:第一册[M].北京:中央文献出版社,1987.

[6] 中共中央文献研究室,中央档案馆.建国以来刘少奇文稿:第五册[M].北京:中央文献出版社2008.

[7] 中共中央文献研究室.毛泽东文集:第八卷[M].北京:人民出版社,1999.

[8] 邓小平.邓小平文选:第三卷[M].北京:人民出版社,1993.

[9] 中共中央文献研究室.习近平关于全面深化改革论述摘编[M].北京:中共文献出版社,2014.

[10] 乔林碧,王耀才.政府经济学[M].北京:中国国际广播出版社,2002.

[11] 杨庆育,等.中国省级五年规划发展研究[M].北京:中国计划出版社,2019.

[12] 卢锋.宏调的逻辑:从十年宏调史读懂中国经济[M].北京:中信出版集团,2016.

[13] 拉斯·特维德.逃不开的经济周期[M].董裕平,译.北京:中信出版

社,2008.

[14] 彭森.彭森学术自传[M].广州:广东经济出版社,2020.

[15] 杨庆育,易小光,朱江.改革试点发展及其案例[M].北京:中国经济出版社,2019.

[16] 吴敬琏.中国经济改革进程[M].北京:中国大百科全书出版社,2018.

[17] 杨伟民.发展规划的理论和实践[M].北京:清华大学出版社,2010.

[18] 杨庆育,尚海燕,等.中国省级产业政策发展研究[M].北京:中国计划出版社,2020.

[19] 周其仁.改革的逻辑[M].北京:中信出版集团,2013.

[20] 李克穆.中国宏观经济与宏观调控概说[M].北京:中国财政经济出版社,2007.

[21] 杨庆育.关于五年规划实施机制的探讨[J].宏观经济研究,2006(8):20-21,33.

[22] 高勇.试论省级经济调控的地位与作用[J].上海经济研究,1992(2):58-62.

[23] 王一鸣.深化要素市场化配置改革 推动经济高质量发展[N].经济日报,2020-04-10(05).

[24] 林毅夫,蔡昉,李周.比较优势与发展战略:对"东亚奇迹"的再解释[J].中国社会科学,1999(5):4-20.

[25] 屠启宇.世博会效应与上海城市率先转型[J].中国名城,2010(4):12-17.

[26] 张智奎.坚持供需两端发力 加快消费优化升级[J].当代党员,2021(8):23-24.

[27] 朱鹏程.京津冀协同发展产业转移税收政策研究[J].审计观察,2021(7):38-43.

[28] 马骥,庞靖民.贯彻习近平经济思想 构建现代产业体系:基于广东省产业结构演变的分析[J].商业研究,2018(9):8-13.

[29] 朱珠.重大项目自然资源要素保障的困境与对策[J].中国土地,2021(6):23-25.

[30] 李忠壹,刘宁宁.坚持系统观念,深化地方金融供给侧结构性改革[J].辽宁行政学院学报,2021(1):56-60.

[31] 刘一鸣,王艺明.劳动力质量与民营企业劳动生产率:马克思主义视角的研究[J].世界经济,2021,44(1):3-24.

[32] 罗若愚.产业集群与传统制造业竞争力提升:以天津自行车产业为例[J].地域研究与开发,2006(10):48-52.

[33] 陈振明.政府工具研究与政府管理方式改进:论作为公共管理学新分支的政府工具研究的兴起、主题和意义[J].中国行政管理,2004(6):43-48.

[34] 董昀.健全中国特色宏观经济治理体系,完善宏观经济政策协调机制[J].中国发展观察,2021(C3):62-65.

[35] 卢锋.失衡与调整:中国近年宏观形势特点解析(上)[J].中国改革,2018(4):44-46,48.